Heinz Feldmann

RUHEJAHR

Ein Jahr nichts arbeiten und allein auf Weltreise

INHALTSVERZEICHNIS

Bibliografische Information der Deutschen Bibliothek
Feldmann, Heinz: Ruhejahr / Heinz Feldmann
Wien: Czernin Verlag 2007
ISBN 13: 978-3-7076-0253-1

Fotos: Heinz Feldmann
Umschlaggestaltung: Jine Knapp
Satz und Layout: Agent Orange Designs, www.orange.at
Druckerei: Printer Trento S.r.l.
ISBN 13: 978-3-7076-0253-1

VORWORT

Das ist das Buch über meine Reise, über mein Sabbatical. Ich bin weder Extremsportler oder Abenteurer, weder Stuntman, noch sonst irgendwie besonders. Das ist nicht das Buch eines Risikojunkies, der die Niagarafälle durchschwimmt, gefährliche Erstbesteigungen ohne Sauerstoff und Seil macht oder sonst etwas Ausgeflipptes unternimmt. Auch bin ich nicht mit dem sprichwörtlichen Silberlöffel im Mund auf die Welt gekommen, obwohl im Vergleich zum Rest der Welt sind wir hier schon alle sehr privilegiert. Aber das wusste ich schon vor der Reise, nämlich, dass das Paradies hier in Mitteleuropa ist. Ich war also nicht auf der Suche nach einem Eldorado oder so. Nein, ich wollte mir die Welt ansehen und eine Zeit lang vom Alltag und von meiner Arbeit (die ich übrigens sehr mag) Abstand nehmen. Ich habe viele Jahre darauf gespart, gewartet bis mein Sohn volljährig war und ich habe mir die ganze Sache oftmals gründlich überlegt.

Helmut A. Gansterer hat mir das Ganze „eingebrockt“

Der Herausgeber und Chefredakteur des Wirtschaftsmagazines Trend ist zumindest in Österreich sehr bekannt. Seine Essays haben seit Jahrzehnten eine wachsende Fangemeinde. Vor 13 Jahren erschien von ihm im besagten Trend ein Essay mit dem bezeichnenden Titel:

„Kehren Sie nach dem Urlaub nicht mehr zur Arbeit zurück“ und dem Untertitel: „Plädoyer für ein Ruhejahr in der Lebensmitte“

Damit hat alles begonnen, der Gedanke hat mich seither nicht mehr los gelassen.

Das ist also das Buch über mein Ruhejahr, über meine Reise um die Welt, die auch eine Reise ins eigene Ich wurde - mit allen Höhen und Tiefen. Besondere Menschen, Erlebnisse und Orte begegnen uns auf so einer Weltreise. Die Erzählung darüber wird sich dabei auch hin und wieder wie eine Art Seelenstriptease lesen. Das habe ich bewusst zugelassen, weil das Buch sonst unvollständig wäre und die Leserinnen und Leser eine einseitige Beschreibung so eines Unternehmens bekämen. Außerdem habe ich bereits ein wenig „Karriere“ gemacht und muss mir kein Blatt mehr vor den Mund nehmen. Weil das Selbe nicht notwendigerweise für alle gilt denen ich auf der Reise begegnet bin, habe ich die Namen von manchen Personen sicherheits- (und respekts-) halber geändert.

Aber jetzt will ich Sie nicht länger auf die Folter spannen und wünsche Ihnen eine gute Reise.

Ihr
Heinz Feldmann
feldmann@ruhejahr.com

Denali
Anchorage
Vancouver
2
New York
Mexico City
Quito
Punta Sol
3
Igazu
Zupiza
4
6
Rio de Janeiro
Santiago de Chile
5
Buenos Aires
Puerto Natales
7

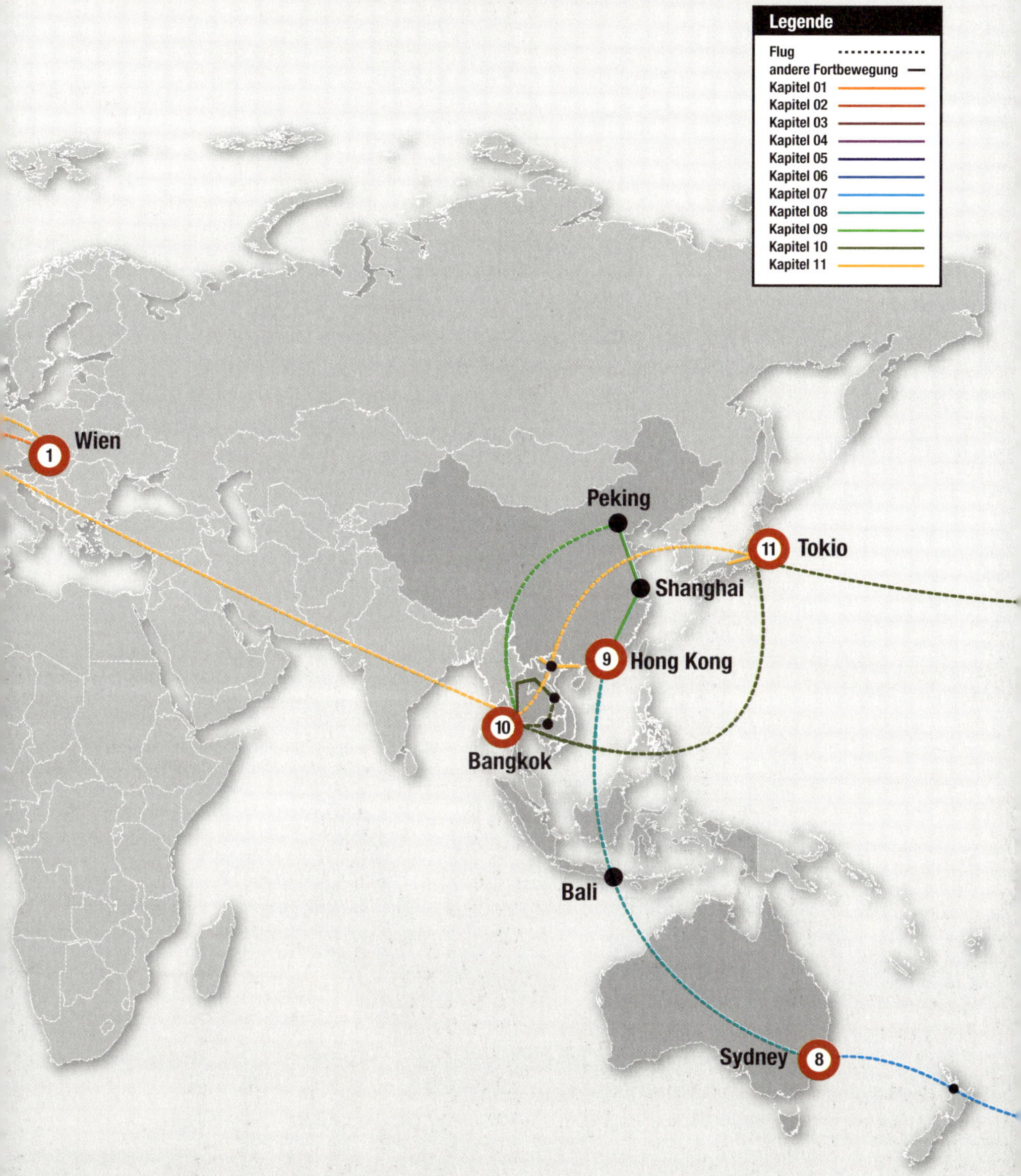
Legende
Flug
andere Fortbewegung
Kapitel 01
Kapitel 02
Kapitel 03
Kapitel 04
Kapitel 05
Kapitel 06
Kapitel 07
Kapitel 08
Kapitel 09
Kapitel 10
Kapitel 11
1
Wien
Peking
11
Tokio
Shanghai
9
Hong Kong
10
Bangkok
Bali
Sydney
8

ATTENTION
HIKERS:
Be Aware That
There Has
Been Recent
Black Bear
Sightings In The
Vicinity Of The
Grouse Grind Trail.

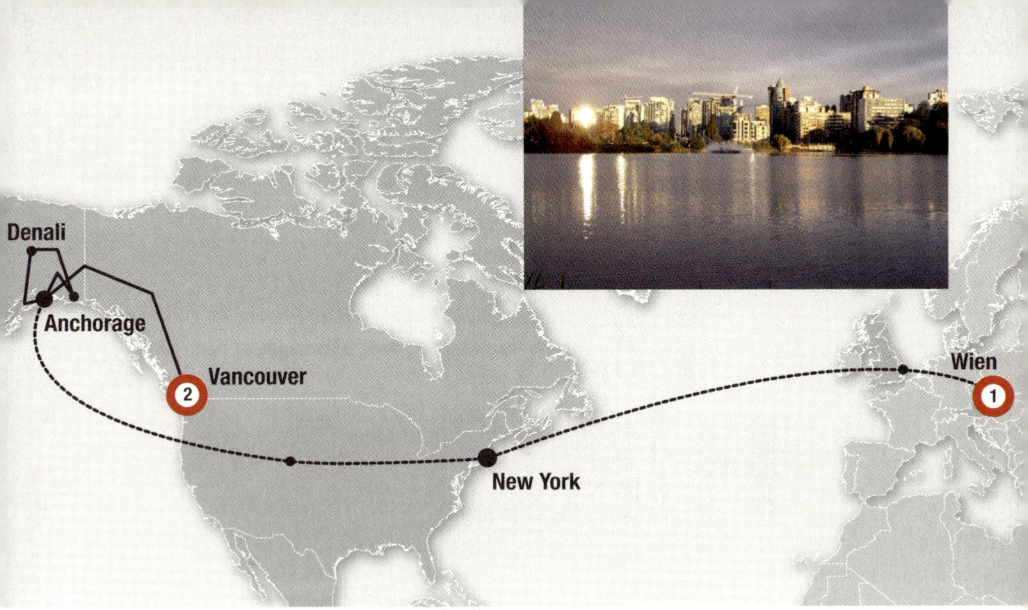

KAPITEL 01 | AUGUST

Endlich geht es los

Heute ist der 2. August und ich sitze im Flieger nach London. Von dort geht es am Nachmittag weiter nach New York. Das Anschnallzeichen ist soeben erloschen und unter uns sehe ich die Donau. Wie eine silbern glänzende Schleife, achtlos von einem Riesen in der Landschaft liegen gelassen. Diese Landschaft werde ich für eine Zeit lang wohl nicht mehr zu Gesicht bekommen. Ich nehme einen Schluck aus meiner Wasserflasche und spüre, den sinkenden Luftdruck in meinen Ohren. Mein Herz klopft und ich bin leicht aufgeregt.

Nun ist es endlich soweit: mein Ruhejahr, mein Sabbatical, meine Weltreise, mein großes Abenteuer beginnt. Es gab schon Ärger beim Check-In: ohne Ticket, das beweist, dass ich innerhalb von 90 Tagen wieder aus den USA ausreise, dürfen mich die British Airways gar nicht mit an Bord lassen. Weil mich die US-Grenzbeamten ohne Rückreise-Ticket gar nicht in ihre derzeit kriegsführende Nation einreisen lassen und die Fluglinie für meine „Rücküberstellung" nebst Strafe aufkommen muss. Nach einigem Hin und Her bot mir die Angestellte der British Airways einen Trick an: Eine „Reservierung" von New York nach Santiago de Chile für den kommenden Monat.

Das bedeutet an sich gar nichts, aber wenn die US-Behörde damit zufrieden ist, darf ich einreisen. Wenn nicht, müsste ich das reservierte Ticket um 1.200 Euro kaufen, obwohl ich gar nicht vorhabe, diese Strecke zu fliegen. Diese Ausgabe hoffe ich mir zu ersparen und vertraue auf mein Glück oder vielleicht habe ich ja auch eine Art „Mentor" oder „Schutzengel", der mich auf der Reise begleitet und das für mich erledigt.

Das hast Du mein Junge, aber mach es Dir nur nicht zu leicht!

Den zweiten Ärger gab es dann nach dem Check-In und es ging schon wieder (!) um Geld. Ich wollte einen 500-Euro-Schein in US-Dollar wechseln. Die Wechselstubenangestellte hielt den Schein für gefälscht und rief die Polizei. Der Polizist hat sie dann beruhigt. Und ich konnte endlich, mit einiger Verspätung, zum Security Check.

Die letzten Tage und Wochen waren nicht einfach. Alles fertig machen in der Firma, Reisevorbereitungen, Abschied nehmen, das hieß auch Trennung von der Freundin. Kurz gesagt, mein persönliches Zeitmanagement war ziemlich gefordert. Dass ich jetzt noch nicht groß organisiert habe, wann, wo und wie ich reisen werde, war auch durchaus Absicht. Zum Unterschied von meinem sehr, sehr durchstrukturierten Alltag, den ich die letzten Jahre gelebt habe, will ich in diesem Jahr möglichst flexibel bleiben. Das einzig einigermaßen Vorgegebene sind die 7 Stopps auf meinem „Round-the-World-Ticket": New York, Santiago de Chile, Sydney, Denpassar (Bali), Hongkong, Bangkok, Wien. Die Flug-Zeiten sind flexibel. Jetzt sitz ich hier also im Flieger und kann es noch gar nicht richtig fassen. Ich habe mir ein ganzes Jahr für mich herausgerissen, in dem ich nicht arbeiten muss und mir die Welt ansehen werde. Nachdem die Stewardess die Tabletts mit den Frühstücksresten entfernt hat, rechne ich mir die geplanten Ausgaben für dieses Jahr noch einmal durch und komme auf eine Summe von 36.000 Euro. Damit will ich auskommen. Ich habe mir ein detailliertes Budget gemacht und die Ausgaben in 4 Bereiche geteilt:

1. Lebenshaltung (Essen, Verpflegung, Ausgehen): 9.000,-- Euro
2. Unterkunft: 14.000,-- Euro
3. Fortbewegung (Flüge inkl. dem bereits bezahlten „Round the world Ticket", Mietauto, Bahn, Bus, Schiff etc.): 6.000,-- Euro
4. Sonstiges (Alles Andere ;-)): 7.000,-- Euro

Wie es dazu kam

Vor 13 Jahren las ich den im Vorwort angeführten Essay von Helmut A. Gansterer (damals Chefredakteur des Wirtschaftsmagazins Trend und einer der wenigen Philosophen unter den Wirtschaftsjournalisten). Mich hat diese Idee, sich ein Jahr lang von Beruf- und Alltagsleben auszuklinken und Zeit für die Dinge zu haben, zu denen man normalerweise nie kommt, gleich gefesselt. In meinem Fall war klar, dass ich dieses Jahr großteils mit Reisen verbringen werde. Zu dem Zeitpunkt war ich gerade mal 30 und hatte einen der wichtigsten Karrieresprünge gemacht: Für einen Medizintechnikkonzern als Geschäftsführer, deren Österreichtochter zu gründen und aufzubauen. Also beschloss ich, diese Arbeit 5 Jahre lang zu machen und dann ein Ruhejahr einzulegen. Das Wort „Sabbatical" war zumindest im deutschen Sprachgebrauch noch großteils unbekannt und ich habe den Konzernherren in London nichts davon erzählt. Die hätten mich sonst wohl möglich sofort und für immer auf Sabbatical geschickt.

Im Geheimen rechnete ich mir aus, wie viel Geld ich für so ein Jahr brauche (inklusive Versicherungen, Alimente etc.), dividierte die Summe durch 60 und mittels monatlichem Dauerauftrag ging das Geld dann auf ein gebundenes Sparbuch. Außer meinem allerengsten Freundeskreis wusste niemand von dem Plan. Nun war ich zu dem Zeitpunkt ja bereits Vater. Mein Sohn lebte bei seiner Mutter und seinem Stiefvater im Westen Österreichs, in Vorarlberg. Seine Mutter und ich hatten uns getrennt als Morris 1 Jahr alt war und von da an hatte ich die Wochenend-Papi-Rolle inne.

Als ich meinen neuen Job bereits 3 Jahre gemacht hatte und 36 Monatsraten (von den 60) bereits auf dem Sparbuch waren, begann ich insgeheim mit der Grobplanung für mein Ruhejahr mit 35. Da kam zu meiner großen Überraschung der Anruf der Kindesmutter und Ex-Partnerin, die mir in etwa Folgendes mitteilte: „Wir haben solche Probleme mit dem Buben und ich kann nicht mehr, jetzt bist du dran." Das saß! So nahm ich meinen (zu dem Zeitpunkt) 10-jährigen Sohn zu mir nach Wien und verschob die Weltreise für mindestens 8 weitere Jahre.

Heute ist der Junior 18 und einigermaßen selbständig. Meinen Konzernmanagerjob verließ ich trotzdem nach den geplanten 5 Jahren. Das für die Reise angesparte Geld investierte ich stattdessen in eine Verkaufstrainingsfirma (VBC), die ich mit drei Partnern gründete. Auch hier waren die ersten Jahre nicht leicht, dafür sind wir jetzt Marktführer. Der ideale Zeitpunkt für meine mittlerweile 13 Jahre alte Idee, ein Ruhejahr einzulegen.

Was will ich damit?

Meine Schwester hat mir noch ein paar von den schönen, handlichen „Moleskine" Notizbüchern geschenkt, die ich als Tagebücher verwenden werde. Hier trage ich mir jetzt einmal die Ziele für dieses Jahr ein:

- Persönliches Wachstum
- Neue Erkenntnisse
- Ein Stück der Welt sehen
- Gesund und fit bleiben (regelmäßig joggen)
- Fließend Spanisch lernen
- Ein bisschen besser Akkordeon spielen lernen
- Bereichernde Begegnungen mit anderen Menschen

So jetzt sitzt er hier der arme Tropf, eingezwängt auf seinem Economy-Seat, wartet auf das Airline-Plastikessen und freut sich auf die vielen Abenteuer, die er sich in diesem Jahr erhofft. Er weiß noch nichts von tristen Billighotelzimmern, hat keinen blassen Schimmer, dass er schon sehr bald Heimweh haben wird. Und was sonst noch alles auf ihn zukommt, davon ahnt er wenig bis nichts. Er ist wie ein Volksschüler, der das ganze Jahr brav war und sich darauf freut, dass ihm seine Lieblingslehrerin lauter Einsen im Zeugnis gibt. Vielleicht sollte ich mich kurz vorstellen, für diejenigen, die mich noch

nicht kennen. Ich bin die objektive Stimme in diesem von Selbstbeweihräucherung und Selbstzufriedenheit strotzenden Elaborat. Und ich habe auch noch die Aufgabe als Talisman oder "Schutzengel" und „Mentor" den armen Kerl auf seiner Reise zu begleiten. Unser Held weiss nichts von meiner Existenz und das ist auch besser so. Sonst würde er sich viel zu sehr auf mich verlassen und alle unangenehmen Dinge mir umhängen. Wenn es wirklich brenzlig wird, greife ich eh ein. Umsichtige Freunde haben mich ihm geschenkt. In der Verkleidung eines harmlosen, kugelrunden Plastikkompasses, den man sich um den Hals hängen kann, wurde ich auf dem Abschiedsfest überreicht. Und weil mein neuer Besitzer und Schützling sich ja immer gerne mit irgendwelchen auffälligen Accessoires schmückt (man denke dabei nur an seine seltsamen Mützen), hat er natürlich beschlossen, mich auf die Reise mitzunehmen. Ich hänge also an seinem Hals und sehe dadurch was hier läuft und eben gerade auch, was er in sein Tagebüchlein schreibt. An dieser Position spüre ich auch, wenn sein Herzchen höher schlägt oder „igitt", wenn er stark zu schwitzen beginnt. Dadurch bekomme ich auch viele Emotionen (Angst, Erregung, Ärger, Freude etc.) mit. Nicht dass Ihr glaubt, ich mag ihn nicht. Nein, er ist ja immerhin mein Schützling und mir durchaus sympathisch. Wie viele, die aus der Not eine Tugend machen (in seinem Fall aus der Midlife-Crisis eine Weltreise), glaubt er, darüber ein Buch schreiben zu müssen, weil das alle Welt interessieren würde. Naja, am besten wir lassen ihn vorerst in dem Glauben, sonst wird ihm wahrscheinlich zu langweilig werden. Ich bin ja schon gespannt, wie lang er es wirklich aushält so ganz alleine, ohne die Annehmlichkeiten seines verwöhnten Lebens in Wien und dem Chefstatus in der Firma. Wenn er nur als irgendein Reisender mit bald abgerissenen Klamotten in der Schlange steht und wartet. Wahrscheinlich hat er auch noch keine Ahnung, dass mindestens 10, wenn nicht 20 % der wachen Zeit auf so einer Reise wartend verbracht wird. Mal sehen wie „Mister Ungeduld, Arbeitstechnik und Zeit-Optimierer" sich damit tun wird.
Jetzt scheint er ganz zufrieden mit dem, was er in sein Tagebuch gekritzelt hat. Was haben wir denn da? Aha, seine Ziele und Vorsätze für die Reise. Er gehört ja zu den Menschen, die sich nicht nur allen möglichen Unsinn vornehmen, sondern das gleich auch noch aufschreiben und mit Datum versehen. Was haben wir denn hier? Neue Menschen und Begegnungen… Hmm, wahrscheinlich ist er wieder nur hinter verschiedenen Röcken her. Was noch? Persönliches Wachstum – in seinem Alter? Neue Erkenntnisse – ich erspar mir dazu den weiteren Kommentar.

Mittlerweile bin ich in London angekommen und hab mir eine Kiste Zigarren (Montechristo N° 4) gekauft, sitze in einer Bar am Flughafen, rauche eine Havanna und genieße mein Leben. Das Lokal wird von einem Rudel junger Portugiesen gemanagt. Die wirken gut gelaunt, sind aber mehr mit sich selbst und dem „Schmäh führen" (Wienerisch für „Späße machen") beschäftigt als mit den Gästen. Der Amerikaner aus dem Flieger spricht mich wieder an, ein sympathischer Typ Ende 30. Er sieht aus wie Tom Waits in seinen besten Jahren. Der coole Typ mit dem getrimmten Ziegenbärtchen. Er war in Österreich, weil er die Familie seiner Frau besucht hat. Die ist mit den beiden

Kindern noch für eine Woche dort geblieben. Steve lebt in der Nähe von New York und lädt mich ein, bei ihm zu wohnen. Das Angebot klingt interessant, aber ich bin grundsätzlich bei sowas skeptisch, wenn ich jemanden gerade erst kennen gelernt habe - naja, mal sehen.

Im Flug London – New York gibt mir eine junge, neben mir sitzende Deutsche einen Tipp, der sich später als höchst brauchbar herausstellen wird. Sie nennt mir den Namen eines kalifornischen Reiseveranstalters „Green Tortoise", die mit umgebauten alten Bussen so posthippiemäßige Alternativreisen anbieten. So eine Art Pfadfinder-Ausflug für Erwachsene.

New York City ist die heißeste Stadt...

New York ist heiß und schwül. Ich fahre mit Bus und Taxi durch die Stadt die angeblich niemals schläft. Schwarz und im frisch polierten Chrom glänzend gleiten einige von den extralangen Limousinen vorbei. Ich stelle mir vor, was die Insassen hinter den schwarzen, undurchsichtigen Scheiben so treiben. Lesen sie Börsenberichte, schreiben Emails mit ihren kleinen Blackberrys, telefonieren mit Mama oder treiben sie es wirklich? Ich bin müde und ziemlich geschafft, als ich um 23 Uhr (plus 6 Stunden Zeitunterschied zu Wien) in meinem Billighotel ankomme. Das Zimmer ist ernüchternd und gut dazu angetan, möglichst bald eine Depression aufzureißen. Übrigens war das Hotel der Tipp eines Bekannten.

Na da haben wir's ja schon – kaum ist Mister Reiseprofi in einem nicht ganz so idealen Hotel, geht schon die Raunzerei los. Das kann ja noch heiter werden. Wenn der Ärmste nur wüsste, welche Räumlichkeiten und Schlafstellen in den nächsten Monaten noch auf ihn warten. Naja, vielleicht lernt er ja was dabei.

Um 5 Uhr am nächsten Morgen stehe ich auf (dank Jetlag kein Problem) und mache ein wenig Morgengymnastik im Zimmer. Das ist gar nicht so einfach, weil ich mich in dem kleinen Zimmer mit ausgestreckten Armen nicht einmal um die eigene Achse drehen kann ohne anzustoßen. Dann laufe ich los bis zum Fluss (Hudson) und erlebe einen superschönen Sonnenaufgang mit Blick auf die Skyline von Manhattan. So hab ich mir das vorgestellt. Im Supermarkt kaufe ich mir Obst und Joghurt fürs Frühstück. Die Klimaanlage ist auf frostige 18 Grad gestellt und mit meinem verschwitzten T-Shirt muss ich mich beeilen, damit ich ohne Lungenentzündung hier wieder raus komme. Mein Zimmer ist in Soho und es liegt auch mitten in Chinatown. An jeder Ecke und in jedem kleinen Park sind Asiaten die Frühsport machen (joggen, schattenboxen, Schwertübungen etc.). Im Laufe des Vormittags wird es drückend heiß und angereichert um die Abgase ergibt das eine ziemliche, schwer durchzuatmende Mischung. Mein System rebelliert, meine Nase rinnt und ich muss ständig niesen. Ich flüchte ans Ufer des East River. Dort ist es etwas besser. Zu Fuß durchquere ich die Südseite der „Insel" Manhattan. In den Straßen wird's zunehmend unerträglicher und ich mache viele Fotos – von Ground Zero, den Straßenschluchten und „aus der Hüfte“ von den Menschen hier. Das ist eine Art des Fotografierens, die ich im Lauf dieser Reise noch vertiefen werde und so ein interessantes Spektrum der Menschen in verschiedenen Teilen der Welt auf Fotos festhalten werde. Ich knipse die Menschen in ihrem natürlichen Habitat, ohne dass sie es merken. Das ergibt sehr interessante Momentaufnahmen, die mich mehr und mehr begeistern.

Im Battery Park am Hudson River mache ich ein Nickerchen. Damit das einigermaßen geht, stecke ich mir Ohropax in die Ohren. Das Gras ist trocken und es sticht wie Stroh, wenn man darauf liegt. Kurz überlege ich, ob das vielleicht zu riskant ist, sich hier einfach schlafen zu legen. Immerhin hat New York einen schlechten Ruf, was Kriminalität anlangt. Ich ziehe meine Sonnenbrille an (so sieht ein potentieller Bösewicht nicht, dass ich die Augen geschlossen habe und daher ein leichtes Opfer bin) und klemme meinen kleinen „Ausgehrucksack“ (mit Kamera und so) unter meinen Kopf. Kurz schlafe ich wirklich ein, aber dann beginnen Pilotierungsarbeiten an einer nahe gelegenen Baustelle und mit dem Ohropax-Frieden ist es schon wieder vorbei. Ich schlendere weiter und in einem Internet-Cafe finde ich die Homepage von Green Tortoise (www.greentortoise.com), die bieten aktuell eine zweiwöchige Alaska-Tour an, die in wenigen Tagen beginnt. Ursprünglich hatte ich ja vor, von New York aus, auf dem Landweg (Bus, Bahn, Auto oder LKW) Richtung Norden nach Kanada zu fahren. Aber die Rundreise in Alaska mit einem umgebauten, alten Bus, klingt interessant und ich greife kurzerhand zu.

Steve, den Tom Waits aus dem Flieger, erreiche ich tatsächlich am Telefon und vereinbare, dass ich ab morgen für zwei Tage bei ihm wohnen werde. Er wohnt eine Zugstunde außerhalb von New York in Katonah und das klingt nach besserer Luft. Am Abend gehe ich noch auf ein gratis Openair Konzert in den Battery Park. Dort rauche ich eine schöne Havanna und sehe einen tollen Sonnenuntergang. Das Konzert, eine Mischung aus alten Rocknummern und diversen Country-Liebesschnulzen ist leider saumieserabel. Ich werde es mir, so gut es geht, zur Angewohnheit machen, die Namen und Adressen der schlechten Erlebnisse (zum Beispiel den Namen der Sängerin hier) für mich zu behalten und nur wenn mir etwas besonders gut gefällt, eine Empfehlung abzugeben. So muss ich niemanden unnötig in die Pfanne hauen und kann hoffentlich trotzdem ein paar gute Tipps abgeben.

Naja, das musste er auch noch loswerden, dass er als Bewohner der „Weltmusikhauptstadt“ Wien seinen exquisiten Musikgeschmack beleidigen lassen musste...

Keine Business Class mit Tramperrucksack

Am nächsten Tag mache mich wieder auf den Weg. An das Reisen mit Tramperrucksack bin ich noch nicht ganz gewöhnt und habe wahrscheinlich noch zuviel Gewicht dabei. Das ist nicht so einfach, weil ich ja für kalt und warm gepackt habe und auch Zelt, Schlafsack und ISO-Matte mitschleppe. Bei der Kleidung habe ich mich echt beherrscht und nur das Allernotwendigste auf diese Reise mitgenommen: Unterwäsche, Socken und T-Shirts zum wechseln, eine Jeans, eine Sporthose, 2 Pullis, ein Paar knallgelbe Brooks Laufschuhe (die ich jeden Tag trage und auch zum Sporteln verwende) und eine Badehose. Das Thermometer klettert heute auf 92 Grad Fahrenheit, was glaube ich soviel wie 36 Grad Celsius sind, und ich schleppe meinen 20-Kilo-Rucksack Richtung Grand Central Station. Mit der Idee, dort mein Gepäck einzusperren und mir bis zur Abfahrt meines Zuges (am frühen Nachmittag), noch ein wenig Midtown und Central Park anzusehen. Die Grand Central Station ist ein wunderschöner Bahnhof, alles blitzsauber und mit viel poliertem Marmor, dunklen Hölzern und blankpolierter Bronze. Nur finde ich komischerweise die Schließfächer nicht. Das Gewicht meines Rucksackes presst ziemlich auf Schultern und Hüfte und ich erspähe endlich die erhoffte Rettung in Form eines uniformierten Eisenbahnangestellten, den ich sogleich nach den Schließfächern frage. Der erklärt mir, dass es seit 9/11 keine Schließfächer mehr in New York gibt! So - und was jetzt? Ich hab keine Lust die nächsten 5 Stunden wie ein Packesel herumzurennen, außerdem würde ich das gar nicht aushalten.

Eh nicht.

Mir kommt die grandiose Idee, bei einem Hotel Interesse für ein Zimmer zu heucheln und dort mein Gepäck abzugeben. Ich suche mir das am teuersten aussehendste (das Hyatt Regency) in der Nähe des Bahnhofs aus. Dort erfahre ich, dass das billigste Zimmer für eine Nacht knapp 300 Dollar kostet. Ich tue so, als ob ich mir das noch mal überlegen müsse und frage, ob ich inzwischen das Gepäck hier lassen kann. Die freundliche und perfekt geschulte Rezeptionistin erklärt mir, ich könne gerne nach Hinterlegung einer kleinen Anzahlung (mindestens 100 Dollar) mein Gepäck hier lassen. Ansonsten dürfe sie das leider nicht machen. Also mache ich mich wieder auf die Socken. Ich überlege eine andere Strategie und gehe in einen ganz kleinen Schuhreparaturladen „Alex Shoe Repairs“ um die Ecke. Dort finde ich auch den Firmeninhaber, Alex. Irgendwie erinnert er mich an den ex-jugoslawischen Änderungsschneider in der Praterstraße im 2. Wiener Bezirk. Alex hört sich meine Geschichte an und ist dann bereit, gegen ein (von mir vorgeschlagenes) Trinkgeld von 5 Dollar, meinen Rucksack für diesen Tag in Obhut zu nehmen. Jetzt kann ich erleichtert durch Midtown und die 5th Avenue schlendern und mache einen Abstecher ins Withney Museum of American Art.

Ein Ignorantenwitz

Im Museum gibt es natürlich auch einen Security-Check beim Eingang. In meinem kleinen Rucksack, den ich jetzt noch bei mir habe, befindet sich auch meine Wasserflasche. Eine schön blaublitzende Metallflasche aus der Schweiz, die aussieht wie das Baby einer Pressluft-Tauchflasche. Der freundliche Security-Mitarbeiter, der meinen Rucksack mit Latexhandschuhen durchsucht, zieht die Flasche heraus und wirft einen fragenden Blick auf mich. Ich meine grinsend: „This is the bomb". Er macht mich höflich darauf aufmerksam, dass diesen Witz seit 9/11 in New York niemand mehr lustig findet.

Landidyll und offene Türen

Am späteren Nachmittag fahre ich mit dem Zug nach Katonah, wo mich Steve mit dem Akademiker-Volvo-Kombi am Bahnhof abholt. Steve lebt in einem netten kleinen Häuschen im Grünen und ich muss zu meinem Erstaunen hören, dass er das ganze Jahr über seine Türe nicht absperrt. Das habe ich zuletzt vor über 25 Jahren im Bregenzerwald, im Elternhaus meiner Jugendliebe, gesehen. Steve quartiert mich im Zimmer seines Sohnes ein (er ist ja Strohwitwer). Ich habe uns zwei Flaschen kalifornischen Weißwein mitgebracht und wir plaudern den ganzen Abend in seinem Garten bei Wein und Zigarren.

Am nächsten Morgen gehen wir joggen. Um 6:00 Uhr ist es schon hell. Diese Landidylle kann ich kaum fassen und wir sehen ein Reh mit zwei Jungen, die erstaunlich zutraulich sind. Ich frage mich, ob das daran liegt, dass hier nicht gejagt wird.... oder ob das vielleicht Rehe aus Disneyland sind? Mein Gastgeber ist offensichtlich nicht so der Hausmann und wir gehen unser Frühstück einkaufen. Bei Starbucks bekomme ich einen guten Kaffee, aber inklusive Sandwich und Mehlspeise kostet das Ganze soviel, wie ein ganzes Mittagsmenü in meinem Lieblingsrestaurant in Wien. Das Thema Kaffee wird mich noch die ganze Reise begleiten, weil die Möglichkeit, an guten „Stoff" heranzukommen nicht immer leicht sein wird. Aber dazu noch später. Wir verbringen einen ruhigen, netten Tag in Steves Haus.

Was ich gar nicht so recht fassen kann und mir auch nicht eingestehen will, ist, dass ich jetzt bereits ein wenig Heimweh habe.

Oje und das nach schlappen 3 Tagen. Wie soll das bei einem ganzen Jahr werden?

Am dritten Tag reise ich weiter. Der Taxler, der mich um 30 Dollar (!) in fünf Minuten zum Bahnhof fährt, sieht aus wie der Gepäckträger einer in die Jahre gekommenen Rockgruppe. Er quatscht mich voll mit seinen Weisheiten zum Thema Weltpolitik. Erstaunlicherweise erzählt er so ziemlich dasselbe wie sein derzeitiger Präsident und ich bin froh, dass die Fahrt gleich vorbei ist. Der Flug nach Anchorage führt über Denver und laut der Information auf meinem Ticket bin ich in 5 Stunden in Alaskas Hauptstadt. Was ich nicht bedacht habe, ist, dass es noch einmal 5 Stunden Zeitverschiebung zwischen New York und Anchorage gibt. Das heißt, ich bin im Endeffekt 10 Stunden unterwegs. Als wir mit dem Flieger stundenlang über mehr oder weniger unberührte Landmassen (Wälder und Berge) fliegen, kriege ich einen ersten Eindruck davon, wie groß Alaska wirklich ist. In Anchorage habe ich einen Stock-Bett-Platz im 4-Bett-Zimmer gebucht und treffe zwei junge, deutsche Radfahrer aus Leipzig, die hier mit ihren Fahrrädern starten und vorhaben, in einem Jahr in Patagonien zu sein – auch nicht schlecht.

Alaska als Pfadfinder-Ausflug für große Kinder

Am Sonntag, den 7. August, startet meine Alaska Rundreise mit der Green Tortoise Tour. Bei meinem Morgenspaziergang habe ich mich schon mit einem der beiden Fahrer bekannt gemacht. Er war gerade dabei, den Bus ein wenig zusammenzukehren. Später, wie dann alle Gäste beim Einladen ihrer Habseeligkeiten sind, stellen sich die Busfahrer offiziell vor – es handelt sich um Richard und Bill. Bill ist der ältere, dickere, der auch Gitarre zupfen und gleichzeitig Mundharmonika spielen kann. Wir sind 26 Leute, die in dem Bus einchecken. Ein bunter Haufen aus USA, Australien, Ungarn, Schweden, Kanada, Irland, England und ich aus Österreich.
Altersmäßig spannt sich der Bogen von 21 bis Anfang 60. Die Stimmung ist gut und ich fühle mich relativ schnell wohl in dem Haufen. Nachdem Richard uns die Spielregeln erklärt hat und wir unsere Sachen verstaut haben, geht es los. Die erste Station ist der Matanuska-Gletscher, wo wir eine kleine Wanderung machen. Danach fahren wir zu einem Campingplatz, wo wir unsere Zelte und das Lager aufschlagen. Die Arbeiten in dem Bus (Küchenutensilien ausräumen, Tische aufbauen etc.) werden immer irgendwie von allen gemeinsam gemacht. Auch das Kochen wird gemeinsam, meistens unter der Federführung von Bill (der einige gute Rezepte auf Lager hat) erledigt. Heute sehe ich beim Essen nur zu und es entsteht eine interessante Stimmung, als eine der Mitreisenden (sie stammt aus Taiwan, lebt in den USA und nennt sich CJ – gesprochen „Sie-Dschäi) beginnt, den Fischkopf zu essen und dabei allen Anwesenden Anatomielektionen erteilt. Als sie dann mit der Bemerkung „mhm – is the best, lots of omega three“ das Fischauge aus dem Sockel saugt, einmal kurz drauf beißt und schluckt, merke ich, wie es manchen der Mitreisenden etwas mulmig wird. Einige schieben ihre Teller von sich und geben an, bereits satt zu sein. CJ scheint das nicht zu stören, eher im Gegenteil. Später erfahre ich, dass CJ als Professorin an einer Universität in Chicago irgendwas mit Hirnforschung zu tun hat. Übrigens ist sie auch recht stolz auf ihr langes, schwarzes Haar, das ihr bis zu den Knien reicht.

Das grüne Gefährt

Noch ein paar Worte zum Bus: Es handelt sich um einen grünen (Nomen est Omen), mindestens 10 Jahre alten, amerikanischen Reisebus, der für den jetzigen Zweck extra umgebaut wurde und bereits mehr als eine halbe Million Meilen auf dem Tacho hat. Im vorderen Teil des Gefährtes befinden sich links und rechts des Mittelganges je zwei Tische mit 2er Sitzbänken. Die hintere Fläche des Busses ist eine einzige große Liegewiese und erinnert in mehrerlei Hinsicht an das Matratzenlager aus der Schulschiwoche. Der unter dem Bus befindliche Gepäcksstauraum ist zur Hälfte für Equipment in Verwendung (Kühlboxen, Zelte, Geschirr, Kochutensilien, Werkzeug etc.) und daher wird es auch sehr eng mit dem Platz für das Reisegepäck bleiben. Manche größere Equipmentteile (große Gaskocher, Bänke etc.) werden auf dem Dachträger verstaut und jedes Mal, wenn wir irgendwo ankommen, wo wir übernachten, helfen alle mit, den Bus zu entladen und das „Camp" aufzubauen. Das heißt Tische aufstellen und die Geschirrwaschstraße aufbauen. Letztere wird rein händisch betrieben und besteht aus 3 Plastikschüsseln, die mit Wasser gefüllt werden. In die erste Schüssel kommt zum Wasser noch Chlor (Vorwaschgang), in die Zweite Seife (Hauptwaschgang) und in die Dritte kommt nur Wasser (Nachspülgang). Ferner den großen Gaskocher aufbauen, die Gasflasche anschließen und diverse kleinere Verrichtungen. Bill hat auch seinen privaten Laptop mit im Bus. Damit hakt er sich in diverse Funk-LAN-Netze ein und dann dürfen wir damit ins Internet.

Ich hab mir gleich einen von den Sitzplätzen (in Fahrtrichtung), bei den 4 Tischen gesichert.

Und davon wird ihn keiner mehr so schnell vertreiben. Soviel zum Thema „Flexibilität".

Und wir beschnuppern uns alle gegenseitig mit ersten Gesprächen (wo kommst du her, wie lange bist du auf Reisen, hast du so was schon einmal gemacht etc. etc.).

Am Morgen nach dem ersten Camp gehe ich mit Santhana in der Früh joggen. Es ist noch relativ kühl, aber nach den ersten 1-2 Kilometern sind wir schon gut aufgewärmt. Santhana ist eine junge Thailänderin (Mitte 20), die in Atlanta, USA, studiert.

Aha, Monsieur hat sich bereits am ersten Tag orientiert und ist gerade dabei, eine der jungen, hübschen Frauen anzubraten, aber vielleicht steht die ja gar nicht auf alte Säcke.

Futterneid und Egozentrik

Danach, beim Frühstück hole ich mir gleich meine erste, eher peinliche, Zurechtweisung. Beim Frühstück machen war ich nicht dabei (weil sporteln und duschen und so) und jetzt räume ich mir gleich meinen Teller beim Openair-Frühstücksbuffets voll. Mir ist nicht aufgefallen, dass noch keiner was auf dem Teller hat und habe mich lediglich darüber gefreut, dass ich nicht lange anstehen musste. Dann macht Richie mich vor allen anderen darauf aufmerksam, dass es noch zu früh ist und wir erst dann „alle gemeinsam" frühstücken, wenn alle fertig sind mit den Vorbereitungen. Mir ist das natürlich unheimlich peinlich und ich merke, dass ich bei so einer Gruppenreise mein Ego noch ein bisschen weiter zurückschrauben muss.

Man könnte fast glauben, er ist als Einzelkind aufgewachsen.

Beim anschließenden Geschirr waschen und zusammen packen bin ich auffallend bemüht und offensichtlich dabei, meine Schmach wieder gut zu machen.

Als wir vom Matanuska-Gletscher nach dem Frühstück mit dem Bus aufbrechen, sitze ich wieder auf demselben Platz wie gestern.

Ich hab es Euch eh schon gesagt, das wird auch so bleiben.

Kurt geht ins Puff

Mir direkt gegenüber sitzt Ruby. Mit Anfang 60 ist sie eine der Seniorinnen in der Truppe und sie erzählt uns anderen am Tisch die berührende Story von Kurt. Kurt war ihr Sohn. Der eine von den beiden Zwillingen, der die Geburt überlebt hat. Ruby war damals erst 18 Jahre alt und das Wohlwollen der amerikanischen Kleinbürgergemeinde, aus der sie kommt, für ihre Situation, (ledige Mutter und noch dazu erst 18) hielt sich in bescheidenen Grenzen. Kurt hat zwar als der offensichtlich Stärkere von den beiden Zwillingen überlebt, war aber auch nicht ganz gesund. Kurt hatte Kinderlähmung. Die Ärzte erzählten Ruby, dass sie das Baby 6 Wochen nicht anrühren darf. Aus heutiger Sicht ein absoluter Wahnsinn, aber sie war jung und verunsichert und traute sich nicht dagegen aufzulehnen, obwohl es ihr intuitiv falsch erschien. Ihre Verwandten und der Arzt redeten auf sie ein, dass sie das Kind in ein Heim geben soll, weil das doch so kein Leben sei. Das war ihr dann doch zuviel. Sie hat darauf bestanden, dass sie ihr Baby, ihr Kind mitnehmen darf. Mit verschiedenen Jobs hat sie sich durchs Leben gekämpft und arbeitet derzeit unter anderem als „Stand-up Comedian". Eine in den USA verbreitete Form des Entertainments, das man am besten mit „Improvisations-Kabarettistin" übersetzen könnte. Kurt war Zeit seines Lebens an den Rollstuhl gefesselt und ein lebensfroher, in seiner Umgebung sehr beliebter Mensch.

Nun ist die Sexualität von körperlich behinderten Menschen kein leichtes Thema. Und auch Kurt musste da gegen Vorurteile und Tabus kämpfen. Jedenfalls haben Ruby und ihre Mutter, also Kurts Großmutter, einen so genannten „Kurt get laid fund" (frei übersetzt: „Kurt hat Sex-Sammlung") gegründet. So haben alle Verwandten und Freunde immer wieder in das speziell dafür gekennzeichnete Sparschwein eingeworfen und wenn genügend Geld zusammen war, fuhr Kurt ins Puff.

Vor einem Jahr, mit 43, ist Kurt gestorben. Die Ärzte hatten ihm ursprünglich nur ein paar Jahre prophezeit. Ruby erzählt noch, wie er in ihrem Arm den letzten Atemzug gemacht hat und dann ist es still an unserem Tisch. Ich wage nicht, die anderen anzusehen und blicke nur aus dem Bus in die Ferne, während mir die Tränen über die Wangen rinnen.

Am Abend gibt es Lachs-Fachitas (südamerikanische Pfannkuchen mit eben Lachs und anderem Zeugs drin) und dann gehen noch ein paar von uns auf einen Drink in den „Pipeline-Club". Dieser ist zu zweifelhafter Berühmtheit gelangt, weil hier der Kapitän, der „Exxon Valdez" seinen letzten Drink hatte, bevor er vor circa 20 Jahren Alaskas Küste eingeölt hat.

Das Land der schrägen Vögel und der Unangepassten

Ich verbringe die zweite Nacht in meinem Zelt und habe mich damit schon ganz gut angefreundet, obwohl es sehr klein ist. Alaska ist wirklich ein beeindruckendes Land. Die schiere Größe und Abgelegenheit, kombiniert mit dem speziellen Klima, zieht eine besondere Mischung von Menschen an und bringt auch besondere Menschen hervor. Schrullige Einzelgänger, Aussteiger, Naturliebhaber, Nonkonformisten und Washington-Opponierer fühlen sich hier gleichermaßen wohl. Die hier Ansässigen fühlen sich meist nicht als US-Amerikaner, sondern eben als Alaskaner und haben einen stark föderalistischen Zug nach dem Motto „Wir lassen uns von Washington nicht vorschreiben, wie wir zu leben haben“. Das führt unter anderem dazu, dass man viele Motorradfahrer auf schweren Öfen ohne Helm sieht und dass in den Bars durchaus geraucht wird. Beides unvernünftig und natürlich nicht gesund, dennoch nicht ganz unsympathisch.

Hört, hört, in dem sonst so Angepassten rührt sich der gut unterdrückte Macho.

Das Klima ist extrem, im Sommer ewig lange Tage, riesiges Gemüse, Erdbeeren so groß wie Mandarinen und beim Wandern findet man Waldhimbeeren, die so intensiv schmecken, dass man süchtig werden kann.

Beim Morgenlauf – wieder mit Santhana – sehen wir teilweise die Bäche so voller Lachs, dass ich das Gefühl habe, ich könnte trockenen Fußes darüber steigen.

Er hätte übrigens gern gehabt, dass die siamesische Prinzessin bei ihm im Zeltchen schläft, aber das hat's nicht gespielt.

Mit einem anderen Mitreisenden, Doron, einem netten, jungen, Anwalt aus San Francisco, sehe ich mir das Valdez Museum an. Bei der Geschichte dieses Ortes drängt sich der dringende Verdacht auf, dass die Gegend unter keinem guten Stern steht. 1964 gab es ein Erdbeben von 9,2 nach Richterskala. Der dadurch hervorgerufene Tsunami hat das damalige Valdez in wenigen Sekunden weggeputzt. Der komplette Ort wurde an einem neuen Flecken wieder aufgebaut. 1989 fand die schon erwähnte Ölkatastrophe statt.

Am Mittag machen wir eine Bootsrundfahrt auf dem Prinz William Sound zum Columbia-Gletscher, der einzige in Amerika, der direkt ins Meer fließt. Man sagt auch „kalbt“ aber das ist mir zu „plastisch“. In der darauf folgenden Nacht schlafen wir im Bus, weil es eine längere Distanz zu überbrücken gilt. Dazu wird im Bus das Matratzenlager verwendet, die Tischnischen werden umgebaut zu Doppelbetten und von der Decke werden auf jeder Seite noch über die ganze Buslänge Betten herabgelassen. Diese simple Einrichtung dient bei „normalen Fahrten“ tagsüber als Gepäckablage (etwas höher geklappt) und bei Nachtfahrten eben als Zusatzbetten. Ich hab mir eines von den oberen Betten gesichert und mit Ohrenstöpsel einigermaßen gut geschlafen.

Was man von den Mitreisenden nicht behaupten kann, weil Monsieur im Schlaf einen ziemlich großen Wald niedergesägt hat.

Am nächsten Tag erfahre ich dann, dass ich die tollsten Nordlichter verschlafen habe, angeblich blieb der Bus stehen und alle sind ausgestiegen, außer mir. Wir machen Halt in Fairbanks und besuchen das Alaskamuseum. Dort gibt es für uns auch eine Führung im „Institute of Geosience“ in der Universität Fairbanks. Dabei lernen wir, wie mit den Daten von zwei Wettersatelliten (einer aus Kanada, einer aus Europa) hier Wettervorhersagen zusammengezimmert werden. Anschließend gibt uns die Bibliotheksleiterin noch eine Führung durch die Universitätsbibliothek. Fast die Hälfte der Zeit verbringt sie damit, uns zu erklären, wie toll ihr neuer Xerox-Kopierer funktioniert.

Tja da staunt der Verkaufsprofi, was die Xerox-Verkäufer in den USA zusammenbringen.

Nach einem Imbiss fahren wir weiter nach „Chena Hot Springs“, wo wir in den heißen Quellen baden. Die nächste Nacht schlafen wir wieder im Bus, der uns in Richtung „Denali-Highway“ bringt (benannt nach dem Denali-Nationalpark und dem namensgebenden Mount Denali – ehemals Mount McKinley).

Am nächsten Tag machen wir einen Zwischenstopp mitten in der Tundra und gehen bei circa 28 Grad zwei Stunden wandern. Zum vereinbarten Zeitpunkt sind alle wieder im Bus, bis auf zwei. Die beiden Annas aus Spanien. Das sind zwei Freundinnen, die tatsächlich beide Anna heißen und gemeinsam hier angereist sind. Wir nennen sie „las dos Annas“. Die können so schlecht Englisch, dass sie offensichtlich auch den vereinbarten Zeitrahmen falsch verstanden haben. Zwei Stunden später – wir machen uns schon Sorgen wegen Bären und Bestien und so – kommen die dos Annas quietschfidel zum Bus zurück. Man kann ihnen aber auch nicht wirklich böse sein.

Wieder mal typisch, möchte bloß wissen, wie sein Urteil ausgefallen wäre, wenn es nicht 2 Annas, sondern zum Beispiel 2 Antons gewesen wären.

Danach geht’s noch ein paar Stunden weiter Richtung Denali-Nationalpark und wir campen im Freien am Straßenrand. Ich baue mein Zelt immer etwas weiter von den anderen auf, weil ich einerseits mit meiner Schnarcherei niemanden stören und anderseits nicht von „lange-am-Lagerfeuer-Sitzern und sich-Unterhaltern“ geweckt werden will.

Blabla, die meisten wissen mit der Zeit, dass Monsieur hier in jedem Fall den Individualisten raushängen will.

Am nächsten Morgen werde ich von einem fulminanten Sonnenaufgang geweckt. Zum Frühstück gibt's Alaska-Räucherlachs, nur der Kaffee an Bord ist leider untrinkbar schlecht.

Die Jammerei wegen des Kaffees werden wir noch oft hören.

Beim Campabbau und „alles in den Bus laden", helfe ich fleißig mit. Irgendwie gibt es mir ein gutes Gefühl, etwas für die „Gemeinschaft" zu tun. Jennifer aus San Francisco will heute wieder neben mir sitzen.

Das ist ja schlimmer als in der Volksschule.

Der Mount Denali (ehemals Mc. Kinley)

Nach ein paar Stunden Fahrt kommen wir in Denali-Nationalpark an. Dort mache ich gleich eine fünfstündige Wanderung durch den „Rock Creek Trail". Bären habe ich keine gesehen, aber ich hätte wahrscheinlich auch ziemliche Angst. Am Abend gehen wir fast alle in eine Bar und wir hören unseren Fahrer Bill erstmals in seiner Funktion als Country und Blues-Musiker. Nachdem er die Strecke schon ein paar Mal abgereist ist, kennen ihn die Leute hier und lassen ihn auch gerne ans Mikrofon. Bill spielt recht gut Gitarre und hat eine rauchige Blues-Stimme. Obendrein hat er eine Technik entwickelt, bei der er ohne eine Hand von der Gitarre zu nehmen, aus einem, mit Klettverschluss auf die Gitarre geklebten, Plastikbecher seine Mundharmonika lutscht und nur mit Lippen und Zunge bewegt, während er eben Mundharmonika spielt und gleichzeitig Gitarre zupft.

Sieht irgendwie widerlich aus, wie Kater Karlo beim Oralsex.

Im Visitor Center des Nationalparks, erfahre ich am kommenden Tag, dass der Mount Denali der größte Berg auf dem nordamerikanischen Kontinent ist und 6.193 m misst. Der gleichnamige Nationalpark wurde 1970 gegründet und 1980 wesentlich erweitert. Auch heute seile ich mich wieder von der Gruppe und dem Gruppenzwang ab und mache eine Wanderung alleine. So habe ich Zeit zum Nachdenken. Heute gehe ich auf den Mount Margret, bei herrlichem Sonnenschein und sommerlichen Temperaturen, alles in allem 5 Stunden.

Also ähm, das kann man locker in 3 schaffen.

Bären sehe ich heute wieder keine, aber ein „Dullsheep", sieht in etwa aus wie ein Albinosteinbock; ein Erdhörnchen und einen Raubvogel, den ich nicht kenne. Den echten Bergsteigern unter den Lesern, sage ich's lieber gleich: den Mount Denali habe ich nur aus der Ferne gesehen. Auf dem Gipfel des Mount Margret bin ich dafür ganz alleine, die Sonne scheint, ich esse mein mitgebrachtes Mittagessen und mache ein Nickerchen.

Nach meiner Rückkehr sind noch wenige von den Kollegen im Camp oder im Bus. Das ist eine gute Gelegenheit mit Bills Laptop ins Internet zu gehen. Er hat sich natürlich wieder in irgendein Funk-LAN eingewählt. Auf diesen Campingplätzen gibt es Wohnwagen, die die Größe von extra langen Gelenksbussen haben, wie wir sie in europäischen Großstädten kennen. Ein „normaler" europäischer Wohnwagen, kommt hier so gut wie nie vor und sähe dann auch eher aus wie der Geräteschuppen zum hiesigen „Mobile Home". Die haben alle Klimaanlagen, Satellitenschüsseln, Einbauküchen, Sauna, Solarium, Whirlpool und eben Funk-LAN an Bord. So als kleines Anhängsel haben manche davon einen PKW hinten dran hängen. Aber nicht etwa einen Toyota Corolla oder einen VW Golf, nein, sondern einen Cheep Cherokee oder was Ähnliches.

Donna tanzt am Lagerfeuer

Im Internet habe ich mir für die Zeit nach dieser Alaskarundreise, einen Flug von Anchorage nach Juneau gebucht und dann eine 3-tägige Schiffspassage von Juneau nach Prince Rupert – es lebe das Internet! Am Abend ist wieder Lagerfeuerromantik angesagt und ich halte mich beim Kochen-helfen zurück. Da ich nichts esse, habe ich auch kein wirklich schlechtes Gewissen dabei. Ein Steinwurf entfernt von unserem Platz ist einer von diesen Sattelschlepperaufliegerwohnwagen, mit einer Gruppe von 6 Frauen. Die scheinen hier irgendwas zu feiern. Mit Lagerfeuer, Musik und einer großen Kühlbox voller Getränke. Richie meint, wir sollten hinübergehen und ein bisschen mit den Mädels plaudern. Ich zögere, weil ich einerseits zu schüchtern bin

Nanananana

und weil ich nicht weiß, ob Richie nicht einen zu argen Machoschmäh drauf hat. Stattdessen plaudere ich ein wenig mit unseren Leuten und rauche eine Zigarre. Später lässt es mir dann doch keine Ruhe und ich geh mal rüber „schaun". Die Frauen haben schon ein bisschen „getankt" und sind in bester Feierlaune. Sie nehmen mich schnell in ihre Runde auf und bieten mir etwas zu trinken an. Ich schätze die Altersverteilung so zwischen Mitte 20 bis Mitte 30 und erfahre, dass sie alle aus Alaska sind und derzeit in Anchorage wohnen und arbeiten. Viele von ihnen sind auf dem Land aufgewachsen. Ein paar haben auch Inuit-Blut in ihren Adern. Und sie haben beschlossen, wieder einmal ein Wochenende der Stadt zu entrinnen und waren heute hier raften (das Wasser ist extrem kalt) und jetzt wird eben gefeiert. Ich hole aus meinem Zelt noch eine Flasche Whiskey. Mir ist die ganze Gruppe sympathisch und ich merke wieder, dass die Leute hier in Alaska von einem ganz anderen „Schlag" sind. Die Frauen wirken „burschikos", dadurch teilweise auch sehr undamenhaft (rülpsen und spucken) und dennoch strahlen sie eine interessante, urtümliche Fraulichkeit aus.

Jaja – unser Held ist selbst bereits ziemlich eingespritzt und würde in dem Zustand alles sexy finden.

Immer wieder tanzen ein paar von ihnen ausgelassen zur Musik aus dem Ghettoblaster im flackernden Licht des Lagerfeuers. Mir gefällt Donna am besten. Sie ist auch eine Halb-Inuit-Frau, groß, dunkel und hat breitere Schultern als ich.

Dazu braucht es ja nun nicht soviel.

Sie sieht aus wie eine von diesen Schwimmerinnen und ich habe das Gefühl, ich bin ihr auch sympathisch. Zumindest hat sie sich in meinen „Österreich-Pulli" verliebt und schlägt einen Tausch mit ihrem Alaska-Sweater vor. Den Tausch mache ich gerne. Zu fortgeschrittener Stunde erzählt mir Rainy, sie ist mit Anfang 20 die Jüngste in der Runde und auch Halb-Inuit, dass sie für Montag in einer Woche einen Mitfahrer sucht, für die Strecke von Anchorage bis Vancouver. Sie geht nämlich für 3 Jahre nach Seattle studieren und will zu diesem Zweck ihren Haushalt übersiedeln. Wie die „Traveller" unter den Lesern eh schon wissen: Seattle liegt einige Kilometer südlich von Vancouver auf der US-amerikanischen Seite. Wegen dem vielen „Übersiedelungsgut" muss Rainy mit dem Auto fahren und da das aber ca. 4.500 km sind, will und kann sie nicht alles alleine fahren. Mir läuten gleich die Ohren und ich erzähle ihr, wie ich vor ein paar Stunden Flug und Schiffspassage gebucht habe, weil ich genau zu der Zeit auch in die Richtung will. Wir vereinbaren, dass ich versuche, meine Buchungen zu stornieren und ich mich dann wieder bei ihr melde. Gegen 1 Uhr Früh gehe ich ins Bett und schlafe ziemlich schnell ein, obwohl die anderen noch lautstark weiterfeiern.

Am nächsten Morgen frühstücke ich aufgewärmte Makkaroni mit Pesto (vom Vorabend), die ich in der Kühlbox gefunden habe. Dann versuche ich gleich telefonisch den Flug zu stornieren, den ich gestern übers Internetz gebucht habe. Das wird offensichtlich nicht so einfach, weil sich Alaska-Air das Geld nicht wieder rausreißen lassen will. Die Telefonistin meint, ich kann höchstens eine Gutschrift bekommen. Die wird mir aber nicht viel nützen, weil ich ja nicht in Alaska bleibe. Jedenfalls nehme ich mir vor, im weiteren Verlauf dieser Reise nicht mehr lange voraus zu buchen und eher kurzfristig zu entscheiden, damit ich flexibler bleibe. Das bedeutet, ich werde einfach darauf vertrauen, dass es eine gute Lösung geben wird. Am späteren Vormittag mache ich eine große Kanne Kaffee und überrasche damit die Nachbarinnen, die gerade so langsam aus ihrem Feierdelirium aufwachen.

Schön so eine selbstlose nachbarschaftliche Geste – in Wirklichkeit will er nur Donnas E-Mail Adresse.

Einige von ihnen haben einen ernsthaften Kater und wir unterhalten uns ein wenig. Donna und Rainy geben mir noch Ihre E-Mail Adresse.

Grins.

Nachmittags mache ich wieder eine Wanderung alleine, diesmal auf den Mount Healy (1.044 m). Am Abend berichten einige meiner Reisekollegen, die in einer organisierten Bustour im Park unterwegs waren, von ganz außergewöhnlichen Bärenerlebnissen. Margo erzählt mir zum Beispiel ganz begeistert, wie plötzlich eine Bärin mit ihrem Jungen aus dem Dickicht aufgetaucht ist und sich von dem geparkten Bus und den darin stehenden, aufgeregt knipsenden Touristen nicht beeindrucken hat lassen. Margo meint, es sah so aus, als bringe Mama ihrem Jungen gerade das Jagen bei und ein Erdhörnchen musste daran glauben. Dabei zeigt mir Margo auf ihrer Digitalkamera ein Kurzvideo dieser Szene und meint, dass sie eine richtige Gänsehaut bekam, als sie das knacksende und knirschende Geräusch hörte, das das Bärenjunge beim Kauen des Erdhörnchens von sich gab. Ich bin ein bisschen neidisch, weil ich noch überhaupt keine Bären gesehen habe. Frühabends bauen wir das ganze Camp ab und ich helfe fleißig mit. Das heißt, die Nacht wird wieder im Bus verbracht und wir fahren nach Seward. Ich schlafe wieder oben.

Wo sonst.

Zu meinem Erstaunen muss ich auch feststellen, dass ich mir hier offensichtlich unterbewusst das „Mehrfach-Pinkeln“ in der Nacht abgewöhnt habe.

Verschone uns.

In Seward gehe ich mit einer kleinen Gruppe, bestehend aus Sophia (aus Schweden), Santhana (schon bekannt) und Mark (aus England), auf den sogenannten „Mount Marathon“.

Aha, jetzt werden wir plötzlich gesellig.

Irgendwer hat im Reiseführer gelesen, dass 1909 hier erstmals ein paar Einheimische eine Wette abgeschlossen hatten. Es ging darum, ob es möglich ist, in einer Zeit von weniger als 60 Minuten den Berg zu erklimmen (1.022 m hoch). Damals hat der Bergsteiger die Wette gewonnen und es knapp unter einer Stunde geschafft. Seither findet jedes Jahr am 4. Juli hier ein Rennen statt. Die Rekordzeit liegt bei 43 Minuten. Wir machen uns also auf den Weg und es gibt einige recht anspruchsvolle Kletterein. Da beschließen wir alle, dass wir zu wenig versierte Kletterer sind, um denselben Weg zurückzugehen. Blöderweise hat keiner einen Führer oder eine Karte dabei, aber zwei von uns erinnern sich, dass es angeblich einen anderen Weg vom Gipfel wieder ins Tal geben soll. Nach eineinhalb Stunden, wir sind schon ziemlich erschöpft und oberhalb einer dichten Wolkengrenze, kommt es zu einer kurzen Krise. Santhana will aufgeben und weigert sich, weiter zu klettern. Nach einer längeren Pause können wir sie überreden und eine weitere halbe Stunde später sind wir auf dem Gipfel. Glücklich und erschöpft verzehren wir unsere mitgebrachte Jause. Und wir finden auch den anderen Weg, der viel flacher ist und uns dann wieder ins Tal führt. Ich seile mich für ein paar Stunden von der Gruppe ab und esse „Fish and Chips" bei Terrie's. Danach mache ich wieder einen Versuch, meine Tickets zu stornieren. Bei der Schifffahrtsgesellschaft geht das völlig problemlos.

In diesem Zusammenhang eine Empfehlung für den wirklich kundenorientierten Service bei Alaska-Marine-Service (www.alaska.gov/ferry). Die Stornierung des Fluges gestaltet sich noch immer schwierig. Ich komme im Call Center auf die höchste Eskalationsstufe und zur Vorgesetzten der Vorgesetzten. Der erkläre ich (jetzt zum insgesamt 28. mal) mit ruhiger Stimme, dass mir eine Gutschrift, die nur für mich gilt, nichts hilft. Als sie nebenbei erwähnt, dass die Gutschrift ja auch für einen „close relative" (nahen Verwandten) verwendet werden kann, sehe ich den Funken einer Chance. Ich frage sie, ob das auch für meine Verlobte gilt, wenn ich nicht verheiratet bin (mit dem Hintergedanken, die Gutschrift an eine von den Alaskamädels zu verkaufen – mit Rabatt natürlich). Nach kurzer Rückfrage bestätigt sie mir diese Möglichkeit.

Danach rufe ich gleich Rainy an und wir vereinbaren, dass ich mit ihr von Anchorage nach Vancouver fahre. Dabei teilen wir uns die Benzinkosten und die Fahrerei. Ich bin schon etwas aufgeregt, denn ich habe in einem Reiseführer bereits über den legendären „Alcan-Highway" gelesen. Diese Straße, deren Baukosten sich wahrscheinlich nie amortisieren werden, wurde während des 2. Weltkrieges gebaut. Die Amerikaner hatten Angst, dass Japan in Alaska einmarschieren könnte und wollten daher eine Landversorgungslinie. Die US-Strategen konnten die Kanadier überreden, mitzuzahlen. Die Straße wurde in Rekordzeit gebaut. Das Schöne soll die absolute Abgeschiedenheit und das intensive Naturerleben sein. Jedenfalls freue ich mich schon sehr darauf. Mit dem Bus fahren wir weiter nach Homer, wo wir auch 2 Tage bleiben werden und am Strand campen. Homer ist ein Fischernest und die meisten Touristen hier sind auch zum Fischen da.

Am nächsten Morgen geht die Sonne gerade auf, als ich den Kopf aus dem Zelt strecke. Der Ausblick auf Berge und Gletscher ist wirklich fantastisch. Mehr und mehr beginne ich diese Art des Reisens zu schätzen.

Nach dem Joggen gehe ich um 5 Dollar 50 duschen und zum Frühstück gibt es frische Pfannkuchen. Nach Wäsche waschen und ein bisschen Gymnastik mache ich mich auf die Suche nach einem Internetzugang. Unser Camp ist auf einer schmalen Landzunge, die zugleich als grosse Anlegestelle dient für die vielen Sport- und Berufsfischerboote. Fischen ist hier ein Saisongeschäft, weil im Winter die ganze Bucht zufriert. Auf dieser Landzunge sind neben Fischereizubehörgeschäften auch ein paar Restaurants und 2-3 Souvenirshops. In einem solchen Laden gibt es auch einen Internetanschluss. Ich erfahre, dass eine viertel Stunde Internet surfen staatliche 5 Dollar kostet. Auf meine Frage, was es kostet, wenn ich eine ganze Stunde im

Internet bin, erklärt mir der Ladeninhaber mit dem Tonfall, den er für besonders begriffsstutzige Kinder auf Lager hat, dass 5 Mal 4 eben 20 Dollar ist.

Falls Ihr es noch nicht bemerkt habt, wir haben es hier mit einem Erbsenzähler und Sparefroh zu tun. Nicht nur, dass er ein Budget für das sogenannte Ruhejahr (inkl. Aufteilung in 4 Kostenstellen) gemacht hat, nein, er führt auch täglich Buch über seine Ausgaben und freut sich, wenn er irgendwo 1-2 Dollar einspart.

Von einer Mitreisenden erfahre ich, dass man in der örtlichen Bibliothek gratis eine halbe Stunde ins Internet kann.

Was hab ich gesagt?

Da es in den Ort (nicht größer als Gramatneusiedl) fast eine Stunde zu Fuß ist, fahre ich per Autostopp. Es dauert auch nicht lange, bis mich ein netter, junger Alaskaner in seinem Pickup mitnimmt. In der Bibliothek warten schon ein paar andere und ich trage mich in die dafür vorgesehene Liste ein. Die Wartezeit verbringe ich mit lesen.

Was soll man sonst in einer Bibliothek tun – nasenbohren vielleicht, aber ich will es nicht verschreien, denn....was sehe ich da?

Mich juckt es seit heute früh ständig in der Nase. Endlich komme ich dran, beantworte meine paar privaten E-Mails und schreibe auch eine an Donna (bin gespannt, ob sie antworten wird). Glücklicherweise konnte ich mich vor Reiseantritt soweit von Arbeit freigeschaufeln, dass ich auch keine beruflichen E-Mails hierher weitergeleitet bekomme.

Werner Herzog und der Bärenmann

Zurück im Camp lerne ich den Typen kennen, der mit einigen von den Kollegen heute fischen war. Er bietet hauptberuflich Bootstouren und Wildlife-Beobachtungen an und arbeitet auch als Buschpilot. Er erzählt die Geschichte von einem fanatischen Bärenfreund, die sich hier in der Nähe abgespielt hat und über die Werner Herzog jetzt einen Dokumentarfilm (Grizzly Man) herausbringt. Dabei geht es um eben diesen selbsternannten Bärenfreund (Timothy Treadwell), der sich intensiv mit den grossen Tieren beschäftigt und jedes Jahr monatelang hier in der Wildnis gelebt hat, um nahe bei seinen Lieblingen zu sein. Später überredete er auch seine Freundin dazu, diese Leidenschaft mit ihm zu teilen. Den Einheimischen erzählte er, die Bären würden ihn wie einen Artgenossen akzeptieren und er dürfe sogar deren Junge streicheln. Das Ganze nahm ein gruseliges Ende. Eines Tages wurde er von einem Bären gefressen und bat (angeblich) seine Freundin noch im Todeskampf, die Videokamera einzuschalten. Tage später fand ein Pilot das ziemlich ramponierte Camp, aber weder den Bärenfreund, noch seine Partnerin. Der Pilot landete, um nach dem Rechten zu sehen. Dabei sah er, dass das Zelt platt gedrückt und an einer Seite zerfetzt war (was er von der Luft aus nicht erkennen konnte) und ihm schwante Grässliches. Als dann einer der alten Bären langsam auf ihn zutrottete mit dem Kopf tief über dem Boden, seltsam hin und her wackelnd, wurde ihm langsam klar, was sich hier grausiges ereignet haben musste. Er kannte diese Geste als Angriffssignal und brachte sich ins Flugzeug in Sicherheit. Über Funk rief er Verstärkung und die mussten diesen einen Bären deshalb erschießen, weil der angeblich durch den Verzehr der beiden Bärenfanatiker auf den Geschmack gekommen war. Ich habe den Film noch nicht gesehen, bin aber schon sehr gespannt darauf. Insgeheim nehme ich mir vor, bei meinen Wanderungen noch ein wenig vorsichtiger zu sein.

Noch vorsichtiger? Wir machen alleine eh schon soviel Lärm wie ein ganzer Almauftrieb, damit wir ja keinen Meister Petz „überraschen".

Die Kollegen und Kolleginnen, die fischen waren, haben reichlich Beute mitgebracht. Riesige Lachse und Heilbutt. Das bedeutet ein Festessen. CJ, von der ich schon erzählte, hat natürlich Sojasauce und Wasabi (der grüne, asiatische Meerrettich) im Gepäck und wir essen den frischen Lachs roh und dazu auch rohen Lachskaviar als Vorspeise. Die Frau Professor erzählt stolz und mit vollem Mund, wie der Profifischer, mit dem sie unterwegs waren, die Lachseier beim Fisch putzen einfach ins Meer werfen wollte. Sie hat die Delikatesse für uns gerettet und geniesst unseren Beifall. Und als dann die Heilbuttstücke in Alufolie im Lagerfeuer gegrillt, mit Gemüse und Reis serviert werden, sind wir alle schon von den Vorspeisen ziemlich satt. Das Campleben gefällt mir zunehmend und ich rauche meine zweite Zigarre heute (ab und zu muss es sein) und trinke 1-2 Whiskeys. Leider beginnt es dann zu regnen und damit ist die Party relativ bald vorbei. Am nächsten Morgen regnet es immer noch – glücklicherweise hält mein Zelt dicht. Trotzdem gehe ich laufen und mache meinen Frühsport und nach dem zweiten Frühstück gönne ich mir wieder eine 5 Dollar 50 Dusche.

Was natürlich auch in die Buchhaltung kommt ;-))

Nachdem das bereits gestern gut funktionierte, beschließe ich auch heute, per Autostopp in den Ort zu fahren. Es dauert heute ein wenig länger bis mich dann doch ein circa 65-jähriger Einheimischer in seinem klapprigen Pick-Up mitnimmt. Er hat nur einen Zahn im Oberkiefer und erzählt mir, dass er 25 Jahre lang hier Berufsfischer war. „Kingcrab" (Königskrabben?) sagt er vertraulich dazu, ich nicke und tue mit der gleichen Selbstverständlichkeit so, als wäre das eh klar und verheimliche mein absolutes Ignorantentum im „Petrus-Beruf".

Was dieses ständige „Gefallenwollen" doch für seltsame Blüten treibt.

Seitdem er nun schon 10 Jahre in Pension ist, war er zwischenzeitlich „beruflich" in Russland und arbeitet immer noch als Bootsmechaniker. Er meint auch, dass das

Klima sich hier spürbar verändert hat. Er sagt, es ist immer wärmer geworden und der letzte Winter war so mild, wie er es noch nie erlebt hatte. Das Ganze findet er gefährlich für das Ökosystem. Ich nicke wieder zustimmend.

Eh klar.

Im Ort trage ich mich wieder in der Warteliste der Bibliothek ein und erfahre dabei, dass man nicht nur 30 Minuten gratis e-mailen kann, sondern auch 60 Minuten Internetrecherche machen kann. Das nutze ich natürlich aus und mache mich auf die Suche nach einem Reiseveranstalter, der so etwas Ähnliches wie Green Tortoise in Südamerika macht. Dabei stoße ich auf Oasis-Overland Reisen (www.oasisoverland.com). Die machen so Reisen mit speziell dafür umgebauten LKWs und bieten eine interessante Tour von Quito in Ecuador bis Santiago in Chile an. Das Ganze vom 18. September bis zum 9. November. Ich notiere mir die Daten und werde mir das Ganze noch einmal überlegen. In meinem E-Mail Account finde ich eine Antwort von Donna und wir vereinbaren ein Rendezvous am kommenden Wochenende.

Jetzt solltet Ihr ihn strahlen sehen.

Nach Kaffee und Zeitung geht es wieder per Autostopp zurück zum Camp. Es ist früher Nachmittag und außer den beiden Fahrern ist derzeit niemand beim Bus. Ich setze mich mit einem Klappsessel in die Sonne und lese. Im Hintergrund übt Bill auf seiner Gitarre und mich überkommt ein warmes Gefühl von Glück und Geborgenheit.

Doron kommt vom Fischen zurück und hatte Glück mit Lachsen. Er meint, ich kann mir ruhig was davon nehmen. Das lasse ich mir nicht zweimal sagen und haue mir als späten Lunch und gleichzeitig frühes Dinner ein Lachssteak in die Pfanne und mache mir einen leckeren Salat dazu. Danach lese ich mein derzeitiges Buch (Nordlicht) zu Ende.

Unser Bus ist wie gesagt gut ausgestattet und dank Bill gibt es auch alle möglichen Koch- und Küchenutensilien. Einzig eine Espressomaschine fehlt natürlich. Daher mache ich mir auf dem Gaskocher einen türkischen Kaffee und gehe danach früh ins Bett. Vor dem Einschlafen im Zelt habe ich noch ein bisschen Heimweh,

Geht das jetzt schon wieder los.

mir fehlen ein wenig die vertrauten Leute. Aber ich denke mir, das ist normal und wird phasenweise kommen und gehen. Ansonsten schlafe ich gut und nach dem Frühsport spare ich mir die 5 Dollar 50 für die Dusche und mache nur eine Katzenwäsche.

Igitt!

CJ war frühmorgens am Strand bereits Muscheln sammeln und verzehrt diese genussvoll zum Frühstück. Danach Zelte abbauen, Camp abbauen, Bus voll packen. Auf der Fahrt nach Hope kommen wir noch am westlichsten Punkt des nordamerikanischen Straßennetzes vorbei. Die Stimmung im Bus ist ausgelassen, wir führen uns auf wie Teenager auf einem Schulausflug. Mittlerweile weiß ich auch, dass einige der Mitreisenden Lehrer sind. Vielleicht erklärt das einiges. Doron und Margot und einige andere stehen darauf, wenn ich Englisch mit übertrieben deutschem Akzent spreche. Sie freuen sich dann immer wie die kleinen Kinder und wir alle haben einen Riesenspaß. Nun stehe ich ja ganz gerne im Mittelpunkt und liebe den Beifall der anderen.

Ich sag jetzt gar nichts!

Daher mach ich hier den Clown und lese während der Fahrt aus dem Lonely Planet (die Bibel der Traveller) mit überzogen deutschem Akzent vor. Erst später erfahre ich, dass CJ das auf ihrer Digitalkamera aufgezeichnet hat und mir das kleine Amateurvideo freundlicherweise zur Verfügung gestellt hat.

Nach dem Goldrausch

Hope ist ein kleines, romantisches Goldgräbernest mit 130 Einwohnern. Der große Goldrausch war hier bereits vor Clondyke und jetzt kann man immer noch ein wenig Goldstaub aus den Flüssen waschen. Eine Freundin von Zuhause hat mich per E-Mail gefragt, was ich denn auf dieser Reise „suche“. Die Frage hat mich eine Zeit lang beschäftigt. Ich konsultiere auch meine Tagebucheintragung vom Reisebeginn und ich antworte ihr in leichter Abwandlung:

- Abenteuer
- Freiheit
- Abwechslung als Gegengewicht zum „normalen Leben“
- Inspiration (sowohl für die Arbeit als auch generell für die Lebensführung)
- Fremde/neue Menschen/Länder/Kulturen kennen lernen
- Mit wie „wenig“ kann ich leben, respektive glücklich sein (Platz/Raum, Klamotten, Geld)

Am Abend musizieren wieder einige einheimische Musiker in der kleinen Bar im Ort. Einer der hiesigen Sänger singt ein sehr kritisches und (wie ich später erfahre) selbst komponiertes Anti-Kriegslied, das allen sehr unter die Haut geht. Später darf auch Bill ans Mikrofon und sein „Harmonika-aus-dem-Becher-Lutsch-Trick“ sorgt wieder für heiteres Gegrinse. Es regnet leicht und als ich etwas später in meinem Zelt liege, lasse ich mich von dem Rhythmus der Regentropfen auf den Stoff, der nur eine Armlänge von mir entfernt ist, einlullen und schlafe relativ schnell ein. Am nächsten Morgen regnet es noch immer und ich mache ein paar Turnübungen in meinem Zelt, so gut es eben geht. Einige von den Reisekollegen haben sich zum Gold waschen angemeldet. Der Typ, der das anbietet, könnte nicht authentischer aussehen. Ein rüstiger Greis undefinierbaren Alters mit leicht gekrümmtem Rücken, langem, zotteligen Vollbart, breitem Hut, kariertem Flanellhemd, Gummistiefel und nur noch ein paar Originalzähne im Mund. Letzteres macht sein vom langen Eremitendasein an sich schon seltsames Englisch noch schwerer verständlich. Statt auf einem Pferd kommt er auf einem 4-Rad-Motorrad daher, das rechts hinter seinem Sitz eine große Plastikhalterung für seine Schrotflinte hat. Ich persönlich halte diese Vierradmopeds für genauso unnötig wie z.B. Jet-Ski. Weil in 90 Prozent der Fälle irgendwelche verwöhnten Bubis damit relativ unberührte Natur verunstalten und mit dem Höllenlärm Tiere zu Tode erschrecken.

Und Monsieur in seiner kontemplativen Ruhe stören könnten.

Im Falle unseres Goldgräbers scheint mir die Sache anders zu liegen und ich sehe das Ding als den logischen Nachfolger des Reitpferdes. Und wie er hier so vorsichtig "einparkt" macht er auch nicht den Eindruck als würde er mit 70 Sachen durch irgendwelche Waldwege brettern. Ich sehe beim Goldwaschen nur zu und am Abend gibt es einige glückliche Gesichter, die mir strahlend ihre kleinen Reagenzröhrchen mit dem gelb-glitzernden Staub darin zeigen. Stattdessen mache ich mit ein paar anderen eine Wanderung auf die Hope Mountains. Am Nachmittag kommt die Sonne heraus und wir genießen die relativ unberührte Natur. Danach nehme ich dann doch noch eine Dusche (hier ist es billiger als in Homer)

Ich fass es nicht – mir ist das jetzt schon wirklich peinlich.

und wasche auch gleich meine Wäsche. Einer der Reisekollegen, ein Lehrer aus USA, lädt mich auf einen Joint ein. Ich hab mir nie viel aus dem Zeug gemacht, aber will nicht unhöflich sein. Irgendwie habe ich das Gefühl, er hat auch ein bisschen Heimweh und sucht Nähe und Vertrautheit. Wir plaudern über dies und das und ich denke mir, was wohl seine Schüler dazu sagen würden. Das Abendessen lasse ich heute wieder aus und rauche stattdessen eine schöne Zigarre. Die ist übrigens „de jure" genauso illegal hier wie der Joint, weil sie aus dem von den USA noch immer boykotierten Cuba stammt.

Ohne Schule zum Professor

Am nächsten Tag geht unser gemeinsamer Rundtrip schon dem Ende zu, und nach dem Zeltabbau machen wir uns wieder auf die Fahrt Richtung Anchorage. Unterwegs gibt es noch einen Zwischenstop in einem anderen Goldgräberort und einige von uns machen eine Wanderung. Ich wandere mit Malcolm. Malcolm ist der Freund und Lebensgefährte von CJ. Er stammt aus Kanada und dürfte ungefähr in meinem Alter sein. Bisher hatte ich noch nicht viel mit ihm geredet und war mit ihm auch noch nicht so richtig warm geworden. Das lag vielleicht auch daran, dass er erst später zur Gruppe gestoßen ist. Ich weiß nur, dass er auch irgendeine Professur an derselben Uni in Chicago hat und irgendwas mit Gehirnforschung macht. Je länger wir gehen, desto mehr kommen wir ins Plaudern und er erzählt mir die unglaubliche Geschichte seiner Kindheit:

Seinen leiblichen Vater hat er nie gesehen und seine Mutter und sein Stiefvater (dessen Namen er trägt), lassen sich scheiden, als Malcolm 8 Jahre ist. Die Mutter ist zu diesem Zeitpunkt circa 40 und Alkoholikerin. Sie hat einen neuen Freund und Malcolm dadurch wieder einen neuen Stiefvater. Der ist 20 Jahre alt. Malcolm und er verstehen sich recht gut. Malcolm bricht dann die Volksschule ab und beschließt, dass er nie mehr in die Schule gehen will. Seine Eltern stimmen zu und begeben sich dadurch in die Illegalität, weil zum damaligen Zeitpunkt in Kanada der Selbstunterricht von Kindern durch die Eltern gesetzlich verboten war. Das heißt die ganze Familie zieht in den kanadischen Busch um sich vor den Behörden zu verstecken. Der Stiefvater findet Arbeit in einer Mine, die er dann aber in einer kritischen Phase wieder verliert. Malcolm erzählt mir, dass der erste Winter im Busch schrecklich war und er bis heute nicht den Hunger und die Einsamkeit vergessen kann. Seine Eltern haben ihn mehr oder weniger „unterrichtet" und ihn immer mit viel Lesestoff versorgt. In dem Alter von 8 bis 17 Jahren hatte er keinen Kontakt mit Gleichaltrigen. Mich fasziniert dabei, dass er dennoch in die Universität gekommen und heute selbst Uniprofessor ist.

Donna holt mich ab ;-)

Am späteren Nachmittag kommt der ganze Bus wieder in Anchorage an und es gibt herzzerreißende Abschiedsszenen. Ich bin ein bisschen aufgeregt, weil ich heute Abend mein Rendezvous mit Donna habe. Wir haben uns zum Essen verabredet. Sie holt mich ab, fährt einen Saab 9000 (dadurch hat sie bei mir gleich unheimlich gepunktet, weil ich selber früher Saab-Fan war) und wir gehen zu „Simon & Seaforts", einem tollen Lokal im Zentrum. Das Essen ist ausgezeichnet und wir unterhalten uns gut. Danach gehen wir noch zu ihr. Sie hat sich vor zwei Monaten ein Haus gekauft, das sie mir jetzt stolz zeigt. Damit sie sich die Rückzahlung besser leisten kann und wahrscheinlich auch, damit sie nicht ganz alleine hier wohnt, hat sie einen Teil an ihre Cousine und deren Freund untervermietet. Leider endet der Abend hier, weil sie am nächsten Tag einen Halbmarathon läuft und früh ins Bett muss. Dagegen kann man schwer argumentieren und sie fährt mich netterweise noch in mein Hostel. Ich bin noch ein bisschen unrund, weil ich insgeheim doch mehr erhofft hatte. Weil ich in dem Zustand nicht schlafen will, beschliesse ich, auf einen Schlummertrunk in die berühmte Bar zu gehen, von der die anderen Reisekollegen mir vorgeschwärmt hatten. Dort sehe ich eine riesige Menschenschlange. Das fehlt mir noch, dass ich von irgendeinem Türsteher daraufhin bewertet werde, ob ich „cool" genug bin, um hier mein Geld auszugeben. Stattdessen kaufe ich mir im „Bottlestore" um die Ecke eine Flasche Whiskey, setze mich in den Hinterhof des Hostels und rauche im Dunkeln noch eine Zigarre.

Armer einsamer Cowboy!

Die Nacht schlafe ich schlecht. Ganz vage erinnere ich mich in der Früh, dass ich immer wieder aufgewacht bin, weil das Bett gewackelt hat. Ich versuche es zu rekonstruieren und vermute, dass der im Stockbett über mir, wegen meiner Schnarcherei gewackelt hat, um mich daran zu hindern. Ich vermute, dass ich mit meiner Schnarcherei auf dieser Reise nicht mehr so oft in Mehrbettzimmern übernachten kann. Das wird sich auf mein Budget nachteilig auswirken. Wenn man auf so einer Reise ausschließlich in guten Hotels wohnen will, braucht man wahrscheinlich allein dafür schon 30.000 Euro. Obendrein habe ich schlecht geträumt. Irgendjemand hat mich ins Bett gedrückt und versucht, mich zu erdrosseln. Dann hab ich bemerkt, dass es eine Hand ohne Körper daran ist und habe die Hand mehrfach gebrochen, doch sie hat mich immer wieder angegriffen – seltsam. Das Frühstück im Hostel ist sehr gut und ich gehe trotz Regen laufen. Das triste Wetter schlägt mir aufs Gemüt und ich habe wieder einen Anflug von Heimweh.

Geht die Jammerei schon wieder los.

Im Hostel lerne ich eine Primatenforscherin aus Kalifornien kennen. Wir unterhalten uns über dies und das und sie erzählt mir von ihren Reiseplänen. Sie ist mit dem Auto unterwegs. Sie hat ebenfalls vor, nach Vancouver zu fahren und wir verabreden lose, dass wir uns dann dort treffen könnten. Zu Mittag hole ich mir etwas aus einem Fast-Food-Lokal und bereue es dann sofort wieder.

In Rainys Pickup über den „Alcan-Highway"

Am späteren Nachmittag holt mich wie verabredet Rainy ab. Sie kommt, ist ganz aufgedreht und wäre am liebsten schon wieder weg, bevor ich erst richtig einsteigen kann. Sie fährt einen zweisitzigen Allrad-Pick up mit Automatikgetriebe. Das versöhnt mich schon wieder ein wenig, weil ich viel lieber Automatik fahre, als mit Handschaltung. Der Innenraum der Fahrerkabine ist so vollgerammelt, dass mein Rucksack nicht mehr hineinpasst. Er muss auf die Ladefläche unter die Plane. Mir ist das nicht ganz recht, weil im Rucksack immerhin meine ganzen Habseligkeiten für dieses Jahr sind. Insgeheim bin ich ein wenig sauer, dass sie beim Packen nicht wenigstens ein bisschen Platz für mich übrig gelassen hat. Obendrein ist die Plane, mit der sie die Möbel auf der Ladefläche abgedeckt hat, nicht besonders gut. Wir fahren los und plaudern. Das heißt, Rainy fährt und ich sitze am Beifahrersitz. Sobald wir aus der Stadt raus sind, befinden wir uns auch schon wieder mitten in dieser überwältigenden Natur. Ich werde übrigens später auf dieser Reise ein Buch lesen, in dem die Gegend hier wunderbar beschrieben ist und das ich bereits an der Stelle wärmstens empfehlen möchte. Es heißt Drop City und ist von T. C. Boyle (Carl Hanser Verlag München-Wien oder in der englischen Originalausgabe bei Viking Penguin, New York). Ich merke, dass Rainy nicht mehr ganz sicher ist, ob es eine gute Idee war, mich mitzunehmen und sie hält sich ewig mit der Frage auf, ob ich eine Versicherung habe. Ich erkläre ihr, dass hinsichtlich des Autos, ihre Versicherung zuständig ist. Jedenfalls habe ich einen gültigen Führerschein. Die Ärmste ist wahnsinnig verunsichert und ich versuche, sie zu beruhigen, indem ich ganz ruhig und gelassen über das Thema mit ihr rede und ihr vorschlage, sie könne ja sicherheitshalber bei ihrer Versicherung anrufen. Jetzt erst wird mir auch klar, wie riskant es eigentlich ist, mit einem wildfremden Menschen mehrere Tage auf engstem Raum zusammengesperrt zu sein. Ich verdränge den Gedanken wieder und konzentriere mich auf die wunderschöne Natur, die draußen an uns vorbeizieht. An diesem Tag fahren wir bis knapp nach 22:00 Uhr und erreichen einen Ort Namens Tok. Nachdem hier jetzt Sommer herrscht, ist es noch immer hell. Rainy möchte auf keinen Fall im Dunklen fahren. Sie hat einen Freund Namens Derek, der im Straßenbau arbeitet, derzeit auf einer Baustelle in Tok. Er bietet uns an, in seinem Motelzimmer bei ihm zu übernachten. Er hat ein Doppelbett und noch ein zweites, schmäleres. Ich bekomme das schmale Bett für mich alleine und Rainy schläft bei Derek im Doppelbett. Am nächsten Tag erfahre ich von zwei höflich gequälten Gesichtern, dass sie aufgrund meiner Schnarcherei nur recht schwer schlafen konnten. Mir ist das peinlich und unangenehm, aber ich habe ganz gut geschlafen.

Nach einem viel zu kurzen Frühstück geht es schon wieder los. Ich hab miserable Stimmung. Das liegt zum einen daran, dass Rainy nur Countrymusik und Hardrock im Auto hat. Die einzigen zwei Musikrichtungen mit denen ich überhaupt nicht kann. Obendrein erklärt mir Rainy ständig die ganzen Verkehrszeichen. Wir sind nämlich schon kurz vor der kanadischen Grenze und haben vereinbart, dass ich danach für ein paar Stunden das Steuer übernehme. Dann kommt die Sonne heraus und meine Stimmung wird sofort ein bisschen besser. Wir fahren durch die Gegend des Yukon und die Landschaft ist wirklich atemberaubend. Ich versuche, mich gedanklich auch damit einzurenken, indem ich mir klar mache, dass das für Rainy auch nicht leicht ist in dieser Situation.

Da kannst du darauf wetten.

Der Grenzübertritt läuft völlig problemlos und am späteren Nachmittag kann ich Rainy zu einem Zwischenstopp mit Sport überreden. Glücklicherweise geht sie auch regelmäßig laufen und wir joggen auf einem Wanderweg. Gegessen wird hauptsächlich im Auto, Sandwiches usw. um vorwärts zu kommen. Wir fahren wieder bis kurz nach 22:00 Uhr und schlafen im Zelt. Ich baue sicherheitshalber mein eigenes Zelt auf und das ein bisschen weiter weg, damit meine Schnarcherei nicht noch einmal zu Irritationen führt. Es war zwar sehr kalt und das Thermometer ist in der Nacht bis unter 0 Grad gefallen. Aber ich habe mich in all meine Klamotten und den Schlafsack eingepackt und mit Rainys Reserveschimütze gut geschlafen. Am Morgen gibt es noch leichten Frost und ich versuche mir kurz vorzustellen, wie das wohl im Winter hier ist. Wahrscheinlich nichts für mich.

Im Winter! Da müsste ich glatt meinen Schutzengeljob an den Nagel hängen.

Es ist so schon oft recht anstrengend unseren „Eroberer“ vor allerlei Gefahren und manchmal auch sich selbst zu beschützen.

Als wir die Zelte wieder ins Auto packen, mache ich ihr ein paar Vorschläge, wie wir die Ladefläche umpacken können, damit sich alles besser ausgeht. Obendrein ist die Plane schon ziemlich zerfleddert und ich fürchte, dass sie keinen weiteren Tag mehr durchhalten wird. Rainy wischt meine Vorschläge mit einer knappen, raunzigen Bemerkung weg und beginnt selbst am Auto herumzupacken. Ich werde richtig grantig, fühle mich missverstanden und schlecht behandelt und habe das Gefühl, dass ich es ihr nicht Recht machen kann. Wenn ich am Steuer sitze, hat sie immer die Augen auf dem Tacho und erzählt mir ständig, wie gefährlich das Autofahren hier ist. Ich fahre wie auf rohen Eiern, mindestens 30 Prozent langsamer als sie und es passt ihr noch immer nicht.

Später bemerke ich jedoch, dass sie extra alles umgepackt hat, damit mein Rucksack doch noch in die Fahrerkabine passt. Das finde ich dann doch wieder ganz rührend und die Stimmung hebt sich wieder.

Hallelujahhhhh!

Unsere Fahrt führt heute unter anderem über den Cassiar-Highway, wunderschönes Panorama mit Seen, Nadelwäldern und Bergen und hier sehe ich endlich meinen ersten und einzigen echten Bären. Ein Junges, das unbeirrt am Straßenrand herumtollt und spielt. Wir verlangsamen die Fahrt und sehen die Mama im Gebüsch, wie sie mit Argusaugen auf den Nachwuchs achtet. Da wir nicht lebensmüde sind und Mamabär nicht unnötige Schwierigkeiten machen wollen, bleiben wir im Auto und fahren nach einer kurzen Fotosession wieder weiter. Auch hier ist es schwierig, guten Kaffee zu bekommen. Einmal ist die einzige Espressomaschine im ganzen Ort defekt, ein anderes Mal gibt es keine Milch, die man aufschäumen könnte.

Das ist ja auch wirklich zum Verzweifeln ;-))

Wir fahren bis in die Dunkelheit, weil Rainy morgen Abend in Seattle ankommen will. Und 3½ Tage sind eine straffe Ansage für diese Strecke. Dafür werden wir nach Einbruch der Dunkelheit mit wunderschönen Nordlichtern belohnt. Violett, orange und grün leuchten die obskuren Naturereignisse am nördlichen Himmel. Als wir uns endlich zur Ruhe begeben, ist es schon nach Mitternacht und wir sind beide zu faul und zu erledigt, um die Zelte aufzubauen. Neben einem großen Parkplatz mit Autoraststätte schlafen wir einfach im Freien in unseren Schlafsäcken. Ich überlege mir vor dem Einschlafen kurz, was ich machen würde, wenn ich die Schnauze eines Bären im Gesicht hätte und beschließe, dass ich wahrscheinlich vor Schrecken ohnmächtig werden würde.

Der gnädige Herr ist zu faul, das Zelt aufzustellen und ich kann wieder die ganze Nacht Wache schieben.

Am nächsten Tag bekomme ich nach 2 Stunden Fahrt das Gefühl, dass ich von den Countryschnulzen, die ich jetzt schon zum x-ten Mal höre, Gehirnerweichung bekomme und halt das nicht mehr aus. Ich spreche das Thema vorsichtig an und handle eine musikfreie Stunde heraus. Später haben wir noch ein gutes Gespräch. Rainy erzählt mir unter anderem, dass die katholischen Missionare die Inuit-Kinder in ihren Internaten gequält und sexuell missbraucht haben. Angeblich hat es noch vor circa 10 Jahren einen Bischof gegeben, der die Zwischenfälle damit heruntergespielt und die Täter verteidigt hat, indem er meinte, dass aufgrund ihrer Kultur diese Kinder sexuelle Übergriffe ohnehin gewohnt wären und dass es dann ja nicht so schlimm wäre.

Am späteren Nachmittag wird der Verkehr immer intensiver und die Gegend immer bewohnter. Wir sind an den Toren Vancouvers angekommen. Die Großstadt scheint Rainy zu verunsichern. Sie wird fahrig in ihren Bewegungen und wirkt gestresst. Ich betrachte das von der Seite und verspüre so ein väterliches, fürsorgliches Gefühl in mir hochkommen.

Das hat der Ärmsten gerade noch gefehlt, dass Du jetzt den Papa rauskehrst.

Diese junge Frau, die in den Wäldern Alaskas zu Hause ist und besser Holz fällen und Fische fangen und sonst was besser kann als ich (und die meisten meiner männlichen Freunde), ist in der Großstadt offensichtlich nicht in ihrem Revier. Ich habe mir vorsichtshalber gestern schon telefonisch ein Zimmer im YMCA reserviert und in meinem Kanadareiseführer ist auch eine kleiner Plan von Vancouver. So gelingt es mir als Beifahrer, uns zur richtigen Adresse zu lotsen. Dann gibt es einen wirklich herzlichen Abschied mit Umarmung. Trotz allem sind wir uns in den 4 Tagen sehr nahe gekommen, haben viel geredet und voneinander erfahren. Wir versprechen auch, e-mail-mäßig in Kontakt zu bleiben und wünschen uns gegenseitig das Allerbeste.

Vancouver und die Zivilisation

Im YMCA habe ich ein Einzelzimmer wegen der Schnarcherei und überhaupt. Nach einer herrlichen und ewig langen Dusche mache ich mich auf, die Stadt zu erkunden. Ich bin von Anfang an wie elektrisiert und begeistert. Ich hatte an sich keine Erwartungshaltung und bin wahrscheinlich deshalb umso mehr hin- und hergerissen von dieser kosmopolitischen Stadt mit ihrem Menschen- und Kulturenschmelztiegel und dem vergleichsweise (für eine Millionenstadt) gemütlichem Rhythmus. Bei Starbucks um die Ecke rauche ich eine Zigarre, natürlich nicht drinnen, das würd's in Kanada genauso wenig spielen wie in den USA (Alaska natürlich ausgeschlossen), aber draußen an einem Tisch im Freien geht das sogar hier. Dazu trinke ich einen Cappuccino mit „Double Shot" (zwei Schuss Espresso). Ich hole meine Tagebucheintragung der letzten

Tage nach und bin recht beeindruckt über die 2.300 Meilen oder knapp 4.800 Kilometer, die wir in der kurzen Zeit zurückgelegt hatten. Dann kaufe ich mir noch was zu lesen und lege mich in mein Einzelzimmer und schlafe relativ bald ein. Nach all den Nächten im Bus und im Zelt und in Mehrbettschlafsälen ist natürlich das primitivste Einzelzimmer wie ein Luxus.

Es ist sicher besser, hier nicht zu erwähnen, welche Art von „Lesestoff" unser Held sich gekauft hat.

Vancouver ist für mich wirklich eine Überraschung. Wahrscheinlich insofern, weil ich ziemlich ignorant und ohne jegliche Vorstellung hierher gekommen bin. Es präsentiert sich eine moderne Metropole mit interessanter Architektur, die Multi-Kultibevölkerung erscheint mir freundlich und so wie es aussieht, gibt es ausreichend Cafés und Espresso. Die Autofahrer sind zuvorkommend und die Preise erscheinen mir moderat. Was ich in diesen Tagen noch entdecken werde ist, dass es hier den Stadtplanern offensichtlich gelungen ist, den Stadtkern zu revitalisieren. Wie ich erfahre, sind in den letzten Jahren schon mehrere der Bürotürme in „Downtown" in moderne Appartementhochhäuser umgebaut worden. Wenn man hier also in einem dieser Hochhäuser arbeitet, kann man nicht nur zu Fuß am Abend in seine Wohnung, sondern auch in der Mittagspause an den Strand spazieren und sich ein wenig erholen. Es gibt große Parks und Grünflächen und ich komme fast nicht mehr aus dem Schwärmen. Vor der Übergabe von Hongkong an China im Jahre 1997 sind viele reiche Hongkong-Chinesen auf der Suche nach einer neuen Heimat nach Vancouver ausgewandert. Das hat sich nicht nur auf das bunte Bevölkerungsbild in der Straße niedergeschlagen, sondern war auch positiv für die kulinarische Vielfalt.

In den nächsten Tagen verbringe ich einige Zeit im Internetcafé, weil ich die druckreife Fassung meines Preisverhandlungsbuches noch einmal Korrektur lesen muss. Nach meiner Recherche ist das Internetcafé im koreanischen Viertel das Günstigste. So sitze ich zwischen ganzen Horden von asiatischen Teenagern. Interessanterweise scheint es hier eine unsichtbare Geschlechtertrennung zu geben. In einem Bereich konzentriert sitzen die ganzen Jungs, die meist mit irgendwelchen Kriegs- oder Nahkampf-Abmurks-Spielen beschäftigt sind. In einem anderen Bereich sitzen die Mädels, die mit irgendwelchen imaginären Jungs chatten. Offensichtlich nicht mit denen, die hier Krieg spielen, wahrscheinlich chatten sie mit irgendwelchen anderen Mädels, die sich im Internetz als Jungs ausgeben.

Oder mit irgendwelchen alten Säcken, die sich als Jungs ausgeben. Nein, das war natürlich nur ein Scherz! Unser Held ist so stolz auf sein jüngstes Buch und liest es wirklich Zeile für Zeile noch einmal durch. Für etwas Anderes hat er weder Zeit noch sonst was übrig.

In einer E-Mail erfahre ich, dass es nach sintflutartigen Regenfällen daheim in Österreich auch in dem Keller, in dem mein ganzes Hab und Gut während dieser Reise gelagert ist, eine Überschwemmung gab. Angeblich konnte ein Teil gerettet werden – bin schon gespannt was? Donna hat auf meine letzte E-Mail nicht geantwortet und ich tue wahrscheinlich besser daran, mir die ganze Sache aus dem Kopf zu schlagen.

Wenigstens haben die Frauen mehr Realitätssinn als unser romantischer Held.

Am Abend gehe ich in den Jazzclub „O'Donal's". Dort gönne ich mir ein gepflegtes Abendessen mit einem guten kalifornischen Cabernet. Mit der Musik versuche ich, die fortgeschrittene Gehirnerweichung aufgrund mehrtägiger Countryschnulzen-Berieselung wieder möglichst rückgängig zu machen. In Kanada kann man sich natürlich das Zigarre-Rauchen in den Lokalen gleich abschminken. Glücklicherweise ist Sommer und ich kann im Gastgarten meinem Laster frönen und einen Drink dazu einnehmen.

Sex sells

Die nächsten Tage sind mit Stadtbummel und Korrekturlesen (fast) ausgefüllt. Fast, weil, tja, also da gibt's halt auch ein Thema das irgendwann auch auf so einer Reise akut wird: Ich rede von Sexualität. Damit ist es nicht ganz so einfach. Um es kurz zu machen, ich hatte schon ziemlichen Notstand und wollte mich aber nicht in professionelle Hände begeben. Nicht, weil ich grundsätzlich etwas gegen Prostitution hätte oder zu geizig wäre,

Ha Ha!

sondern weil mir nicht nur Sexualität, sondern auch ein wenig Zärtlichkeit und menschliche Nähe abgeht. Am Freitag lese ich in der Zeitung etwas von einem „Speed-Dating Event" am gleichen Abend. Irgendwer hat mir schon einmal von diesem neuen Trend erzählt und ich bin gleich Feuer und Flamme. Angeblich läuft das so ab, dass man jeweils eine gewisse Anzahl von Minuten Zeit hat, um sich mit einem anderen Single (in meinem Fall eben einer Frau) zu unterhalten und dann geht es zur Nächsten und so weiter. Am Ende sucht dann irgendwie jeder den potentiellen Lieblingspartner aus. Wie das genau geht, weiß ich eben nicht und bin schon recht gespannt. Ich melde mich übers Internet an und bin am Abend als Erster dort. Wie es sich herausstellt, ist es leider kein Speed-Dating Event, sondern eine Singleparty. Nachdem ich der Erste bin, komm ich mir schon ein wenig blöd vor und beginne, meinen Entschluss zu bereuen. Eine der Organisatorinnen, eine junge, hübsche Engländerin, merkt meine Verlegenheit und beginnt, ein wenig mit mir zu plaudern. Sie erzählt mir, dass es zuerst einen „Stand-up Comedian" gibt (also so etwas wie Rudy aus dem Bus), danach etwas Kleines zum Essen und dann eben Party. An meinen Tisch gesellt sich ein eleganter, gepflegter End-40er. Wir kommen ins Gespräch und er erzählt mir, dass er irgendetwas im Bereich IT-Design für Telekomdienstleistungslösungen macht.

Wir sind beide dankbar, ein bisschen über unsere Verlegenheit hinweg plaudern zu können und beobachten gleichzeitig aus den Augenwinkeln jede neu ankommende Frau. Wie sieht sie aus? Wie bewegt sie sich? Wo setzt sie sich hin? Mit wem spricht sie? Und - wäre sie eine potentielle Ansprechpartnerin?

Langsam beginnt sich die Bar zu füllen und irgendwann wird auch der angeblich berühmte Kabarettist vorgestellt. Er beginnt mit der Frage, wie das denn hier sei, ob wir uns jetzt einfach alle ansaufen bis wir miteinander ins Bett gehen. Ein paar verlegene Lächler. Dann wird es so unsagbar schlecht, dass es mir die Sprache verschlägt. Der Typ beginnt, über seine Ex-Frau herzuziehen und Frauen insgesamt. Er erzählt von seiner Scheidung, von Hängebrüsten, weiblichen Oberlippenbärten und Cellulites. Ich kann es nicht fassen und weil auch keiner im Publikum über seine dummen, niveaulosen, beleidigenden Witze lachen will, beginnt er gleich auch noch das Publikum zu beschimpfen, weil wir offensichtlich verklemmt sind und keinen Humor haben. Alle sind wie paralysiert, es traut sich weder, jemand zu lachen, zu applaudieren oder einen Buh-Ruf zu starten oder den Typen einfach hinauszuschmeißen. Ich denke mir, warum habe ich mir nicht einfach im nächsten Sexshop ein paar Pornos gekauft

Das hast du doch eh.

und überlege, wie ich hier am schnellsten rauskomme. Alles geht einmal zu Ende, so auch das unsagbar schlechte Kabarett. An meinem Tisch sitzen mittlerweile 3 andere, relativ junge Männer, die entspannt und ausgelassen sind und wir unterhalten uns. Es ist wie im Internetcafé bei den koreanischen Teenagern. An einigen Tischen sitzen die Frauen, an anderen Tischen die Männer und nur an ganz wenigen gibt es Mischung. Ich lasse die Tabletts mit Fingerfood mit einem freundlichen Kopfschütteln weitergehen (heute ist „Dinner-canceling-Abend“) und nippe an meinem Weinglas. Dann beschließe ich, ein bisschen herumzugehen und mit ein paar Frauen zu plaudern. Immerhin sind sie ja zum selben Zweck hier. Da sehe ich eine hübsche gepflegte Asiatin. Sie ist so mitte 30, sehr attraktiv und macht insgesamt einen gepflegten und distinguierten Eindruck. Als ich sie anspreche, dreht sie sich wortlos um und geht.

Da hat er mir wirklich schon leid getan. Für das Ego ist so was ganz schlecht.

Wahrscheinlich sollte ich mich in meinem Outfit eher nicht an Frauen in hochhackigen Pumps, Chanel-Kostüm und Louis Vuitton-Tasche halten. Nach weiteren erfolglosen Versuchen stehe ich mit meinem Getränk ein wenig verloren herum und frage mich, wann es Zeit ist, aufzubrechen. In einer Ecke sehe ich meinen anfänglichen Tischnachbar, den IT-Ingenieur. Er unterhält sich offensichtlich blendend mit zwei hübschen Frauen. Irgendwie habe ich trotzdem den Eindruck, als würde er noch bei seiner Mutter wohnen. Dann ergibt sich doch noch ein ungezwungenes Gespräch mit Sue. Sue ist eine gepflegte, aparte Frau in meinem Alter, seit 10 Jahren geschieden und arbeitet als Vorstandsassistentin in einer großen Bank. Wir plaudern ein wenig. Meine Weltreise ist ein guter Aufhänger und bietet Konversationsmöglichkeit. Sie erzählt mir von ihrer Ehe. Die war recht harmonisch und anfangs sehr glücklich. Es gab gar keine gröberen Auseinandersetzungen, sie hat nur irgendwann bemerkt, dass sie ihren Mann nicht mehr liebt und die Konsequenzen gezogen. Der ist mittlerweile wieder verheiratet und hat Kinder und sie gönnt ihm das und hat mit ihm auch einen guten Kontakt. Ich erzähle ein bisschen aus meinem Leben und wir trinken gemeinsam Rotwein. Dann beschließen wir, in der Disco, eine Etage tiefer noch etwas zu tanzen. Sie wird immer ausgelassener und trinkt ihren Wein übertrieben schnell. Ich mache mir schon Sorgen, dass sie sich zu schnell zu sehr zuschüttet. Fairerweise habe ich ihr gleich zum Gesprächsbeginn erzählt, dass ich nicht auf der Suche nach einer ernsthaften Beziehung, sondern einem vorübergehenden „Reiseflirt" bin. Irgendwie werde ich den Verdacht nicht los, dass sie sich Mut ansäuft. Nach dem zweiten oder dritten Tanz packt sie mich am Hemd und zieht mich nahe an sich heran. Sie blickt mir mit einer wilden Entschlossenheit in die Augen und sagt: „na was tun wir jetzt?". Ich denk mir, jetzt oder nie und sage: „naja, wir nehmen ein Taxi und gehen zu dir". Sie reißt die Augen weiter auf und meint: „genau, so machen wir's". Wir zahlen, sie schleift mich aus dem Lokal, ruft ein Taxi und auf dem Rücksitz fällt sie schon fast über mich her. Sie besteht darauf, das Taxi zu bezahlen. Nachdem die letzte Runde auf mich ging, lasse ich mir das als „Emanzo" natürlich gerne gefallen.

Emanzo? Ich würde eher sagen Sparefroh!

Ihre Wohnung ist sehr gepflegt und liegt im oberen Drittel eines eleganten Appartementhauses. Wunderschöner Blick auf den Hafen und alles sehr ordentlich. Jetzt, nachdem nicht einmal mehr der Taxler uns im Rückspiegel beobachten kann, fallen die letzten Schranken und unsere beiden Körper feiern Hexensabbat.

Hey, das passt ja zum „Sabbatical".

Ich vermute, dass sie mindestens so lange auf dem Trockenen war wie ich. Am nächsten Morgen stehe ich vor ihr auf und hole mir etwas zu trinken und sehe mir die Wohnung noch bei Tageslicht an. Der ordentliche Eindruck vom Vortag bestätigt sich und der Ausblick ist wirklich super.

Bevor es für die Nachwelt verloren geht, möchte ich hier doch noch ein kleines, aber amüsantes Detail anmerken. Als unser „Don Juan" nämlich in der Früh zum Kühlschrank geht, um sich etwas zum Brand löschen zu holen, sieht er sich ein wenig in der Küche um. Sein Blick bleibt auf einer Spruchkarte hängen, die an der Kühlschranktür klebt. Ihr kennt ja wahrscheinlich den im angelsächsischen Bereich weit verbreiteten Spruch „Friends don't let friends drink and drive" (frei übersetzt: „Freunde lassen ihre Freunde nicht betrunken Auto fahren").

Und in Anlehnung daran – Don Juan musste zweimal lesen, bis er es kapiert hat – stand auf dieser Karte „Friends don't let friends drink and take home ugly men" (wieder frei übersetzt: „Freunde lassen ihre Freunde nicht betrunken hässliche Männer abschleppen") .

Nach dem Frühstück hat Sue mich noch einmal „überfraut" und ab dann verhielten wir uns wie ein altes Ehepaar. Sie hat ihre Hausarbeit gemacht, während ich auf ihrem Computer an meinem Buch Korrektur gelesen habe. Später sind wir dann noch auf den vancouverschen Hausberg gewandert (Grouse Mountain), der mich sehr an den Hausberg meiner alten Heimat Bregenz, nämlich den Pfänder, samt Pfänderbahn, erinnert hat. Abends gehen wir noch ins Kino und sehen uns „Broken Flower" von Jim Jarmusch an. Erstens bin ich nicht so ein Fan von Bill Murray und zweitens haben mir die alten, witzigen Filme von Jim Jarmusch („Down by law" oder „Night on Earth") wesentlich besser gefallen. Danach hat es Sue auffallend eilig, sich zu verabschieden und meint, sie wäre müde und müsse schlafen gehen. Hatte ich mir zuvor noch Sorgen gemacht, wie ich den Abschied hier anlegen soll, so ging es mir in diesem Fall fast zu „einfach".

Dir kann man es aber auch nur schwer recht machen.

Die nächsten Tage verbrachte ich wieder mit Korrektur lesen und Stadtbummel. Selbst die kanadische Zeitung berichtet mittlerweile über die Überschwemmungen in Österreich und der Schweiz mit Fotos aus irgendeinem überschwemmten Dorf in Tirol. Ich muss an meine Habseligkeiten denken und frage mich, ob meine Bücher verschont geblieben sind.

Ich weiß es schon: Sie sind es leider nur zum Teil

Ich beschließe, den Rest der USA zu überspringen (war eh schon öfter dort) und buche kurzerhand einen Flug nach Mexiko City.

Am nächsten Tag, zur Feier der Fertigstellung meines Buches und überhaupt, weil ich mich wieder einmal verwöhnen will, gehe ich ganz besonders toll essen. Das Lokal heißt „Zin" und ist in der Robson Street. Dort gönne ich mir in eleganter Atmosphäre ein perfektes (innen rohes) Thunfischsteak mit asiatischem Gemüse und dazu ein Glas vom knochentrocken ausgebauten Gewürztraminer von „Wild Goose" aus Kanada. Ich wusste gar nicht, dass die Kanadier so tolle Weine machen. Der Kellner ist sehr aufmerksam und gesprächig, er war auch schon oft in Mexiko und wir plaudern ein wenig übers Reisen. Am Abend sehe ich mir noch den neuen Batman-Film im Kino an. Als Kind habe ich die Comics recht gerne gelesen und eine der frühen Verfilmungen (Titelmusik von Prince und mit Jack Nicholson in der Rolle des Joker) hat mir auch recht gut gefallen. Diese Version heute finde ich eher flach. Das einzige Highlight ist

Michael Caine in der Rolle des Butlers. Besonders gefällt mir die Szene, wie er dem jungen Lord großzügig anbietet, er könne sich seinen Rolls Royce ausleihen, solle diesen aber bitte wieder voll getankt zurückbringen.

Am nächsten Tag heißt es dann wieder, den ganzen Krempel in die beiden Rucksäcke (der große Tramperrucksack und der Kleine, für das Allerlei, das ich immer bei mir trage). Dann fliege ich von Vancouver nach Los Angeles und nach einem kurzen Zwischenaufenthalt weiter nach Mexiko City. Diesmal habe ich Glück und eine ganze 3er Sitzreihe für mich alleine. Das heißt, ich kann mich hinlegen und ein wenig schlafen.

Und schnarchen!

Überall Werbung in NYC

Sonnenuntergang in Manhattan

Mein Fensterplatz im Bus in Alaska

Camp aufbauen in Alaska

Zelten am Strand in Homer

Sonnenbaden auf einer Eisscholle vor dem Gletscher

Gold gefunden

Mit Rainys Pickup über den ALCAN-Highway

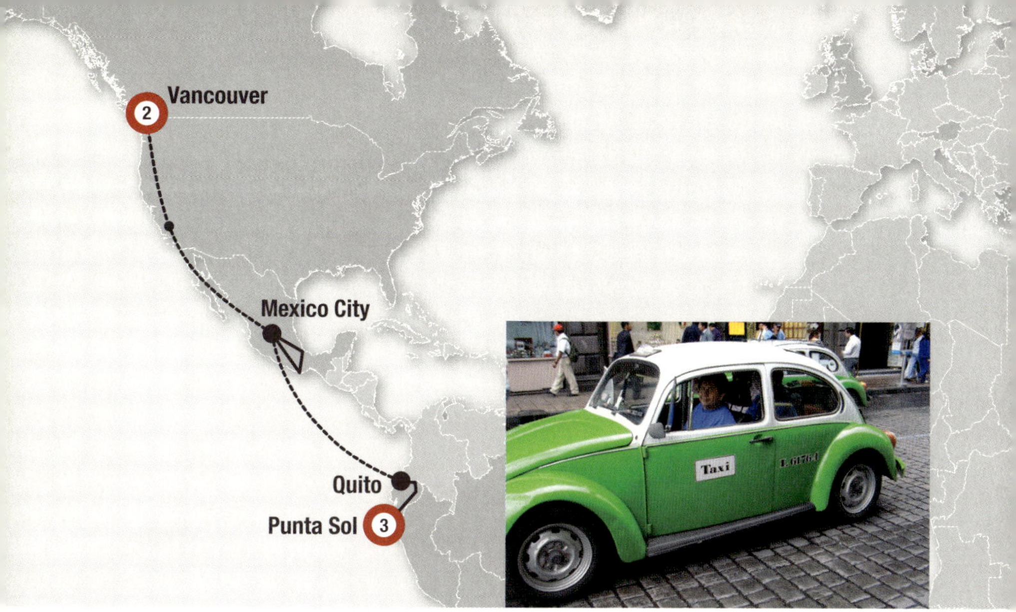

KAPITEL 2, SEPTEMBER

Mexico City

Um 5:30 Uhr in der Früh, mit nur zwei Stunden Zeitunterschied, kamen wir in Mexico City an. Eine andere Travellerin, Antoinette aus Irland, hat ihren Schlafsack verloren. Er war auf ihren Rucksack gebunden und ist offensichtlich auf dem Transport heruntergefallen oder heruntergefallen worden. Sie sagt, sie gehe zum „Lost and Found“ um den Verlust zu melden. Das versuche ich ihr auszureden, weil ich es für eine Zeitverschwendung halte

...wo der sich überall einmischt, die Dame reist seit einem halben Jahr alleine und ist ohne ungebetene Ratschläge sehr gut zurechtgekommen..

und sicher nichts dabei rauskommt. Zu meiner Überraschung schenken ihr die freundlichen Flughafenangestellten einen anderen Schlafsack, der nie abgeholt wurde.

Na, wer sagt's denn?

Antoinette hab ich mehr oder weniger erst beim Gepäckskarussell kennen gelernt. Sie ist Ende 20 und seit circa 6 Monaten auf Reisen. Sie erzählt mir, dass sie mit einem australischen Tischler liiert ist und vor ihrer Abreise in der Personalentwicklung einer großen Firma arbeitete.

Gut, dass sie sicherheitshalber gleich von ihrem Freund erzählt hat, sonst fühlt sich unser „Beschützer“ gleich wieder zur Balz gefordert.

Wir beschließen uns das Taxi in die Stadt zu teilen und machen offensichtlich einen etwas verwirrten Eindruck. Ein junger Mexikaner namens Isaac bietet seine Hilfe an. Er wirkt wie die mexikanische Version von Woody Allen in sehr jungen Jahren. Ich bin von seiner Hilfsbereitschaft gerührt, muss aber schmunzeln, weil er selber noch verwirrter wirkt als Antoinette und ich. Sicherheitshalber tauschen wir Adressen aus und versprechen ihm, ihn anzurufen, wenn wir auf irgendwelche Schwierigkeiten stoßen. Antoinette hat in einem Hostel mitten im Zentrum für sich ein Bett reserviert. Ich bin eher auf der Suche nach einem günstigen Hotelzimmer, weil ich mit meiner Schnarcherei nicht mehr in ein Mehrbettzimmer will. Wir stimmen die Pläne mit dem Taxler ab. Er spricht gebrochen Englisch und ich noch gebrochener Spanisch. Antoinettes schnelles Englisch mit irischem Einschlag versteht er überhaupt nicht. Vor den vielfältigen Gefahren und Touristenfallen in der mexikanischen Millionenmetropole wurden wir einschlägig gewarnt. Wir sind entsprechend vorsichtig und der Taxler spürt unser Misstrauen. Er erklärt uns, dass er aus irgendeinem Grund nicht ins Stadtzentrum kann und bietet uns ein alternatives Hotel an. Ich vermute schon eine Touristenfalle und will nicht darauf einsteigen. Nach längerem Hin und Her verstehen wir langsam, was er meint. Präsident Fox hält heute eine Ansprache auf dem Zócalo (der Platz mitten im Stadtzentrum) und daher ist das Zentrum für Autos abgesperrt. So führt uns der Taxifahrer zu einem günstigen Hotel kurz vor dem Zentrum, wo ich mir ein Zimmer nehme. Antoinette will warten, bis die Sperre aufgehoben ist und dann in ihr Hostel gehen. Es ist aber erst 8 Uhr früh und ich biete ihr an, dass sie ein paar Stunden bei mir im Zimmer schlafen kann.

So selbstlos, ich bin ganz gerührt.

Sie erwähnt sicherheitshalber noch einmal, dass sie einen fixen Freund hat. Ich versichere ihr, dass ich vom Flug noch ziemlich müde bin und sowieso keine Lust auf Sex habe.

Die Ärmste wird schon wissen, warum sie so skeptisch ist.

Am Nachmittag machen wir dann erste gemeinsame Erkundungen. In die Stadt zu gehen wirkt irgendwie wie ein Kopfsprung in trübes, unbekanntes Wasser. Die Stadt ist laut und sehr lebendig. Es herrscht ein unglaubliches Verkehrschaos.

1000 VW Käfer und ein gigantischer Lärmpegel

Besonders fallen mir die vielen VW Käfer auf, die hier als Taxis durch den Verkehrsdschungel schleichen. Es handelt sich um alte Käfer die zweifarbig lackiert sind. Das Dach ist grün und die restliche Karosserie weiß bis (je nach Verschmutzungsgrad) beige. Ich werde sentimental, hatte ich doch im Alter zwischen 18 und 20 selbst zwei alte Käfer gefahren. Für das Problem, aus einem zweitürigen Nachkriegsfamiliensparauto ein Taxi zu machen, haben die Mexikaner eine simple pragmatische Lösung gefunden: Die Beifahrersitze sind herausgeschraubt und so können zwei Fahrgäste bequem

„hinten" Platz finden, wobei einer sogar sehr viel Beinfreiheit hat.

Der Lärm macht mir allerdings wirklich zu schaffen. Ohrenbetäubende Sirenen von diversen Einsatzfahrzeugen, die meisten Privat-PKWs haben auch Mehrtonhupen eingebaut, die von den Fahrern mit spielerischer Freude ständig verwendet werden. Laute Motoren, teilweise mit schlechtem oder gar keinem Auspuff, hysterisches Pfeifen von irgendwelchen Verkehrshütern, die Verkäufer verschiedenster Geschäfte preisen ihre Waren mittels Mikrophon und Lautsprecher an, Drehorgelspieler, die in braunen Uniformen Geld sammeln und, um ihrem Anliegen Nachdruck zu verleihen, den Passanten den Weg versperren und ihnen die Geldbüchse ins Gesicht strecken... mir wird das bald zu viel und ich suche Zuflucht in einem Kaffeehaus.

Ein Glück, dass er eines fand ;-))

Es heißt Sanborn und ist offensichtlich eine Kette oder ein lokales Franchisesystem. Später suche ich nach einem Hotel, in das ich am nächsten Tag übersiedeln kann.

Im Internet plane ich meine übernächsten Reiseschritte und buche eine Südamerikarundreise mit einem englischen Overlandanbieter (so eine Art LKW-Pfadfinderausflug für Erwachsene) namens Oasis Travel (www.oasisoverland.co.uk) für die Zeit von 18. September bis zum 10. November und die Strecke von Quito (Equador) bis Santiago de Chile. Am Abend rauche ich noch eine Zigarre und trinke mit Antoinette kubanischen Rum in einer sehr mexikanischen Bar mit sechs Musikern.

Er ist inzwischen ja schon ewig hier und weiß daher ganz genau, was eine „sehr mexikanische" Bar ausmacht.

Der Lärm spielt sich leider nicht nur auf offener Straße ab. Zum Beispiel am kommenden Morgen im Frühstücksraum des ersten Hotels (wobei ich mir das Frühstück ohnehin hätte ersparen können): In jeder Ecke läuft ein Fernseher mit voller Lautstärke und mein Versuch, wenigstens einen davon auszuschalten, wird von der direkt daneben frühstückenden Frau, boykottiert. Dabei telefoniert sie die ganze Zeit mit ihrem Handy! Beim anschließenden Stadtbummel komme ich unter anderem zum Hauptplatz, dem „Zócalo", der ja am Tag meiner Ankunft für Präsident Fox' Rede gesperrt war. Ich verstehe den Hype nicht, denn von mehreren Seiten wurde mir der Besuch des Platzes als absolutes „Muss" empfohlen. Es ist ein Riesenplatz, gesäumt von hunderten billigen Juwelieren und Ramschläden.

Kein Sinn für Geschichte.

Später mache ich noch einen Abstecher in die Kathedrale. Im Kaffeehaus daneben lese ich die Zeitung:

Also lesen würde ich nicht sagen. Mehr „Bilder Ansehen“ und mit dem Wörterbuch Überschriften entziffern.

- „Riesige Hochwasser in New Orleans“
- „In Mexiko gibt es einen Beamten pro 71 Einwohner, in Spanien pro 93 Einwohner, in den USA pro 147 Einwohner und in Argentinien nur pro 201 Einwohner“

Doch noch ein Ohrenschmaus

Dann stolpere ich noch über die Ankündigung eines interessanten Konzertes im „Palacio de Bellas Artes“ für heute Abend. Das mexikanische nationale Symphonieorchester und der berühmte einheimische Sologitarrist Juan Carlos Chacól spielen unter anderem Concerto de Aranjuez von Rodrigo. Von diesem klassischen spanischen Gitarrenkonzert habe ich 3 oder 4 verschiedene Interpretationen auf Platte und CD zuhause

Du „hattest“ - vergiss nicht das Hochwasser zuhause, mein Lieber. Wer weiß, was von Deinen CDs noch übrig geblieben ist?

und möchte mir das gerne live anhören. In Antoinettes Hostel kann mir keiner sagen, ob und wo ich Karten reservieren kann und so gehe ich am Abend auf gut Glück einfach hin. Das Glück ist mit mir und ich bekomme um den Preis eines Stehplatzes in der Wiener Staatsoper einen super luxuriösen Sitzplatz um das Konzert zu genießen. Als Draufgabe wird noch der Bolero von Ravel gespielt. Spätestens dann halten es die begeisterungsfähigen Mexikaner nicht mehr auf ihren Stühlen aus und es gibt „Standing Ovations“.

Don Quijote in gelben Brooks Laufschuhen

Am Morgen versuche ich laufen zu gehen und habe bereits in dem Gratis-Stadtplan vom Hotel “den” großen Park ausfindig gemacht. Er liegt laut Plan nur ein paar Blocks vom Hotel weg. Dazu muss ich nicht einmal die große achtspurige Hauptstrasse verlassen, an der das Hotel liegt.

So starte ich guten Mutes und mit meinen noch relativ neuen Brooks Laufschuhen um 6:00 Uhr früh los und laufe entlang der besagten Hauptverkehrsader Richtung Park. Die Pendler stauen sich schon in beide Richtungen und die Abgase der vielen Kafertaxis und der ganzen LKW’s, Busse etc. machen zusammen ein ganz schön ungesundes Laufklima. Der Geruch erinnert mich an die alte Postbusgarage im Bregenz meiner Jugend. Wenn dort die alten Steyr Diesel Busse repariert wurden und es blauschwarz aus den Auspuffrohren qualmte. Genau so riecht es jetzt, nur ist es etwas heißer. Was ich noch nicht weiß, mir aber während dem Laufen mehr und mehr zur schrecklichen Gewissheit wird ist, dass der Plan eine Art “Übersicht” darstellt und ein Straßenblock auf dem Plan entspricht in etwa zehn (!) Blöcken auf dem asphaltierten Boden der Realität.

Der Boden der Realität ist ja bekanntlich der Friedhof der Träume.

Als ich mit heraushängender Zunge endlich das Tor zum Park erreiche, sind schon 30 Minuten um. Das heißt bei einer geplanten Gesamtlaufzeit von einer Stunde gleich wieder umdrehen. Das kann es ja nicht sein, denke ich mir und finde im Stadtplan noch eine andere brauchbare Grünfläche, die zwar nicht so groß ist, aber doch näher beim Hotel liegt. Dort, so beschließe ich sogleich, werde ich morgen mein Glück versuchen. Aber ich erzähle die Geschichte der „Quijoterie“ meiner Joggerei in Mexiko City am besten gleich zu Ende:

Für den nächsten Morgen zeichne ich mir also einen kleinen Auszug des Planes auf einen Zettel und damit kanns dann gleich recht früh losgehen. Blöderweise ist entlang der Route, die ich herausgezeichnet hatte, gerade so etwas wie “Markttag”. Also: stehende, stinkende und (ständig aus Freude und Übermut) hupende Autokolonnen. Der Gehsteig war durch die improvisierten Marktstände blockiert.

Die Mexikaner sind übrigens sehr proaktive Verkäufer und machen sich einen Sport daraus, ihre Waren ständig mündlich anzupreisen. Dabei legen sie Wert darauf lauter zu schreien als der “Mitbewerber” vom Nachbarstand.

Ich also hüpfe zwischen Autostoßstangen und Marktständen hin und her und trage so zur Erheiterung der schwer arbeitenden Bevölkerung bei.

Wenigstens etwas! Die haben sich aber wirklich sichtlich gefreut über den gelb „beturnschuhten“ Alien in ihrer Mitte..

Nach ein paar Versuchen, in Quergassen der Lärm- und Abgashölle zu entgehen habe ich mich endgültig verlaufen und bin absolut planlos. Mein kleiner Kompass, den ich immer bei mir trage, hilft mir dabei auch nicht.

Ja, ich soll jetzt plötzlich zaubern oder was?

Resigniert nehme ich ein Taxi zurück. Jetzt ist natürlich kein Käfer weit und breit und ich muss mich mit einem alten Nissan begnügen.
So leicht gebe ich ja bekanntlich nicht auf und so fahre ich mit der U-Bahn

..wie raffiniert..

am frühen Nachmittag in die Nähe des großen Parkes (siehe erster Versuch). Es dauert zwar etwas und ich muss auch einmal umsteigen. Aber nach ca. 25 Minuten U-Bahn bin ich an der richtigen Haltestelle und muss mich nur noch bis zum Parkeingang durchfragen. Endlich finde ich den ersehnten Parkeingang und stolziere mit Siegermiene durch das große Eingangstor. Gleich dahinter hält mich ein bemützter Mann mit Uniform auf und erklärt mir, dass in 5 Minuten (um 16:00 Uhr!!) der Park geschlossen wird. Ich könne ja morgen ab 6:00 Uhr schon wieder rein, ergänzt er, als er mir meine Enttäuschung ansieht. Erst am Tag vor meiner Abreise aus der Großstadt finde ich tatsächlich eine tolle Laufstrecke.

Hallelujahhh!

Mit der U-Bahn 2 x umsteigen und dann in die "Ciudad deportivo".

Verspätete Pyramidentour und Religionsmarketing

Antoinettes Hostel ist direkt beim Zocalo (Hauptplatz) und hat eine geniale Dachterrasse mit super Ausblick. Wir vereinbaren, am Samstag gemeinsam (Antoinette, eine ihrer Freundinnen und ich) an einer Pyramidentour teilzunehmen. Peinlicherweise verschlafe ich an dem Morgen und wache erst um ¼ vor 10:00 Uhr auf. Offensichtlich habe ich die zwei Stunden Jetlag noch nicht ganz verdaut.

Nie um eine Ausrede verlegen.

Ich gehe dann auf ein spätes Frühstück in ein Cafe und zurück in meinem Hotel finde ich eine Nachricht von Antoinette. Sie hat sich Sorgen gemacht und nach mir gesucht. Das finde ich ganz rührend. Nachmittags kaufe ich mir noch ein Kistchen Zigarren (Montechristo Nummer 5, mein Standardformat). Im Tagebuch vermerke ich, dass ich den Zigarrenkonsum reduzieren muss, weil es ein ziemliches Loch in mein Reisebudget frisst.

Nicht etwa, wegen der Gesundheit – nein!

Normalerweise rauche ich nur eine Zigarre am Tag, aber hier auf Reisen immer öfter zwei, manchmal sogar drei. Und das geht ganz schön ins Geld. Ein Besuch im „Templo Major", einem alten Aztekentempel mit Museum, ist meine heutige Sightseeingaktivität. Von Antoinette erfahre ich, dass sie und ihre Freundin auch nicht an der Exkursion zu den Pyramiden teilgenommen haben und wir das am Sonntag nachholen können. Das freut mich, weil der bereits bezahlte Preis somit nicht verfallen ist.

Mh hm

Am Sonntag erfahren wir, dass die Tour schon überbucht ist und das Ganze verschiebt sich noch mal um einen Tag - auf Montag. Daher gehen Antoinette und ich am Sonntag nochmals in den Palacio de Bellas Artes, diesmal aber ins dortige Museum und am Nachmittag noch ins Museum National des Artes. Zur Feier des Tages gönnen wir uns ein tolles Essen im „Girasol", einem eher edlen Lokal in der Nähe des nationalen Kunstmuseums.

Am Montag machen wir endlich die Bustour zu den Pyramiden Teotihuacan. Auf dem Weg dorthin werde ich noch Zeuge einer genialen katholischen Marketingstrategie aus der frühen Kolonialzeit des Landes. Die Sightseeingtour geht nämlich zuerst zur „Basilika de Guadalupe“. Hier haben sich die katholischen Marketingstrategen offensichtlich Gedanken gemacht, wie man Indios dazu bringen kann den katholischen Glauben als ihr eigenes, persönliches Anliegen zu betrachten (und nicht etwa als eines von Eroberern und Unterdrückern mitgebrachtes). In einer Art Frühversion des Spieles „Good cop, bad cop“ wird folgende Geschichte, die ich dort höre und die in riesigen Statuen und Bildern nachgestellt wird, vermittelt:

Ein Einheimischer namens Juan Diego (Good cop) hatte eine Marienerscheinung und der damalige Bischof (Bad cop) hat ihm nicht geglaubt. Zum Beweis gab Maria dem gläubigen Indio beim nächsten Treffen frische Blumen. Es war mitten im Winter (!) und Blumen gab es im Winter auch hier nirgends. Diesem göttlichen Beweis konnte sich der Bischof nicht verschließen und alle waren wieder glücklich vereint in der einzig wahren Kirche und viele Indios tief beeindruckt.

Wie viele Freunde will er sich eigentlich noch machen?

Wie ich erfahre, handelt es sich hier um die meistbesuchte Pilgerstätte der Welt.

Katholisch wohlgemerkt, weil im Vergleich zu Mekka ist das hier trotzdem Kleinkram.

Die Pyramiden sind sehr interessant und vermitteln einen guten Eindruck der Zivilisation, die von uns Europäern hier zerstört wurde.

Am nächsten Tag verlasse ich Mexiko City bereits wieder. Mit der U-Bahn fahre ich mit Antoinette und einer ihrer Freundinnen (Kate aus Australien) Richtung Busbahnhof und dort nehmen wir den Bus nach Oaxaca. Ein kleines kulturelles Detail, das mich recht beeindruckt: In der U-Bahnstation läuft über die Lautsprecher, die normalerweise die Zugansagen übertragen ziemlich abgefahrener „Freejazz“ zwischen den Ansagen. Ich weiß nicht, ob das hier Standard ist, oder ob sich nur einer der Mitarbeiter einen persönlichen Wunsch erfüllt.

Ja, ok ich wars, ich wollte ihm halt auch einmal eine Freude machen, wo er doch sonst so unter dem Lärm leidet.

Entgegen aller Horrorgeschichten über lebensmüde Busfahrer hatten wir offensichtlich Glück. Unser Bus fährt mit normalem Tempo, der Fahrer überholt auf Sicht und für die 6 ½ Stunden Fahrt im 2. Klasse Bus bezahlen wir umgerechnet circa 19 Euro. Dafür bekommen wir einen bequemen (vorreservierten) Sitz, das Gepäck wird eingecheckt wie am Flughafen und die Klimaanlage ist auf eine vernünftige Temperatur eingestellt. Am späteren Abend kommen wir in Oaxaca an. Ich bin von der Fahrt trotzdem ziemlich geschafft und suche das Hotel, in dem ich telefonisch ein günstiges Zimmer reserviert hatte. Antoinette und Kate haben ein Bett in einem Hostel gebucht.

Wohnen in Oaxaca – Gefängniszelle oder Zelt auf dem Dach

Das Hotelzimmer stellt sich als Schlimmstes der bisherigen Reise heraus. Es ist ein fürchterliches Loch, das mehr an eine Gefängniszelle in einem alten Wildwest-Film erinnert, als an ein Hotel. Kahle Betonwände, kein Fenster, ein Bett, eine nackte Glühbirne, eine Eisentüre (!) mit Gitterstäben, die der einzige Licht- und Luftdurchlass sind. Ich bin zu müde und zu faul, um noch ein anderes Hotel zu suchen und verwende heute zum ersten Mal den extra für diese Zwecke angeschafften Seidenschlafsack.

Das heißt, unser Prinz schläft auch in der Gefängniszelle in reiner Seide.

Am nächsten Tag verlasse ich das Hotel ohne die Gemeinschaftsdusche (igitt) zu verwenden und übersiedle in ein anderes Hostel: „Luz de Luna Nuyoo“. Nachdem ich mit meiner Schnarcherei ja nicht ins Mehrbettzimmer will, handle ich mit einem der beiden Brüder (denen das Hostel gehört) eine besondere Lösung aus. Ich schlage mein Zelt auf dem Flachdach auf.

Was ganz nebenbei erwähnt noch günstiger ist als ein Bett ;-))

Nach dem Frühstück treffe ich wieder zwei Hamburgerinnen, die ich schon im Bus kennen gelernt hatte: Lea, sie studiert Medizin und Sophie, studiert Stadtplanung.

Oaxaca ist eine nette Provinzstadt mit circa einer halben Million Einwohnern und einer recht lebendigen Kunstszene (hauptsächlich Malerei). Auch hier gibt es -wie in fast allen lateinamerikanischen Städten- einen zentralen Platz namens Zócalo. Diese Plätze heißen manchmal auch Placa Major oder Placa de Armas. Jedenfalls finde ich dort ein nettes Lokal zum Mittagessen.

Die Tauben hier sind relativ aufdringlich und obwohl von Vogelgrippe noch nicht die Rede ist, habe ich intuitiv eine Abneigung gegen direkten Taubenkontakt. Eine Taube ist besonders aufdringlich und lässt sich nicht leicht abwimmeln. Mir wird die Sache zu dumm und ich werfe mit einem meiner Schlapfen nach ihr. Die Taube ist natürlich geschickt, weicht dem Schlapfen aus und dieser landet direkt in einer schmutzigen Pfütze. Die anderen Gäste im Lokal schmunzeln und mir steigt die Röte ins Gesicht.

Immer für einen Lacher gut – nur leider für die Anderen.

Neben dem Hostel finde ich noch ein authentisches mexikanisches Fitnessstudio. So eine Eisenpumpanstalt mit Eigenbaugeräten. Aus den Boxen dröhnt Rammstein während ich auf dem Standfahrrad sitze und versuche beim Radeln den Reiseführer zu lesen. Aber das Ganze hat einen eigentümlichen Charme und ich werde noch ein/zweimal hierher kommen.

Die erste Nacht im Zelt auf dem Dach des Hostels war soweit okay. Der Verkehrslärm ist leider sehr laut und die drei Hunde der Eigentümer haben mir ihren Willkommensgruß direkt vor den Zelteingang geschissen.

Unnötiger Sight-Seeing-Trip

Am Donnerstag nehme ich wieder an einer organisierten Sightseeingtour mit Bus teil. Die erste Attraktion ist ein 2.000 Jahre alter Baum mit 28 Metern Umfang, dann geht es zu einer lokalen Teppichweberei, die mich nicht vom Hocker haut. Die anschließende Fahrt ist ziemlich lang und kurvig und führt zu einem Schwefelbad. Die Aussicht ist zwar ganz nett, aber ich frage mich, ob es die lange Fahrt rechtfertigt.

Die Antwort ist übrigens: nein.

Die Landschaft ist sehr schön, Esel schleppen Brennholz und Frauen waschen mit der Hand. Das sieht sehr armselig und rückständig aus. Ich erinnere mich aber, dass meine Mutter als junge Frau nach dem Krieg die Wäsche auch am Dorfbach gewaschen hat, weil eine Waschmaschine für meine Eltern damals ein unerreichbarer Luxus war. Wir vergessen oft beim Vergleichen, dass es uns auch erst seit 1-2 Generationen so gut geht.

Der Herr Philosoph sondert wieder unbezahlbare Weisheiten ab, deswegen habt Ihr dieses Buch ja gekauft, oder?

Am Abend esse ich zuviel Chips und Erdnussbutter und bekomme zu guter Letzt ordentliche Kopfschmerzen. Die bekämpfe ich mit dem Mezcal, den ich in der letzten Station der organisierten Reise (bei einer Mezcalbrennerei) gekauft habe.

Jaja, den Teufel mit dem Belzebub austreiben.

Das Kopfweh wird tatsächlich weniger und ich gehe kurz nach Mitternacht noch mit einer ganzen Truppe (circa 30 Leute) in einen Live-Salsaclub.

Da ist unser Frühschläfer aber ordentlich über seinen Schatten gesprungen.

Antoinette habe ich aus den Augen verloren. In ihrem Hostel erfahre ich nur, dass sie nicht mehr dort wohnt.

Die Folgen des Arbeitsentzuges

Schon seit längerer Zeit gehe ich mit einem Geschäftskonzept schwanger. Wenn ich länger nichts zu arbeiten habe, suche ich mir offensichtlich Arbeit. Bei der Idee handelt es sich um ein weltumspannendes Netz von hochwertigen Hostels für Profirucksacktouristen. Ich mache ein Unternehmenskonzept, einen Marketingplan und in dem Zusammenhang einen Marktforschungsfragenkatalog. Warum meine Aufenthalte in den diversen Hostels nicht gleich mit ein paar Befragungen von potentiellen Kunden verbinden? So werde ich in den nächsten Tagen und Wochen einige Interviews machen und komme dann aber letztendlich zum Schluss, dass zu wenig Marktpotential für meine besondere Idee besteht.

Ja, fad ist ihm halt.

Mit schönen, jungen Frauen ans Meer

Am kommenden Samstag wird es Zeit wieder weiterzureisen und ich kaufe mir ein Busticket nach „Puerto Escondido". Das liegt am Meer und soll nicht so voll mit Touristen sein. Es ist ein Nachtbus, der um 21:30 Uhr startet. Vier junge Frauen, die ich in den letzten Tagen kennen gelernt habe, nehmen alle denselben Bus.

Was für ein Zufall?

Es handelt sich um junge Studentinnen aus Deutschland. Nach einer sehr kurvigen Nachtfahrt erreichen wir den Badeort um 8:30 Uhr am Sonntag in der Früh. In der Nacht musste ich noch einer Mitreisenden mit einer Plastiktüte aushelfen, damit sie nicht den ganzen Bus voll kotzt. Eine Reifenpanne hat uns zwei Stunden gekostet und zwei Reihen vor mir sitzt ein ziemlich seltsamer, ungepflegter Typ ungefähr meines Alters, der sich stundenlang die halbe Lunge raus hustet und kurz vor der Ankunft schon die Zigarette im Mund hat, die er sich offensichtlich beim Aussteigen sofort anzünden muss. Mich erinnert das Ganze an eine Szene aus einem Film, dessen Namen ich vergesse habe. Michael Caine spielt einen alternden englischen Panzerknacker, der in Amerika gemeinsam mit einem Zweiten noch ein großes Ding in seinem Leben drehen will. Er ist Kettenraucher und hat einen grässlichen Hustenanfall in einem Hotel, bei dem er Blut ins Waschbecken spuckt. Kurz nachdem er wieder einigermaßen durchatmen kann, zündet er sich schon die nächste Zigarette an und blickt erlöst in die Luft.

Na, wie wäre es, wenn wir selbst mit den Zigarren aufhörten?

Bei der Bushaltestelle wartet ein junger Israeli, der sein Hostel anpreist. Vor vier Jahren hat er es mit seiner mexikanischen Frau aufgebaut. Die Anlage sieht schon ziemlich abgerissen aus und das Wasser im Pool ist alles andere als einladend. Mangels besserer Alternativen zahle ich einen Platz für mein Zelt und suche mir eine schattige Ecke dafür. Mit den vier Frauen aus dem Bus gehe ich dann in ein Café frühstücken.

Dort treffen wir noch zwei junge Frauen, die die anderen ebenfalls kennen und ich gehe dann mit sechs hübschen jungen Frauen zum Strand. Die einheimischen jungen Männer beneiden mich ganz unverholen und werfen mir anerkennende Blicke zu. Die haben natürlich keine Ahnung, dass ich hier nur den Aufpasser und Leihonkel abgebe.

Aber ihr solltet sehen, wie er die Anerkennung genießt.

Mit Maren verstehe ich mich fast am besten und wir kochen am Abend zu zweit Spaghetti für insgesamt 7 Leute. Das ist nicht ganz einfach, weil die Küchenausstattung im Hostel extrem bescheiden ist. Am nächsten Morgen gehe ich am Strand laufen und sehe beim Sonnenaufgang die Fischer. Mir gefällt es hier und ich verbringe ein paar ruhige Tage in der Hängematte am Strand.

Hemmingway im Grab umdrehen

Am Dienstag gehe ich mit Maren und Anabel auf einen Fischausflug. Einer der vielen Privatanbieter, die ständig nach Klientel suchen, hat uns überzeugt. Um 7:00 Uhr früh treffen wir uns wie verabredet am Strand und besteigen sein offenes Motorboot. Mit den beiden Profis sind wir insgesamt zu fünft und fahren weit aufs offene Meer hinaus. Wir kommen an einem Meeresvogel vorbei, der offensichtlich auf irgendeinem Stück Treibgut steht und sich von uns nicht stören lässt. Bei näherer Betrachtung sehen wir, dass das Treibgut eine Meeresschildkröte ist und der Vogel lässt sich sozusagen vom „Schildkrötentaxi" chauffieren. Dann stoßen wir auf ein ganzes Rudel Delphine, die um uns herum schwimmen. Das ist in dem kleinen Boot wirklich sehr toll, weil man das „Puh" Geräusch hören kann, das die Delphine machen, wenn sie auftauchen. Mit den beiden Fischern haben wir ausgemacht, dass wir einen etwaigen Fischfang gleich mittags essen können und die Zubereitung und alles im Preis inkludiert ist.

Die haben den arbeitslosen Fischern das Weiße aus den Augen herausgehandelt.

Zu dem Zweck montiert der Ältere der beiden zwei große Angelruten und schleppt Köder hinter dem Boot her. Dann plötzlich werden unsere beiden Führer ganz hektisch. Die Geschwindigkeit wird gedrosselt, einer, der Jüngere, schnallt sich einen breiten Ledergurt um die Hüfte, der irgendwie aussieht wie eine Dildo-Halterung für lesbische Spielereien.

Oh Gott, was soll jetzt der Vergleich wieder.

In die Halterung kommt aber die Angel und er deutet ganz aufgeregt nach hinten. Dort sehe ich, schätzungsweise mehrere hundert Meter entfernt, einen riesigen Fisch springen. Ich denke mir: „Ja ja, wer's glaubt wird selig". Dann gibt es ein surrendes Geräusch und die Kurbel an der Angel dreht sich wie wild. Offensichtlich hat der Fisch angebissen. Ich kann mir nicht vorstellen, dass man das Riesenvieh mit dem dünnen

Nylonfaden herausbringt und beobachte die ganze Szene mit der Kamera in der Hand. Dann übernimmt unser Fischer die Kontrolle der Kurbel und der ältere Kollege bringt das Boot wieder langsam in Fahrt. Aus einer alten Geschichte von Ernest Hemingway weiß ich, dass es jetzt darum geht den Fisch müde zu machen. Das Ganze dauert 20 Minuten, aber dann reißt der Faden. Die Enttäuschung der beiden Profis wirkt ehrlich und mir dämmert, dass sie wirklich vorhatten, das Riesending an Bord zu ziehen. Etwas später wiederholt sich die Szene und ich werde Zeuge, wie unsere beiden Profis einen riesigen Fisch an Bord ziehen. Er sieht aus wie ein Merlin, ist samt Degen schätzungsweise 1 Meter 50 lang und hat einen wunderschönen Rückenflossenfächer, der in verschiedenen blaumetallic Farben schillert, wenn man ihn aufspreizt. Wir Touristen freuen uns mit den Fischern und posieren abwechselnd fürs Siegerfoto. Als wir gegen Mittag zurückfahren, beißt noch ein zweiter an, der noch länger ist. Die beiden Fische liegen quer im hinteren Bootsteil, wo sie auf beiden Seiten über das Boot hinausragen. Am Strand werden wir wie die siegreichen Heimkehrer einer großen Schlacht empfangen. Von Einheimischen und Touristen gleichermaßen umringt und bejubelt lassen wir uns stolz die Huldigungen gefallen. Im Strandrestaurant schmecken uns ein wenig später ein paar Steaks von einem der Fische vorzüglich.

Am gleichen Tag noch erfahre ich per E-Mail von Niki, meinem Geschäftspartner, dass die Finanzierung für unsere Deutschlandexpansion gesichert ist. Darauf trinke ich einen und freue mich, dass ich solche Geschäftspartner habe, die die Firma weiterbetreiben, während ich ein ganzes Jahr nichts arbeite.

Ja und die Firma wird besser laufen, als wenn Du da wärst. Oder anders gesagt: „Die Lücke die er hinterließ, hat ihn völlig ersetzt."

Am nächsten Tag heißt es am Abend schon wieder Abschied nehmen. Nach einem letzten Nickerchen in der Hängematte am Strand besteige ich den Bus und fahre in der Nacht wieder zurück nach Mexiko City, von wo ich übermorgen mit dem Flieger nach Quito in Ecuador reisen werde.

„El Grito" oder der Schrei

Nach 18 Stunden Busfahrt mit einer zu kalt eingestellten Klimaanlage komme ich am Mittag wieder in Mexikos Hauptstadt an und fahre mit der Metro zum Hostel. Das gleiche Hostel direkt im Zentrum, in dem Antoinette schon gewohnt hat. Für diese eine Nacht vor dem Flug nach Ecuador habe ich mir sicherheitshalber ein Zimmer für mich alleine reserviert. Dass das geht wusste ich gar nicht, aber wenn man alle drei Betten bezahlt kann man das Zimmer auch alleine bewohnen. Wie es mein Glück will, ist heute wieder ein Festakt in Mexico City und der Zócalo (Hauptplatz) ist wieder gesperrt. Mexiko feiert sich heute nämlich selber – es ist Nationalfeiertag. Und der Präsident, nachdem Volkswagen extra seinen aktuellsten Käfernachfolger benannt hat (nämlich Fox), wird heute den „Grito" ausrufen. Grito ist spanisch und heißt Schrei und dieser Schrei, nämlich „Mexiko ist frei“, erinnert an die Befreiung von den Kolonialherren und wird jedes Jahr am 15. September mit einem riesigen Festspektakel zelebriert. Das hat zur Folge, dass ich meinen schwer bepackten Tramperrucksack gleich bei zwei Sicherheitssperren komplett auspacken muss. Das ist keine leichte Übung, weil das Einpacken jeweils mindestens eine Stunde dauert. Bei der zweiten Sperre bin ich schon ziemlich unrund und auch nicht mehr sehr höflich. Das beschleunigt das Procedere auch nicht gerade und am Schluss stelle ich fest, dass das Hostel genau außerhalb des Sicherheitszaunes ist und ich gar nicht durch die Personenkontrollen hätte gehen müssen.

Da hat er mir aber schon auch ein wenig Leid getan.

Den Abend verbringe ich mit anderen Travellern auf der Dachterrasse des Hostels, von wo aus man einen super Blick auf das bunte Festtreiben am Platz hat. Um 24:00 Uhr ist der Höhepunkt mit besagtem „Grito“. Das ist der Anlass für die Kinder (kleine und bereits erwachsene) auf dem Platz nicht nur Papierschlangen zu werfen, sondern so einen widerlichen klebrigen Schaum aus Dosen in wehrlose Passantengesichter zu sprühen. Dummerweise hab ich mich auch unters Volk gemischt und bekomme ebenfalls mein Fett ab.

So der „Gesellige“ ist er eigentlich gar nicht.

Auf der Dachterrasse sitze ich an einem Tisch mit Anna aus Wien. Anna ist eine junge Studentin und war für einige Zeit als politische Beobachterin in Chiapas bei den Zapatisten. Ich bewundere den Mut der zierlichen, resoluten Frau und sie zeigt mir Fotos auf ihrer Digitalkamera von diversen Versammlungen mit dem charismatischen Zapatistenführer, bei dessen Erwähnung ihr jedes Mal ein Funkeln über die Augen geht. Weiters am Tisch sind dann noch Bärbel und Wolfi, zwei Geschwister aus München. Bärbel ist sehr attraktiv, leicht drall und hat etwas Vamphaftes. Bruder Wolfi ist sehr nett, hübsch und fast zu perfekt für einen Hetero.

Ja eh klar, wenn alle gut aussehenden Männer schwul sind, gibt’s weniger Konkurrenz.

Ursprünglich hatte ich geplant, am nächsten Tag ein paar Bücher per Post nach Wien zu schicken, damit ich weniger Ballast habe. Aber dann ergibt sich die Möglichkeit, dass ich Anna den „People’s Guide to Mexico“ (ein Tipp von Bekannten in Wien, den ich hiermit allen Leserinnen und Lesern weitergebe, ein wirklich vergnüglich zu lesendes Buch über Land und Leute in Mexiko; meines Wissens leider nur in Englisch erhältlich) mitgebe, die noch ein bisschen in Mexiko bleibt und das Buch dazu brauchen kann und es mir anschließend per Post heim nach Österreich zukommen lassen wird. Bärbel ist so nett und nimmt den Lonely Planet und eine Photo-CD mit. Sie wird es mir gleich nach Wien schicken.

Das wird übrigens das Letzte sein, was er von den Mädels oder den Büchern je sehen oder hören wird – irgendwie rührend.

Am nächsten Tag geht es am Abend mit dem Flugzeug von Mexico City nach Quito in Ecuador. Im Flugzeug beginne ich mit einem neuen Buch, ein Thriller namens „Suspicion of Madness“ von Barbara Parker, der sehr spannend geschrieben ist.

Zum ersten mal in den Anden

Am Samstag, den 17. September, komme ich um 6:00 Uhr früh in Quito an. Die Landung kurz vor Sonnenaufgang bietet ein atemberaubendes Panorama. Die Stadt liegt auf circa 3.000 Metern Seehöhe und hat 2,3 Millionen Einwohner. Der „Hausberg“ von Quito geht auf bis zu 4.000 Meter Höhe. In der Stadt habe ich ein Zimmer im Hotel „Majestic“ reserviert, wo ich die anderen Teilnehmer der Oasis Gruppe treffen soll, mit denen ich die nächsten Wochen durch Lateinamerika reisen werde. Der Hotelname ist leicht irreführend, aber die Zimmer sind sauber. Es ist erstaunlich, wie schnell man auf 3.000 Meter Seehöhe außer Atem gerät, dabei rede ich jetzt gar nicht von Sport, sondern einfach vom normalen Treppensteigen im Hotel zum Beispiel.

Warum „man“? Er ist außer Atem, bei jeder Bewegung, die Einheimischen zum Beispiel überhaupt nicht.

Den Tag nütze ich noch für eine Einkaufsorgie. Mein kleiner Rucksack ist ziemlich verschlissen und ich kaufe mir einen Neuen, dann brauche ich einen Lonely Planet für die Gegend, finde sogar günstige kubanische Zigarren und kaufe noch ein Springseil. Das ist der geniale Tipp eines jungen deutschen Tauchlehrers, den ich in Mexiko am Strand kennen gelernt habe. Er hatte so einen perfekt gestylten Körper (mit Waschbrettbauch und so), dass ich ihn fragte, wie er das denn auf Reisen macht. Da hat er mir sein Geheimnis verraten – jeden Tag 20 Minuten Seil springen. Die Idee übernehme ich gerne, weil es immer wieder mal Gegenden gibt (siehe Mexico City), wo es mit dem Joggen nicht so einfach ist.

Für das Waschbrett sind wir nur knapp 15 Jahre zu spät dran. Aber ein wenig hüpfen kann sicher nicht schaden.

Am Abend probiere ich das gleich aus und schaffe keine drei Minuten, ohne dass ich mit einem drohenden Herzinfarkt zusammenbreche.

Was vielleicht nicht nur an der Höhe liegt.

Ein knalloranger LKW und dessen Insassen

Dann kommt das Treffen mit meiner „neuen Familie auf Zeit“. In einem Nebenzimmer des Hotels sitzen circa 20 Leute die sich gegenseitig beäugen und beobachten. Die

Reiseleiterin ist eine junge, weiße Südafrikanerin und der Busfahrer ist ein etwas weniger junger Engländer. Beide machen einen ruhigen und sympathischen Eindruck. Später werde ich erfahren, dass die beiden verheiratet sind. Ich bin der einzige nicht-englisch Muttersprachige in dieser Gruppe, die wie eine Repräsentation des ehemaligen Commonwealth wirkt. England, Schottland, Irland, Australien und eben Südafrika sind vertreten. Später komme ich drauf, dass Janine, die ich für eine Engländerin hielt, aus Barbados in der Karibik stammt, was ja (glaube ich) nicht wirklich ehemaliger Commonwealth ist. Die Altersverteilung ist von Anfang 20 bis Anfang 60, mit einem Schwerpunkt zwischen 20 und 30. Soweit ich das beurteilen kann, sind auch zwei oder drei (Ehe-)paare mit von der Partie. Diana, so heißt die südafrikanische Reiseleiterin, erklärt uns die Spielregeln und John, ihr Mann, fällt hin und wieder ins Wort. Dann zeigen sie uns den LKW, mit dem wir die nächsten Wochen unterwegs sein werden. Es handelt sich um einen ziemlich neuen Scania mit Sperrdifferential und einem Spezialaufbau (für uns Touristen) und ist knallorange lackiert. Das gefällt mir recht gut, weil unsere Firmenfarbe (www.vbc.biz) ist ebenfalls orange. Anders als bei dem Green Tortoise-Bus in Alaska ist der LKW nicht für Übernachtfahrten vorbereitet und es gibt ein Zelt pro zwei Personen an Board. Ich hatte bei der Anmeldung bereits darauf bestanden, mein eigenes Zelt mitzubringen und zu verwenden und werde das auch tun.

Zum Glück für die anderen möchte ich erwähnen.

Das Fahrzeug ist wirklich gut ausgestattet, mit Kühlboxen, kompletter mobiler Feldküche, Wasserkanistern, Werkzeug, im Boden versteckter, eingenieteter Safe für Pässe und Geld und allerlei Kleinigkeiten, die auf der Reise nützlich sein werden. John erklärt uns ganz stolz, dass er auch ein komplettes Reservegetriebe und sonst noch einen Haufen Ersatzteile dabei hat. Klar, bei so einer Reise muss man sein Fahrzeug selber reparieren können. Anschließend gehen wir alle gemeinsam in eine Pizzeria zum genaueren, wechselseitigen Beschnuppern und Kennenlernen und ich führe meine ersten Gespräche mit meinen neuen Mitreisenden.

Für andere Kaffeeaficionados (Kaffeesüchtige?) hier ein wichtiger Tipp: in Quito das „Magic Bean", hat nicht nur sehr guten Kaffee, sondern auch ein tolles Frühstück.

Experiment am Äquator

Die erste Station unserer gemeinsamen Reise ist das so genannte Solarmuseum direkt am Äquator. Von allen Attraktionen hat mir ein simples Experiment am besten gefallen. In der Schule habe ich einmal gelernt, dass der Wasserstrudel, der sich bildet, wenn Wasser zum Beispiel aus der Badewanne ausläuft, auf der südlichen Erdhälfte in die entgegengesetzte Richtung dreht, als auf der nördlichen (welche Richtung habe ich mir nie gemerkt). Und hier, direkt am Äquator, kann man den Unterschied tatsächlich mit je einem halben Meter Abstand (!) von der Äquatorlinie nördlich oder südlich nachweisen.

Angesichts der Größe unseres Planeten hat mich das tief beeindruckt.

Schön, wenn man sich diese kindliche Begeisterungsfähigkeit selbst bis in sein Alter erhalten kann.

Am selben Tag fahren wir noch weiter bis nach Otavalo. Dort wohnen wir im Hostel Valle del Amanecer, das ich an dieser Stelle allen Reisenden wärmstens empfehlen kann. Es gibt gemütliche Hängematten im Innenhof und ein tolles Frühstück ist im Zimmerpreis inkludiert (E-Mail: hostalvalledelamanecer@yahoo.com). Die Reise mit der Oasis Gruppe ist so organisiert, dass wir circa 50% der Nächte in Hostels, Jugendherbergen und Hotels untergebracht werden und circa die anderen 50% im Zelt schlafen (je nach Gegebenheit und lokalen Möglichkeiten). In Otovalo ist der nördlichste Punkt unserer Reise, hier sind wir auch Kolumbien am nächsten. Wir werden zwei Tage bleiben. Mit ein paar Kollegen mache ich eine Mountainbiketour. Wir pausieren an einem malerischen See, essen die unterwegs gekaufte Ananas und sehen den einheimischen Frauen beim Wäsche waschen im See zu. Auf der Rückreise kaufe ich mir noch einen frisch gepressten Zuckerrohrsaft an einem kleinen Verkaufsstand.

Langsam bilden sich auch die ersten Grüppchen unter den Mitreisenden. Die sympathische und sehr hübsche Neuseeländerin wird leider von einem ebenfalls sympathischen und sehr hübschen jungen Engländer belagert. Es bildet sich eine Clique von Leuten, die meistens im vorderen Teil des LKWs sitzen und während der Fahrt Karten spielen. Anfangs war ich auch dabei, aber mir wurde das Karten spielen zu langweilig und ich lese lieber.

Die anderen waren ganz traurig.

Ein Schlauchboot und ein paar Stromschnellen

Die nächste Station ist ein Ort namens Tena. Angeblich das Raftingparadies von Südamerika. Auf dem Weg dorthin klettert unser LKW bis auf eine Höhe von 4.200 Metern, bei Tena selbst sind wir nur noch 500 Meter über dem Meeresspiegel. Wir machen auch eine Raftingtour in einem Nebenarm des Amazonas.

Die Fahrt mit einem einheimischen Bus zum Ausgangspunkt ist selbst schon ein Abenteuer. Die Strecke würde man in Europa nur mit speziellen Allradfahrzeugen zu bewältigen versuchen. Die südamerikanischen Busfahrer werden mir noch öfter wie Künstler erscheinen, manchmal Überlebenskünstler. Beim Laufen in der Früh hatte ich einen krampfhaften Schmerz in der Wade und musste nach 15 Minuten abbrechen. Ich fürchte, das kommt vom Seil hüpfen, das ich nicht gewöhnt bin.

Jaja, das Waschbrett lässt grüssen.

Aus dem Bus, der uns wie gesagt zum Ausgangspunkt der Raftingtour bringt, sehe ich mir die wunderschöne Dschungellandschaft an. Die Passion für Lärm bei den Südamerikanern macht auch vor alten Bussen keinen Halt. Die eingebaute Stereoanlage ist wahrscheinlich mehr wert als das ganze Fahrzeug. Ziemlich laut dröhnen die Latino-Pophits und „American Top 40“ aus den Lautsprechern. Plötzlich höre ich etwas Vertrautes aus meiner Jugend und meiner Heimat: Falcos „Kommissar“ in Originaldeutsch und ich werde ganz wehmütig. Das Raften ist ein Riesenspaß. Wir sind auf 4 Boote aufgeteilt und befinden uns fast mehr im Wasser als im Boot. Mit den Schwimmwesten wieder ins Boot zu kommen ist nicht so einfach und daher lernen wir, wie wir uns gegenseitig ins Gummiboot ziehen können ohne das ganze Gefährt zum Kentern zu bringen. Bei Christien gestaltet sich das ein bisschen schwierig. Sie ist eine junge Engländerin, circa 10 cm größer als ich und wahrscheinlich doppelt so schwer. Aber zu zweit schaffen wir's auch jeweils, sie wieder aus dem Fluss zu hieven.

Wie bei den Walfängern sieht das aus.

Am Abend fahren wir zu einer Dschungellodge namens Shangri-La (keine Verbindung zur asiatischen Edelhotelkette bekannt). Kindheitsträume von Tarzan und Daktari werden bei mir wach und ich genieße meine abendliche Havanna mit einem Gläschen Rum in der Hängematte vor meinem Zimmer und sehe die Sonne über dem Dschungel untergehen.

Am nächsten Morgen liegen bei den Waschbecken und den Duschen überall Insektenkadaver in der Größe von Kanarienvögeln herum. Nach dem Frühstück machen wir eine geführte Dschungelwanderung mit einem einheimischen Führer und einer Dolmetscherin. Sie heißt Angelika, stammt aus Heidelberg und hat einen Freund in Kuba. Dort hat sie auch ihr perfektes Spanisch gelernt. Beim Wandern ertappe ich mich dabei, dass ich in der Kolonne immer hinter ihr gehe, weil ich mich an ihrem perfekten Körper nicht satt sehen kann.

Oje, jetzt wird's peinlich, aber seit Vancouver ist halt schon viel Zeit vergangen.

Amor trifft nicht immer

Aber eigentlich habe ich ja ein Auge auf Janine geworfen, die vermeintliche Engländerin aus der Karibik. Ihr Gesicht und ihre Art erinnern mich extrem an meine große Liebe in Südafrika. Am Abend sitze ich neben ihr in der Dschungellodge. Dort bekommen wir eine Vorführung des örtlichen Schamanen zu sehen. Ein gut gebauter Mann mittleren Alters, mit so etwas wie einem Baströckchen bekleidet und oben ohne, sitzt er auf einem Stuhl wie auf einem Thron. Am Boden sitzen seine Kinder, die er, so erfahren wir, in die Kunst der Schamanie einweist. Nach einigen erklärenden Worten des Dschungellodgebetreibers und Übersetzers, gibt es die Möglichkeit für uns, dass wir uns vom Schamanen spirituell reinigen lassen können. Trotz meiner Religionsskepsis will ich die Gelegenheit nutzen und melde mich als zweiter Freiwilliger.

Na, wenn's nix kostet.

Das ganze Ritual läuft im Dunkeln ab und Zigarettenrauch spielt eine wichtige Rolle dabei. Danach fühle ich mich recht gut und auch sehr mutig. Den Mut nütze ich gleich um der, im Dunklen neben mir sitzenden, Janine ins Ohr zu flüstern und ihr zu gestehen, dass ich sie sehr interessant finde. Sie sagt zuerst gar nichts und ich sitze im Dunkeln mit dem wohligen Gefühl, das Richtige getan zu haben. Als die nächsten beiden Reinigungen 15 Minuten später fertig sind und das Licht wieder angeht, habe ich schon einen Plan, wie ich heute noch einen wesentlichen Schritt in Richtung Janines Höschen machen kann und wende mich ihr zu. Aber der Stuhl ist leer!

Sein Gesicht hätte ich gerne für Euch fotografiert.

Leicht verstört gehe ich alleine schlafen. Am nächsten Tag ergibt sich keine Gelegenheit mit Janine zu sprechen und ich habe den Verdacht, dass sie mir aus dem Weg geht.

Gefährlicher Macho-Anflug

Wir machen wieder eine Wanderung durch den Dschungel und klettern dabei unter anderem einen Wasserfall hinauf. Dabei gibt es eine schwierige Stelle, die zwar nicht wahnsinnig hoch ist, aber nicht sehr einfach zu klettern. Daher haben die Einheimischen für uns ein Seil angebracht. Die Frauen in meiner Gruppe klettern mit dem Seil und die Männer meistens ohne. Durch meine männlichen Reisekollegen inspiriert, lehne ich das angebotene Seil ebenfalls mit einer selbstsicheren Handbewegung ab und klettere frei. Nach ungefähr 2/3 kommt eine Stelle, wo man umgreifen muss und sich dabei zum Halten mit den Beinen verspreizt. Einer meiner nassen Turnschuhe verliert den Halt und rutscht ab. Mit nur einem Fuß gibt es bekanntlich kein Verspreizen und ich stürze circa 4-5 Meter ab. Zu meinem Riesenglück stürze ich genau in ein wassergefülltes Loch, das zwar nur einen Meter Durchmesser hat, aber 2-3 Meter tief ist. Daher komme ich neben ein paar Kratzern mit dem Schrecken davon. Nach dem Mittagessen in einer anderen Lodge geht es weiter zu einer Lagune, wo wir den Nachmittag mit baden verbringen können. Ich will etwas allein sein und ziehe mich auf eine Hängematte bei der Lodge zurück. In den folgenden Nächten habe ich ziemliche Schmerzen im Brustkorb und habe den Verdacht, dass ich mir bei dem Sturz wahrscheinlich eine Rippe geprellt oder gebrochen habe.

Ja, der jugendliche Übermut verlangt halt seinen Preis.

Dann fahren wir weiter bis nach Baños und schlagen die Zelte im „Pequeño Paraiso" auf. Das „kleine Paradies" gehört einem schweizer Ehepaar, Nina und Frank, die seit circa 10 Jahren hier, ein paar Kilometer außerhalb von Baños, dieses Gästehaus mit

Campingplatz betreiben. Es ergibt sich endlich wieder eine Gelegenheit, mich an Janine heran zu schleichen und ich frage, ob sie mir nicht irgendwas sagen will und sie meint „no“. Ich kann es nicht fassen und ziehe mich beleidigt zurück.

Er kann es wirklich nicht fassen – rührend irgendwie.

Baños (übersetzt „Bäder“) ist, wie der Name schon sagt, ein Badekurort mit schöner Umgebung und schönen Bergen. Frank bietet hier auch professionelle Wasserfallklettertouren an. Angesichts meiner immer noch schmerzenden Rippe lehne ich dankend ab und gehe auf eigene Faust ein bisschen wandern. Beim Besuch eines einheimischen Dorfes unterwegs sehen wir in einer der einfachen Holzhütten ein paar Meerschweinchen in einem Käfig. Zwei von unseren Frauen sind recht entzückt und begleitet von sehr hochfrequenten Freudensäußerungen beginnen sie die kuscheligen Tierchen zu streicheln. Diana meint ganz ungerührt: „Don’t get excited, these are no pets – this is food” (frei übersetzt: werdet nicht zu sentimental, das sind keine Haustiere, sondern Lebensmittel). Und um das zu unterstreichen werden Nina und Frank anlässlich eines Grillabends auch Meerschweinchen am Spieß servieren. Ich rede mich auf mein Teilzeit-Vegetariertum aus und lasse das Essen an dem Abend insgesamt sein.

Meine Stimmung ist am Tiefpunkt, die (mir unerklärliche) Zurückweisung von Janine gemischt mit Heimweh und schmerzender Waden und Rippen ergeben einen guten Nährboden für depressive Gedanken. Die werden erst verdrängt, als wir uns das erste - und wie sich später herausstellen wird, einzige - Mal auf dieser Reise in ernsthafter Gefahr befinden.

Der Zorn der Ausgebeuteten

Auf dem Weg von Baños nach Cuenca geraten wir in Straßenblockaden. Von Weitem sehen wir schon schwarzen Rauch aufsteigen und wissen zuerst noch nicht was das denn soll. Als nächstes beginnen uns allen unglaublich die Augen zu tränen und die Atemwege zu brennen. Ich vermute, dass irgendwelche Sicherheitskräfte mit Tränengas gegen Demonstranten vorgehen. Später sehen wir einen Haufen brennender Reifen, mit denen die Demonstranten die Straßenblockade gemacht hatten. Wahrscheinlich kam die ätzende Wirkung davon. Das Militär hat die Blockade wieder aufgelöst und die Demonstranten vertrieben. Wir wissen nicht wofür oder wogegen demonstriert wird – jemand meint, es gehe um die, von der Landbevölkerung als unfair empfundene Aufteilung der Erdgas- und Erdöldollars. Die erste Straßenblockade haben wir passiert und bleiben 2 km später vor einer weiteren im Stau stecken. John kann über die auf die Fahrbahn gelegten Steine im Schritttempo drüber fahren und wir wiegen uns schon in Sicherheit. Dann kommen wir zur dritten und endgültigen Straßensperre, durch die wir nicht mehr durchkommen. Nachdem wir einige Zeit warten, sehen wir plötzlich, dass einige von den weiter vorne im Stau befindlichen Fahrzeuge umdrehen und relativ schnell in unsere Richtung zurückfahren. Als nächstes sehen wir eine große Menschenmenge auf uns zulaufen. Es handelt sich um einheimische Jugendliche und Erwachsene mit Prügeln und Steinen bewaffnet. John, unser Fahrer, erkennt diese Gefahr und macht das schnellste Wendemanöver seiner Fahrer-Karriere. Die Angreifer sind bereits bei uns und versuchen mit großen Steinen, die sie vor und hinter unser Rad werfen unseren LKW zu stoppen. Ein quer auf der Fahrbahn feststeckender knalloranger Scania wäre natürlich die ideale Straßensperre. Im Inneren des LKWs ist es mucksmäuschenstill und ich spüre wie mir ein ordentlicher Adrenalinschub einfährt. John schafft die Wende und braust davon. Die Jugendlichen rennen uns noch hinterher, doch die Steine die sie werfen erreichen uns nicht mehr. Danach beschließen wir, die Route zu ändern und die ursprünglich geplanten Stationen in Ecuador, nämlich Cuenca und Vilca Bamba, auszulassen und auf einem anderen Weg direkt am nächsten Tag nach Peru zu fahren.

Peru – früher als geplant

So überschreiten wir am Mittwoch, den 28. September, zwei Tage früher als geplant die Grenze nach Peru und fahren nach Punta Sal, einen Ort an der Küste. Meine Rippenschmerzen sind mittlerweile so arg, dass ich in der Nacht nicht mehr gut schlafen kann, weil bei jedem Umdrehversuch stechender Schmerz einfährt. Diana meint, ich solle mich irgendwo röntgen lassen. Ich winke ab, weiß ich doch, dass selbst bei einer gebrochenen Rippe nicht viel getan werden kann.

Im LKW gibt es eine eingebaute Stereoanlage, an die man externe Musikquellen (IPods und andere MP3 Player, oder mobile CD-Player) anschließen kann. Ich bin ohne Musik unterwegs und die Auswahl meiner Kollegen trifft nur bedingt meinen Geschmack. Wenn wir mehrere Stunden im LKW sitzen, geht mir die Musik oft ziemlich auf den Wecker (wie oft in meinem Leben muss ich noch Beatles und Abba hören?).

Ein paar Mal gehen sich sicher noch aus ;-))

Am ersten Abend am Pazifik werde ich für vieles entschädigt, mit einem Blick auf spielende Wale vor der Küste. Kaffee gibt es in dem Kaff leider keinen guten. Das ist ein Dilemma, das mich in ganz Lateinamerika verfolgen wird: selbst in den Ländern, in denen erstklassiger Kaffee angebaut wird, trinken die Einheimischen oft nur Nescafé. Nestlé hat offensichtlich perfektes Marketing betrieben.

"Reifenprofi" in Mexico

Petri Heil beim Anglerausflug

"Palacio De Bellas Artes" in Mexico City

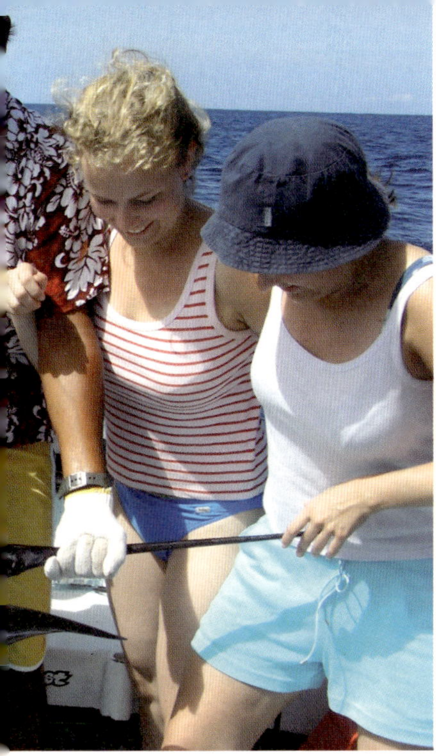

Einen Prachtkerl am Hacken

Idyllisches Freibad in Mexico

Mit dem orangen LKW über die Grenze nach Peru

Mein Zelt auf dem Dach des Hostels in Oaxaca

Geöffnet Mi-Fr von 13:00 bis 18:00 Uhr

Genau "am" Äquator macht das Wasser keinen Strudel

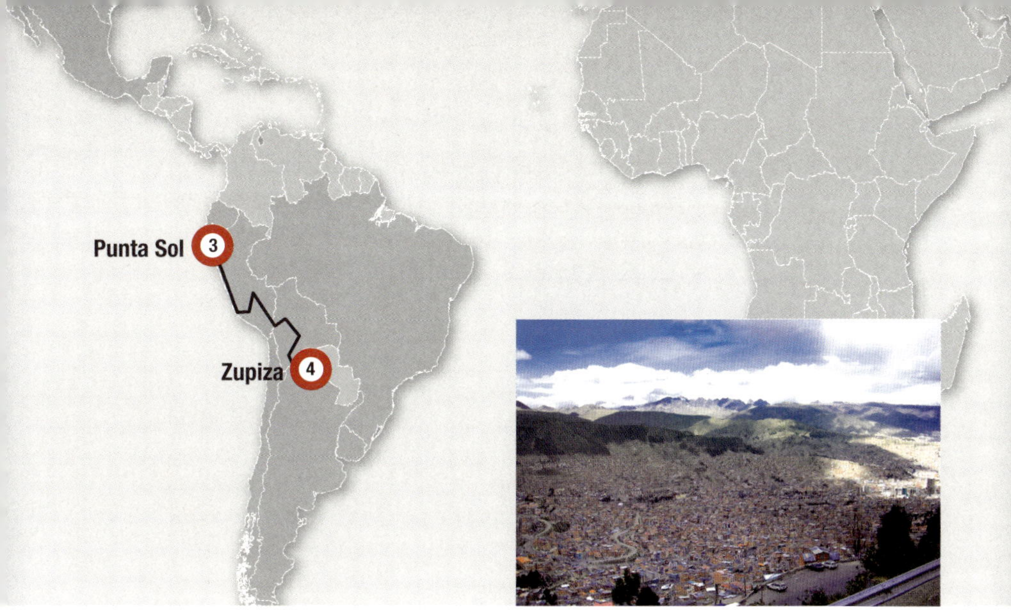

KAPITEL 3, OKTOBER

Melancholie in peruanischer Strandidylle

Seit vier Tagen campen wir jetzt an diesem Bilderbuchsandstrand am Pazifik. Die Infrastruktur ist sehr gut, weil wir in einem großen Strandrestaurant Küche, Dusche und Gäste-Terrassen verwenden können. Fast einen ganzen Tag lang bin ich in der Hängematte auf der Terrasse gelegen, habe gelesen und zwischendurch aufs Meer geblickt. So kann ich auch meine Verletzungen etwas auskurieren. Die angeknackste Rippe schmerzt leider noch immer – speziell in der Nacht – und meine Morgenjogging-Aktivitäten halte ich leider maximal 15 Minuten durch. Dann kommt wieder der stechende Schmerz in der rechten Wade.

Jetzt dämmert langsam die Erkenntnis, dass wir keine 20 mehr sind.

Außer Sandstrand, Sonne und blauem Himmel hat die Gegend nicht sehr viel zu bieten. Heute fahre ich mit dem Mopedtaxi in den 20 Kilometer entfernten Ort „Manacora“. Dort finde ich nach einer Stunde tatsächlich ein Restaurant wo es echten Espresso gibt.

So ein Glück

Mit Blick aufs Meer trinke ich meinen Kaffee und komme ins Gespräch mit einem Peruaner vom Nebentisch. Es stellt sich heraus, dass er eine große Mangofarm besitzt und viele seiner Früchte nach USA und Europa exportiert. Wir plaudern übers Geschäft und übers Leben und für kurze Zeit vergesse ich die depressive Stimmung, die seit Tagen auf mir lastet.

Am Abend grillen wir frische Fische, die meine Kollegen tagsüber gefangen haben. Sicherheitshalber habe ich mein Zelt wieder etwas abseits von der Gruppe aufgestellt,

Eh klar

weil in den Nächten bleiben einige Hartgesottene die ganze Nacht am Lagerfeuer, plaudern, singen und trinken. Irgendwann in der Zeit ist aus der hübschen Neuseeländerin und dem sympathischen Engländer auch ein Paar geworden. Jetzt gibt es schon 5 Paare an Bord, was bei etwas über 20 Mitreisenden schon 50 Prozent bedeutet.

Ja, wenn Janine dich erhört hätte, wären es schon 60 Prozent.

An einem anderen Abend grillen wir ein ganzes Spanferkel. Ich helfe zwar beim Grillen, esse aber nichts davon.

Zu der Zeit vermerke ich in meinem Tagebuch, was für mich eine der wichtigsten und oft auch schwierigsten Aufgaben im Leben ist: die Balance zu halten. Die Balance zwischen Genuss und Verzicht, zwischen Arbeit und Müßiggang, zwischen Gegenwartsbewusstsein und Zukunftsvorsorge, zwischen Vorsicht und Mut, zwischen Nähe und Distanz, zwischen Geben und Nehmen – und dieser Balanceakt täglich, immer wieder aufs Neue, das ist wahrscheinlich wahre Lebenskunst.

Amen, unser Philosoph hat wieder gesprochen.

Ich komme viel zum Lesen und lese eine nicht autorisierte Biographie über Hillary Clinton und eine (autorisierte und ziemlich schmeichlerische) über Eva Peron. Der Autor der Hillary-Biographie ist offensichtlich kein Fan von ihr, aber scheint gut informiert zu sein. Zwischen den Zeilen merkt man aber, dass er vor dieser imposanten Persönlichkeit zumindest Respekt hat. Eine Anekdote, die man sich angeblich im Weißen Haus während der Clinton-Regierung erzählt hat, möchte ich hier sinngemäß weitergeben:

Hillary und Bill fahren an einem freien Wochenende in Arkansas zu einer Tankstelle. Während das Auto aufgetankt wird, bleibt das Präsidentenehepaar im Fahrzeug sitzen. Plötzlich stupst Hillary ihren Mann, deutet nach draußen und sagt: „Sieh doch Bill, der Tankstellenbesitzer, mit dem bin ich einmal ausgegangen, als ich noch in der High School war". Darauf antwortet Bill: „Na stell dir vor, wenn du den geheiratet hättest, wärst du jetzt die Gattin eines Tankstellenbesitzers". Darauf blickt Hillary ihrem Mann tief in die Augen und erwidert: „Du irrst dich Bill. Wenn ich ihn geheiratet hätte, wäre er jetzt Präsident der Vereinigten Staaten von Amerika." Ich finde die Geschichte super, selbst wenn sie nur gut erfunden ist und würde Hillary, den Amerikanern und der Welt, wünschen, dass sie bei der nächsten Präsidentschaftswahl kandidiert und gewinnt.

Am Sonntag brechen wir wieder auf. Es ist noch stockfinster, als wir um 5:00 Uhr früh aufstehen und unsere Sachen packen. Kurz nach 6:00 Uhr beginnt die lange Fahrt. Sie wird erst nach 19:30 Uhr - wenn es schon wieder dunkel ist - in Huanchaco enden. Wir fahren großteils an der Küste entlang, teilweise durch steinige und sandige Wüsten, vorbei an Reisplantagen und vielen relativ arm wirkenden Dörfern. Im Auto lese ich „Of Love and Shadows" von Isabel Allende und bin tief beeindruckt und berührt.

Er ist halt ein unverbesserlicher Romantiker.

Danach lese ich „Killing Pablo", die reißerisch aufgemachte Geschichte des Lebens und gewaltsamen Sterbens von Kolumbiens reichstem Drogendealer Pablo Escobar. Das erinnert mich sehr an den Film „Scarface" mit Al Pacino. Langsam wird meine Laune wieder besser und in Huanchaco campieren wir auf einem richtigen Campingplatz.

Die größte Lehmziegelstadt und ein 2500 Jahre altes Surfboard

Wir bleiben zwei Tage und machen einen Ausflug nach Trujillo. Dort besuchen wir „Chan Chan". Dabei handelt es sich um die angeblich größten Lehmziegeltempelanlagen der Welt, die von den Moche (eine Kultur vor den Inkas, ca. 800 bis 1500 nach Christi) hier erbaut wurde. Am selben Tag sehen wir uns auch noch den Palast Luna an, der von einer den Chan Chan vorausgeeilten Kultur gebaut wurde. Am Strand sehen wir auch die - seit angeblich 2.500 Jahren in derselben Weise gebauten - Schilfkanus der hiesigen Fischer, mit denen die Einheimischen schon vor 2500 Jahren Wellenreittechniken entwickelt haben. Demzufolge liegt hier die wahre Wiege der Surfkultur.

Bei dieser Oasis-Truppe ist es, im Unterschied zu meiner Green Tortoise Busreise in Alaska, so, dass man zu zweit oder dritt alle paar Tage „Küchendienst" hat. Das heißt, man macht an dem Tag Frühstück, Mittag- und Abendessen für alle. Das Ganze wird von Diana überwacht und man kann eigene Ideen einbringen. Auf der nächsten langen LKW-Fahrt von Huanchaco Richtung Lima campen wir unter Anderem eine Nacht wild in der Wüste. Zwei Kolleginnen und ich haben gemeinsam Küchendienst. Dabei überrede ich sie zu einem Spargel-Risotto.

Risotto ist das Einzige, was er einigermaßen kann.

Der Aufwand ist ziemlich groß, weil wir im Freien kochen und das für circa 25 Leute. Das Risotto misslingt und wird ein einziger Brei. Der Spargel schmeckt holzig.

Bin schon auf die Ausrede gespannt.

Das liegt offensichtlich an dem völlig anderen Reis, der hier verwendet wird, Parmesan konnte ich keinen richtigen bekommen und der Spargel war einfach schlechte Qualität.

Seht ihr?

Nach dem Essen überraschen uns zwei Wächter, der eine von ihnen hat eine gefährlich aussehende Repetierschrotflinte (auch Pump Gun genannt) umgehängt. Nach kurzem Hin und Her laden wir sie ans Lagerfeuer ein und einer von den beiden holt seine Gitarre aus dem Auto. Wir trinken singen und plaudern noch eine Weile.

Ein 7-Millionen-Moloch in der Wüste

Am nächsten Morgen bin ich mit meiner Gruppe noch einmal mit Frühstück-Machen dran und danach fahren wir weiter nach Lima. In der Hauptstadt Perus bleiben wir zwei Tage. Im Nachhinein gesehen, hätte mir einer auch gereicht. Lima ist groß, schmutzig, laut, hässlich. Ständig schließt eine Nebel-Smog-Decke die Stadt ein und wir bekommen die Sonne hier nicht zu sehen. Die Inkas hatten an sich eine viel schönere Hauptstadt (Arequipa in den Bergen), aber die Spanier konnten als Seefahrervolk mit einer Hauptstadt in den Bergen nichts anfangen. Daher hat Pizarro im 16. Jahrhundert hier Lima gegründet.

Zwei positive Dinge gibt es von dieser Stadt doch zu berichten. Erstens habe ich nach einem halben Tag herumfragen und herumlatschen eine Kiste Havannas um einen guten Preis gekauft und am Abend waren wir in Limas wichtigstem Fußballclub. Nicht weil ich so ein Fußballfan wäre - ganz im Gegenteil. Aber Joey, eine der Mitreisenden, eine junge Engländerin und Fußballnärrin, feiert ihren Geburtstag und sucht sich zu dem Zweck den Fußballclub aus. Sie hat sich extra das peruanische Fußball-National-Dress gekauft und angezogen. Von den einheimischen Fans wurde sie wie eine Prinzessin gefeiert.

Am Freitag nach dem Frühstück verlassen wir die Stadt wieder in Richtung Wüste. Ich bin froh hier wegzukommen und wir verbringen einen Großteil des Tages auf der Fahrt. Ich nütze die Zeit um meinen Alaskapulli von Donna zu reparieren. Irgendwann habe ich mir mit der Zigarre vorne ein Loch hinein gebrannt, daher nähe ich mir jetzt einen gestickten Seestern über das Loch.

Dazu braucht er wirklich den ganzen Tag und jeder Siebenjährige wäre mächtig stolz auf so einen Seestern auf dem Pulli.

Schneebrett in der Sandwüste

Am späteren Nachmittag kommen wir in Huacachina an. Das ist am Rande einer großen Sandwüste, in der wir den Abend und die Nacht verbringen werden. Diana hat schon alles organisiert und wir werden in Grüppchen von 5 bis 6 Leuten auf verschiedene Wüstenbuggys aufgeteilt. Diese Eigenbaubuggys sind von geschäftstüchtigen Peruanern umgebaute, gebrauchte Pkws und Pickups. Soweit ich das rekonstruieren kann, haben sie in einem ersten Schritt die ganze Karosserie abgebaut und das

Fahrgestell erhöht. Im zweiten Schritt mit viel Stahlrohr und bunten Farben einen luftigen aber käfigartigen Aufbau darauf gebaut und möglichst viele Sitze hineingeschraubt. Die einheimischen Fahrer sind mit den Gefährten gut vertraut und so brausen wir Hügel auf, Hügel ab, durch eine phantastische Sandwüste. Ich hab wieder das Glück, in dem Auto zu sitzen, dessen Motor jetzt nach circa 700.000 Kilometern den Geist aufgibt. Nach kurzen Wiederbelebungsversuchen gibt der Fahrer auf und wir verteilen uns auf die übrigen Fahrzeuge, in denen es jetzt schön eng wird.

Als zusätzliche Attraktion können wir auf alten, zerschlissenen Snowboards die Sanddünen hinunterfahren. Obwohl Österreicher, bin ich ein miserabler Schifahrer und überhaupt kein Snowboarder. Daher halte ich mich an Dianas Variante und fahre den Hügel liegend, bäuchlings auf dem Snowboard hinunter. Abgesehen von einer Haut-Aufschürfung meiner Fingerknöcheln und einem Ganzkörperpeeling ist es doch ein rechter Spaß. Die Unermüdlichen von uns werden mehrfach mit den Buggys wieder den Hügel hinaufgefahren und selbst die Mutigsten kommen ohne schwere Verletzung davon. Die Nacht verbringen wir in der Wüste und schlafen in unseren Schlafsäcken unter offenem Sternenhimmel. Die Fahrer machen ein großes Lagerfeuer, grillen für uns und es gibt ausreichend „Pisco sour". Das ist das peruanische hippe Nationalgetränk. Pisco ist ein Brand aus einem Kaktus und wird mit Zitrone und Cola vermischt, als nationaler Cocktail von allen Altersgruppen getrunken. Ich halte mich mehr an meinen selbst mitgebrachten kubanischen Rum und rauche während des Abends zwei Zigarren.

Wobei er beim Nachschenken besonders aufpasst, damit er nicht zu vielen etwas davon anbieten muss.

Mysteriöse Erdzeichnungen

Am nächsten Morgen, nachdem wir zur Begrüßung des Sonnenaufgangs die Sanddüne hinaufgestolpert sind, verlassen wir die Wüste wieder. Heute geht es weiter zu den berühmten „Nasca-Lines". Dabei handelt es sich um eine Sehenswürdigkeit in diesem Wüstengebiet, die erstmals in den 1920er Jahren entdeckt wurde. Und zwar haben damals erste Flugpassagiere am Boden seltsame Zeichnungen und Muster entdeckt. Diese bis zu 120 Meter großen Zeichnungen auf dem Wüstenboden kann man von der Erde aus aber nicht erkennen und es bedurfte daher der ersten Linienflüge, um sie zu entdecken. Die Herkunft ist bis heute nicht eindeutig geklärt. Bei den Darstellungen handelt es sich zum Beispiel um Tiere (Spinne, Affe, Kolibri) und ein Männchen, das mit etwas Phantasie (die zum Beispiel Erich von Däniken aufgebracht hat) wie ein Astronaut aussieht. Die Erklärungsversuche reichen von intergalaktischen Ufo-Wegweisern über astronomische Kalender bis zu religiösen Ritualplätzen. In den 1950er Jahren ist eine deutsche Forscherin (Maria Reiche) extra hierher gekommen und hat diese Phänomene untersucht. Ihr ist auch das hiesige Museum gewidmet. Die Zeichnung kann man – wie gesagt – nicht vom Boden aus sehen. Nur an einer Stelle an der Straße ist ein Aussichtsturm aufgebaut, von dem aus wir drei von den Zeichnungen erkennen können. Um das ganze Ausmaß zu überblicken muss man einen Rundflug buchen. Wenn ich schon mal hier bin,

...schweren Herzens wegen der hohen Ausgabe versteht sich..

mache ich natürlich bei dem Flug mit einer alten, kleinen Piper mit. Zusammen mit dem Pilot und zwei Mitreisenden pferchen wir uns in diesen Vogel, der wirkt wie ein alter VW-Käfer für die Lüfte. Der Flug dauert eine knappe halbe Stunde und vom vielen Fotografieren (und eben nicht auf den Horizont zu achten) ist mir beim Aussteigen ganz schlecht.

Danach fahren wir wieder ans Meer und zelten in einer tollen einsamen Bucht. Im Tagebuch vermerke ich, dass ich das Reisen und Campen jetzt wieder genießen kann. Meine Laune ist besser und die depressive Stimmung verflogen.

Na so ein Segen.

Am nächsten Tag können wir nicht gleich losfahren, weil die Küstenstraße heute bis Mittags gesperrt ist. Nicht aber wegen einer Demonstration, sondern weil ein Autorennen stattfindet. Die peruanische Küstenlandschaft ist teilweise eine reine Stein- und Sandwüste und sehr dünn besiedelt. Mich erinnert die Gegend an die Skelettküste von Namibia. Dort war ich vor Jahren mit meiner Exfrau einmal alleine mit einem Geländefahrzeug unterwegs. Mir gefallen diese Art Landschaften und so genieße ich auch die stundenlangen Fahrten im LKW.

Große Vögel und Coca-Konsum

Wir biegen ab in Richtung Anden und kommen am Abend in Arequipa an. Arequipa ist die drittgrößte Stadt des Landes, liegt auf ca. 3.000 Meter Meereshöhe und war während der Inkaherrschaft, wie schon erwähnt, auch einmal Hauptstadt. Hier sollen wir uns an die Höhe gewöhnen, um uns für eines der Highlights dieser Reise vorzubereiten: die Wanderung zum Machu Picchu (alte, fast unversehrte Inkastadt in den Bergen) auf dem berühmten Inkatrial. In Arequipa wohnen wir in einem einfachen Hotel und schon am nächsten Tag fahren wir mit einem lokalen Reiseveranstalter nach Chivay. Chivay liegt auf 3.800 m und auf dem Weg dorthin fahren wir über einen Pass mit 4.800 Höhenmetern. Chivay soll der Ausgangspunkt für die frühmorgendliche Wanderung des kommenden Tages sein. Wir werden nämlich im so genannten Calco Canyon auf Vogelschau gehen. Und zwar sollen wir hier Kondore in ihrem natürlichen Lebensraum beobachten können. Der Kondor ist der größte, flugfähige Vogel der Welt, hat bis zu 3 Meter Flügelspanne, wiegt 10 bis 15 Kilogramm, ist Aasfresser und genialer Paragleiter. In der Früh, wenn die Sonne mit ihren ersten Strahlen die Felswände erwärmt und die Thermik daher gut ist, sieht man diese Riesenvögel im Calco Canyon herumsegeln. Später werde ich erfahren, dass der Kondor das Wappentier

Chiles ist, was mich zu der Idee bringt, dass sich Ex-Diktator Pinochet wohl weniger an den Flugfähigkeiten als vielmehr an der Aasfresserei ein Vorbild genommen hat.

Die politischen Kommentare haben uns ja schon fast gefehlt.

Der Calco Canyon ist einer der tiefsten auf dem südamerikanischen Kontinent und misst an der tiefsten Stelle fast 3.000 Meter.

Unser Führer im Bus auf dem Weg nach Chivay geht mit uns einkaufen: Zitronen-Bonbons, Wasser und Cocablätter. Das sind die wichtigsten Ingredienzien um der Höhenkrankheit vorzubeugen. Wir lernen das Cocablätter kauen und trinken jeden Morgen Cocatee. Das mit dem Coca kauen ist halb so schlimm wie wir Europäer das uns oft vorstellen. In Peru und Bolivien sind die Cocablätter Heilkräuter wie bei uns zum Beispiel Kamille. Nur durch das chemische Extrahieren und Konzentrieren des Kokains wird die bekannte Droge gewonnen. Als Kräutertee und in Blattform gehört es zur Andenkultur, wie eben der Kamillentee nach Europa. Und die verschiedenen Inhaltsstoffe des Kokablattes haben eine nachgewiesenermaßen heilende, energiespendende und hungerdämpfende Wirkung. Und als Prophylaxe für die Höhenkrankheit sind diese Blätter eben besonders geeignet. Nicht umsonst war Coca einer der zwei wichtigsten Inhaltsstoffe des berühmtesten Softdrinks der Welt und ist noch immer in dessen Namen enthalten.

Kamele auf 4.000 Meter überm Meer

Hin und wieder machen wir mit dem Bus Halt um einzelne Vertreter der vier Andenkamele zu sehen und zu fotografieren. Die vier Andenkamele sind: das Lama, das Alpacca (die beide auch mir schon bekannt waren) und – weniger bekannt – das Guanaca und das Vicuña. Letzteres hat die feinste Wolle, ist das kleinste und edelste der vier hiesigen Kamele und verweigert in Gefangenschaft sofort jeglichen Geschlechtsverkehr und damit die Fortpflanzung.

Eine gute Strategie gegen das Eingesperrt-Werden finde ich.

Die Wolle der Vicuñas ist so fein und edel, dass sie zu Zeiten der Inkas nur dem Herrscher, der First-Lady und deren Familie vorbehalten war. Das Vicuña ist das peruanische Nationaltier.

In einem der Reiseführer lese ich ein wenig über die Inkakultur, die in ihrer höchsten Blüte eine riesige Ausdehnung hatte – von Ecuador bis Bolivien. Die Inkas waren eine Erbmonarchie und leider zu Beginn des 16. Jahrhunderts schon etwas dekadent und in zwei Lager gespalten (die beiden Söhne des letzten Herrschers hatten das Reich geteilt und sich zerstritten). Das war einer der Gründe, warum Francisco Pizarro zu Beginn des 16. Jahrhunderts mit seiner lächerlichen Handvoll von 200 spanischen

Eroberern (Abenteurer, Strauchdiebe, Wegelager und Mörder) 11 Millionen Inkas besiegen konnte. Die Inkas hatten ein imposantes Netz von 23.000 Kilometern gepflasterten Straßen, mit 5 bis 10 m Breite und das meist auf einer Höhe von über 3.000 m angelegt. Nachdem sie das Rad nicht kannten und auch noch keine Pferde hatten, spielte sich der Transport zu Fuß (Mensch oder Lastenkamel) ab. Sie hatten auch ein geniales Postnetz aufgebaut, bei dem Boten zu Fuß eine mündliche Nachricht für die Strecke von, zum Beispiel Quito nach Arequipa (wofür wir jetzt mit dem LKW schon fast einen Monat unterwegs waren) in sage und schreibe 5 Wochen übermitteln konnten.

Nach einer angenehmen und kühlen Nacht in einem netten Hotel in Chivay geht es bereits um 5:30 Uhr in Richtung Calco Canyon mit seinen Riesenvögel los. Wir fahren mit dem Bus noch etwas weiter in den Calco Canyon hinein und dort warten wir bei Sonnenaufgang auf die Riesenvögel. Und das Glück soll uns hold sein. Majestätisch schweben in einiger Entfernung die ersten von diesen Riesenseglern durch die Lüfte. Und dann – ein Raunen und „Ooohhh“ und „Aaahhh“ geht durch unsere Gruppe von Hobby-Vogelkundlern – fliegen mehrere von diesen gefiederten Riesen direkt über unsere Köpfe hinweg. Wir sind so überrascht, dass die wenigsten von uns ihre Kameras rechtzeitig zücken können. Mir gelingen erst beim zweiten Überflug einige Schnappschüsse und wir knipsen alle, bis die Speicherkarten voll sind.

Abends kommen wir nach einer langen Busfahrt wieder zufrieden in Arequipa an, wo wir noch 2 Tage entspannen und uns auf die nächste Station vorbereiten.

Der steinige Weg nach Machu Picchu

Auf der Fahrt von Arequipa nach Cousco, unserer nächsten Station, habe ich ein nettes Gespräch mit Nicola aus England. Sie ist erst in Lima zu uns gestoßen, Mitte 30 und Finanzchefin eines internationalen Konzerns. Wir finden eine gemeinsame Wellenlänge und plaudern übers Leben. Nicola hat sich die Urlaubtage für diese mehrwöchige Reise lange zusammengespart und sie wird nicht – so wie ich – in Santiago de Chile aussteigen. Sie macht dann noch weitere 6 Wochen mit dem LKW bis hinunter nach Feuerland und auf der anderen Seite des Kontinents wieder rauf über Buenos Aires bis nach Rio de Janeiro, der wirklichen Endstation dieser Gruppenreise. Dort haben sie vor, Silvester zu feiern. Ich hatte sicherheitshalber nur die Tour von Quito bis Santiago gebucht, weil ich nicht wusste, wie es mir dabei geht, wenn ich so viele Wochen mit einem Rudel Fremder zusammengepfercht bin. Nicola ist frisch verliebt in einen Arbeitskollegen aus Holland. Er arbeitet dort (eine Hierarchiestufe niedriger) in der holländischen Niederlassung desselben Konzerns. Sie ist noch in dieser ersten Verliebtheitsphase, in der man sich täglich SMS schreibt und (teure) Ferngespräche führt.

Tja mein Lieber, leider wieder nix.

Wir kommen um 20:00 Uhr in Cousco an. Cousco liegt auf 2.200 m Meereshöhe und ist eine nette kleine Touristenstadt. Von hier aus starten die meisten Touristen zum Machu Picchu und das sieht man in dem Ort an jeder Ecke. Die Inkatrialwanderung ist – wie viele Traveller wissen – sehr populär und daher ein ziemlicher Almauftrieb. Es handelt sich um eine geführte 4-tägige Wanderung, die von verschiedenen lokalen Organisationen angeboten wird. Aufgrund der internationalen Popularität wird schon seit Jahren der Zugang limitiert. Drei von unserer Gruppe (Anabel, Firaz und ich) haben nicht mehr in das Inkatrailkontingent gepasst. Das war schon seit Wochen bekannt und daher hat Diana uns auf eine Alternativtour gebucht.

Wir machten den so genannten „Salkantay-Track" statt eben dem Inkatrial. Der Salkantay-Track ist ebenfalls eine Wanderung zur sagenumwobenen Inkastadt Machu Picchu, führt aber über einen anderen Weg. Unsere Tour dauert einen Tag länger (insgesamt 5) und führt über einen höheren Pass (4.600 m statt 3.500 m beim Inkatrail). Zuerst war ich ein wenig enttäuscht, dass wir nicht beim Inkatrail dabei sein können. Später werde ich sehr froh über diese Alternative sein. Davon weiß ich jetzt aber noch nichts und wir sind eben erst um 20:00 Uhr in Cousco angekommen und nachdem Anabel, Firaz und ich schon am frühen Morgen um 4:30 Uhr aufstehen müssen, haben wir es recht eilig unsere 7 Sachen zusammen zu bekommen. Ich kaufe mir noch eine neue Trekkinghose und miete mir Wanderstöcke in einem der vielen dafür spezialisierten Geschäfte. Durch diese ganzen Vorbereitungen kommen wir sehr spät zum Abendessen. Ich esse nur eine Suppe, weil ich leider seit 1-2 Tagen an einer leichten Magenverstimmung laboriere.

Am Freitag, den 14. Oktober, geht es dann um 4:30 Uhr los. Anabel, Firaz und ich sind pünktlich aufgestanden und fertig. Dann müssen wir 15 Minuten in der Kälte warten, weil „Richard" fehlt. Wir wissen nicht, wer Richard ist und der Jimmy, der gemeinsam mit uns wartet, ist nicht sehr gesprächig. Welche Rolle Jimmy hat (Führer, Fahrer, Souvenierhändler) ist auch nicht klar. Ich werde langsam unrund und durch eindringliche Befragung Jimmys erfahren wir, dass Richard der Inhaber des Tourveranstalters ist und uns persönlich am Bus verabschieden will. Er kommt nicht daher und wir gehen schließlich mit Jimmy Richtung Bus. Was mich dabei ärgert ist, dass wir so gut wie keine Information haben, was wie und wann geschieht und ich zu dem Zeitpunkt auch noch gar nicht weiß, wer jetzt wirklich unser Führer ist und wer uns nur zum Bus bringt.

Jedenfalls werden Anabel, Firaz und ich von Jimmy in einen lokalen Linienbus geführt, wo wir sitzen bleiben sollen. Unsere Rucksäcke (wir durften jeder eine maximal 7 Kilo schwere Tasche packen, die von den Trägern für uns geschleppt werden soll) werden auf dem Dach des Busses verschnürt. Neben Fahrrädern, Mopeds, Baumaterial und allerlei Getier. Als der Bus um 5:30 Uhr endlich abfährt, ist er rammelvoll. Ich sitze auf der linken Busseite an einem Fenster auf einer schmalen Bank, neben mir ein freundlich lächelnder, korpulenter Einheimischer mit von der Sonne braun gegerbter Haut und glänzend schwarzen Haaren. Ich schätze ihn auf 50 bis 60 Jahre. Vielleicht ist er aber auch erst 40 und geht einer schweren, manuellen Arbeit nach. Beim Bus handelt es sich um einen Oldtimer unbestimmbaren Alters und Herkunft. Ich weiß nicht, wie viele hunderttausend Kilometer Berg- und Talfahrt der alte Dieselmotor schon hinter sich hat und keuchend, hustend und rauchend wird er zum Leben erweckt. Der Fahrer drückt das Gaspedal im Stand durch und der Straßenabschnitt hinter uns wird in eine schwarz-graue Wolke gehüllt. Dann, knirschend und quietschend, setzt sich die Fuhre in Bewegung. Die ersten Minuten vergehen so langsam, dass zu spät kommende Passagiere uns noch locker zu Fuß einholen und durch die noch offene Türe einsteigen können. Bei der ersten Linkskurve bekomme ich einen Riesenschrecken, weil sich die gesamte Bankreihe der Fliehkraft gehorchend nach rechts bewegt. Mein instinktives Festhalten an dem Sitz vor mir ist natürlich unnütz, weil sich ja die gesamte Sitzreihe bewegt. Die Bewegung hält aber nach circa 10 Zentimeter inne und irgendwas (ein einsamer Bolzen oder ein Stück Draht?) scheint unserer Sitzreihe dann doch noch Halt zu geben. Von der ersten Schrecksekunde erholt, blicke ich mich um und sehe, dass die -hauptsächlich einheimischen- Mitreisenden das nicht einmal zur Kenntnis nehmen. Wir fahren drei Stunden über Stock und Stein und ich bin tief beeindruckt, was dieser alte Bus an Höhenmetern und Schotterbergpisten bewältigt. Meine beiden Trekkingkollegen sitzen vereinzelt ebenfalls im Bus und ich weiß nicht, ob jetzt einer unserer Führer ebenfalls mit dabei ist.

Anabel ist eine 25jährige schlanke, fast schlaksige, quirlige Engländerin mit kurzen, dünnen blonden Haaren und blauen Augen. Sie ist Pferdetrainerin und Tiernärrin, was man daran erkennt, dass sie selbst auf dem Track alle streunenden Hunde (und das sind nicht wenig) füttern wird. Firaz ist ein noch schlankerer (um nicht zu sagen dürrer) in Bagdad geborener, muslimischer Engländer, 27 Jahre jung und Investmentbanker in London. Er hat eine ruhige Art und trotz seines heftigen Zigarettenkonsums wird er beim Wandern eine gute Figur machen. Bei der Bus-Endstation in Mollepata steigen wir aus und lernen jetzt unsere Crew kennen: Jimmy, 26 Jahre ist doch unser Führer, Toni, 24 Jahre sein Assistent, Mario ist unser Koch und dann gibt es noch weitere drei Träger. Das komplette Equipment (Zelte, Lebensmittel, Geschirr etc) wird samt den drei 7 Kilo Taschen von uns auf 5 Mann aufgeteilt (Toni, Mario und die drei weiteren Träger). Das heißt, dass die Träger alles in allem um die 30 Kilo auf den Schultern haben und damit vergleichsweise fröhlich schnatternd uns locker überholen, während wir mit unseren kleinen Tages-Rucksäckchen beim Bergaufgehen schon ziemlich außer Puste sind.

Jetzt erst wird mir bewusst, was wir für ein Glück haben. Erstens sind wir eine kleine Gruppe von nur drei Leuten und bekommen zweitens ein super Service von der einheimischen Crew. Drittens sind wir eben nicht auf dem überlaufenen Inkatrail, sondern wie ich beim Losgehen feststelle, gibt es nur weitere zwei Gruppen (jeweils ebenfalls nur 4 bis 6 Leute), die heute mit uns hier starten. Eine der anderen Gruppen besteht aus 6 jungen Israelis, mit denen wir vor dem Start ein wenig plaudern.

Wobei unser Don Juan schon ein Auge auf eine hübsche Wüstenprinzessin geworfen hat, aber vielleicht erzählt er uns ja noch davon.

Die erste Etappe dauert vier Stunden und nachdem wir schon sehr früh aufgestanden sind, bin ich bei der Mittagspause bereits recht geschafft. Meinem Magen geht es noch schlechter und ich entwickle eine unangenehme Diarrhö. Ich weiß nicht, ob ich etwas Falsches gegessen habe oder ob es nur höhenbedingt ist. Wir erreichen den Mittagsrastplatz und ich bin recht überrascht, weil unsere Träger, die ja gleichzeitig mit uns gestartet sind, hier schon die komplette Feldküche aufgebaut haben und uns ein dreigängiges Menü servieren. Das Essen ist gut und trotz meines angeschlagenen Magens greife ich ordentlich zu.

Klar, wenn es schon im Preis inbegriffen ist.

Nach einem kurzen Mittagsschläfchen haben wir noch eine dreistündige, relativ steile, Wanderung und campieren auf 4.100 m Höhe. Sicherheitshalber habe ich mir für diesen Track einen warmen Schlafsack gemietet, weil mein hauchdünner, extraleichter Schlafsack wäre hier entschieden zu kalt. Unsere Träger haben zwei Zelte für uns aufgebaut, eines bekommt Anabel und das andere teile ich mit Firaz. Zum Abendessen gibt es Forelle vom Grill. In der Nähe campieren auch die Israelis. Obwohl es in der Nacht sehr kalt wird, schlafe ich tief und fest. Firaz ist glücklicherweise nicht sehr lärmempfindlich und kann trotz meiner Schnarcherei gut schlafen.

Am nächsten Morgen um 5:00 Uhr früh werden wir geweckt, es gibt warmes Waschwasser in kleinen blauen Plastikschüsselchen und Seife, das vor dem Zelt bereits auf uns wartet. Das Frühstück wird in einem separaten Zelt eingenommen und zu frisch gebrühtem Cocatee gibt es Obstsalat mit Müsli und Joghurt und ich fühle mich fast schon wie im Paradies. Heute ist die anstrengendste Etappe dran, weil wir in 6 Stunden das höchste Teilstück von 4.600 m überschreiten. Ich habe ziemliche Magenkrämpfe und Durchfall. Das Wandern in diesen Höhen ist wirklich „atemraubend" und mit meinen gemieteten Stöcken kann ich mit viel Mühe mit Anabels forciertem Tempo mithalten. Anabel ist fit wie eine Bergziege und hüpft uns regelmäßig davon. Firaz ist (wahrscheinlich wegen seiner Raucherei) ungefähr so schnell wie ich.

Die Landschaft ist wunderschön und wir blicken fast die ganze Zeit auf den namensgebenden Bergriesen „Salkantay", der circa 6.200 m hoch ist auf dem obersten Viertel ständig Schnee trägt. Wir treffen auf einige Maultierkolonnen und nach einem guten Mittagessen haben wir noch einmal eine 2½ Stunden Etappe. Hier geht es bereits wieder steil bergab und meine Stöcke bewähren sich auch in dieser Disziplin.

Als wir um 17:00 Uhr zum Camp für die Nacht kommen, lege ich mich ins Zelt und schlafe ohne Abendessen bis zum nächsten Morgen durch. Heute, am dritten Tag der Wanderung, habe ich zwar noch immer Magenkrämpfe und Durchfall, aber die 11 Stunden Schlaf haben sich bewährt. Die Morgenetappe führt uns 5½ Stunden lang durch ein wunderschönes Tal, das von einem Fluss gegraben wurde, welcher (erraten?!) auch Salkantay heißt. Es geht leicht auf und ab, aber insgesamt ständig abwärts. Das Mittagscamp schlagen wir in einem Bauernhof auf. Überall sind Hühner, Schweine, Hunde und Maultiere unterwegs. Mittlerweile sind wir wieder auf circa 2.000 Höhenmetern und hier gibt es leider viele von den lästigen Sandflöhen (englisch „sand flys"). Diejenigen Leser, die das kennen, wissen, dass die besonders lästig sind, weil man ihren Biss nicht spürt, der aber dann dafür tagelang juckt und schmerzt. Nach dem Mittagessen lege ich mich im Essenszelt quer hinter die Stühle und schlafe sofort ein.

Meine Kollegen wecken mich als es weitergeht. Wir fahren diesmal auf der Ladefläche eines LKWs circa eine Stunde lang ins nächste Dorf. Dort campen wir neben dem Dorffußballplatz. In dem Dorf können wir das erste Mal seit drei Tagen wieder duschen. Das darf man sich aber nicht sehr luxuriös vorstellen: um ein paar Cent in einer roh gemauerten Dusche eines einfachen, ebenerdigen Wohnhauses, das auch als Gemischtwarenhandel und Restaurant dient. Die Duschmöglichkeit hat sich natürlich herumgesprochen und in der Warteschlange komme ich auch mit den Israelis zum Plaudern. Mir ist am ersten Tag schon eine der Frauen aufgefallen. Sie heißt, wie ich jetzt erfahre, Rebecca, ist Ende 20, Computerwissenschaftlerin in Tel Aviv, hat langes schwarzes, glänzendes, welliges Haar, sinnliche Lippen, eine Haut wie Milchkaffee und fast schwarze, dunkle Mandelaugen.

Oha!

In einer Art improvisiertem Restaurant kochen an diesem Abend die Köche von unseren verschiedenen Gruppen abwechselnd für uns. Rebecca schlägt für unsere beiden Gruppen einen gemeinsamen Tisch vor. Die Idee finde ich natürlich ausgezeichnet und bringe meine beiden Kollegen dazu, das Angebot anzunehmen. An diesem Abend gehen wir alle noch in einer sehr einfachen Bar tanzen, trinken Cola Rum und ich rauche zwei Zigarren. Als ich gegen Mitternacht Rebecca zu ihrem Zelt begleite, bin ich schon leicht „illuminiert" und spüre Amors Liebespfeil trotz Erschöpfung und Durchfall.

Sehr nett, der Zusammenhang.

Trotzdem bin ich etwas gehemmt und sie wirkt auch unsicher. Kurz bevor es zu spät ist, weil wir schon vor ihrem Zelt stehen, sage ich ihr, dass ich sie gerne küssen würde. Sie sieht mich etwas verlegen an und sagt: „nicht heute und nicht hier". So gehe ich alleine zu Firaz ins Zelt, der mich mit einem breiten Grinser empfängt. Ich schlafe mit

Schmetterlingen im Bauch und rumorenden Därmen ein. Um 4:00 Uhr früh weckt mich eine Trottel von Hahn, der fast eine Stunde lang durchkräht, sehr rüde auf. Beim Frühstück erinnere ich mich, dass ich von meiner Wüstenprinzessin geträumt habe. Und zwar standen wir gemeinsam Schlange in einem Selbstbedienungscafé und sie wird wütend weil sie, so sagt sie, nicht bekommt, was sie will. Dann küssen wir uns heftig.

Ihr müsst das verstehen, er ist schon zu lange solo unterwegs.

Dann brechen wir wieder in getrennten Gruppen auf. Die heutige Wanderung ist relativ einfach, weil keine großen Höhenunterschiede mehr zu überwinden sind. Zuerst geht es mit einer handbetriebenen Materialseilbahn über einen Fluss und danach essen wir mittags an einem Bahnhof. Selbst dort kochen unsere Köche für uns. Nach dem Essen heißt es Abschied nehmen von unserer Crew. Bis auf Jimmy werden uns hier alle verlassen. Wir haben nur noch 2½ Stunden zu gehen und schlafen in der kommenden letzten Nacht in einem Hotel. Anabel, Firaz und ich legen ordentlich was zusammen und geben jedem von unseren Begleitern 50 US-Dollar Trinkgeld.

Ein unüblicher Anfall von Großzügigkeit - ich war beeindruckt.

Nach dem Mittagessen wandern wir noch bis nach Aguas Calientes. Das ist der absolut touristischste Ort in weitem Umkreis und liegt direkt neben Machu Picchu. Rebecca und ich seilen uns an diesem Abend von unseren Gruppen ab und wir gehen zu zweit in ein romantisches, kleines Lokal essen. Dort erzählt sie mir auch, dass sie sich jüngst von ihrem Freund getrennt hat und neben ihrem Beruf auch noch studieren geht. Wir halten Händchen und Schmusen auf dem Heimweg fast eine Stunde wie Teenager. Wir schlafen aber trotzdem getrennt. Am nächsten Morgen wache ich schon 3:45 Uhr von selbst auf und kann nicht mehr einschlafen, obwohl es erst um 5:00 Uhr los geht zum letzten Tag und Höhepunkt dieses Tracks.

Um halb 6:00 Uhr werden wir mit dem Shuttlebus von unserem Hotel zum Machu Picchu gebracht. Als ich in den Bus einsteige, sitzt Rebecca zufällig in demselben (was nicht geplant war) und hat neben sich einen Platz frei. Sie erzählt mir, dass sie ebenfalls um 3:50 Uhr bereits aufgewacht ist und nicht mehr schlafen konnte. Dann habe sie bemerkt, dass sie ihre Geldtasche am Vorabend in dem Restaurant vergessen hat. Mit ihrer ganzen Barschaft und den Kreditkarten. Sie ist dann, noch in der Früh, dorthin gegangen, durch das nicht gut verschlossene Fenster eingebrochen und siehe da: ihre Geldtasche hing noch an dem Stuhl, auf dem sie am Vorabend gesessen ist.

Vor den Toren von Machu Picchu angekommen, trennen wir uns, weil Rebecca mit ihrer Gruppe gleich hineingeht, während ich und meine beiden Mitwanderer auf die anderen 20 Oasis Kollegen und Kolleginnen, die den Inkatrail gemacht haben und jetzt auch hier erscheinen sollten, warten. Es vergehen leider mehr als zwei Stunden und es regnet immer wieder, bevor unsere Kumpels hier auftauchen. Machu Picchu selbst ist wirklich sehenswert. Die Inkas haben diese auf einen Berg gebaute Stadt circa im 15. Jahrhundert (also kurz vor der Invasion der europäischen Eroberer) aus Stein gebaut. Die Bauweise ist wie bei anderen Inkatempeln sehr beeindruckend. Die Steine sind millimetergenau so geschnitten, dass sie ohne Mörtel ineinander gefügt werden konnten und der komplette Bau erdbebensicher ist. Aus der Ferne sieht Machu Picchu aus wie eine auf Terrassen angelegte alte Ritterburg. Unser Führer (nicht Jimmy, sondern ein hierfür speziell zuständiger) erklärt uns, dass man bis heute nicht genau weiß, wofür die Inkas diese Stadt erbaut hatten. Die Spekulationen gehen von einer religiösen Kultstätte bis zu einem Wochenendsitz für reiche Beamte. Jedenfalls haben die Inkas die Stadt aus irgendeinem Grund verlassen (vielleicht wegen der Invasion), die Stadt selber wurde von den Spaniern nie entdeckt. Entweder weil sie bewusst verheimlicht wurde oder bei den Inkas selbst in Vergessenheit geriet oder beides. Jedenfalls blieb die Stadt mehrere Jahrhunderte „verschwunden“ und wurde erst zu Anfang des 20. Jahrhunderts wieder entdeckt. Das ist auch deshalb ein besonderer Glücksfall, weil man hier ein recht unversehrtes Bauwerk aus der Inkakultur sehen kann, welches nicht das übliche Schicksal erlitten hat: plündern, schleifen und eine Kathedrale drüber bauen. Am späteren Nachmittag fahren wir alle mit Zug und Bus zurück nach Cousco.

Amors Mühen

Rebecca und ich haben uns für den Abend in Cousco nochmals verabredet, weil sich am nächsten Tag unsere Wege schon wieder trennen. Wir treffen uns um 22:30 Uhr wie vereinbart am Hauptplatz vor der großen Kathedrale (ich wusste, dass es hier in jedem Ort einen Hauptplatz mit einer Kathedrale gibt) und meine Hoffnung, dass wir den letzten Abend in romantischer und vielleicht erotischer Zweisamkeit verbringen, wird leider zerstört. Rebecca hat mit ihren 4 israelischen Freunden vereinbart, gemeinsam Abendessen zu gehen. Ich gehe mit und wir essen in einem netten kleinen Restaurant. Dann - es ist schon kurz nach Mitternacht - will Rebecca noch was trinken gehen. Ich bin etwas unrund und verwirrt, weil sie extra für uns ein Doppelzimmer gebucht hat und ich nahm an, das sei eine eindeutige Einladung zu leidenschaftlichem Sex.

Ja, so sind die kulturellen Unterschiede.

Jedenfalls gehen wir noch in ein Pub und treffen dort wen? Erraten – 80 % meiner Oasis-Reisegruppe. Ich koche innerlich und mache eine beleidigte Miene. Nach mehreren Drinks und diversen freundschaftlichen Umarmungen meiner schon ziemlich betrunkenen englischen Kollegen, schaffe ich es endlich, Rebecca zum Aufbruch zu überreden. Vor dem Pub treffen wir zufällig wieder auf ihre israelischen Freunde und Rebecca will mit denen noch tanzen gehen. Mir platzt der Kragen und ich sage, dass ich jetzt schlafen ginge.

Es war echt peinlich, wie ein beleidigtes Kleinkind stand er da.

Sie geht nach einigem hin und her mit und ich bin schon viel zu müde und schlechtgelaunt für Sex. Sie hat offensichtlich auch kein Interesse und so bleibt es bei einem züchtigen Gutenachtkuss. Am nächsten Morgen ist meine schlechte Laune verflogen, ich bin ausgeschlafen und meinem Magen geht es schon wieder etwas besser. Meine Wüstenprinzessin macht mir eine tolle Rückenmassage, die dann doch noch in einer leidenschaftlichen Umarmung endet. Leider heißt es nach dem Frühstück trotzdem wieder Abschied nehmen. Rebecca hat sich mit einer Freundin in einem Nachbarort verabredet und am nächsten Tag fährt mein LKW schon wieder Richtung Bolivien.

No Tities, but lots of......

Noch vor der bolivianische Grenze erreichen wir das Ufer des Titicacasees am späteren Nachmittag des nächsten Tages. Dies ist der größte schiffbare Binnensee auf über 3.000 m Meereshöhe. Er liegt zwischen Peru und Bolivien und erinnert mich ein bisschen an den Bodensee, an dem ich aufgewachsen bin. Wir campen auf einem Dorfplatz neben einem sehr einfachen Museum. Meinem Magen geht's wieder schlechter, ich vermisse Rebecca und erinnere mich genüsslich an den vergangenen Morgen, ihre kräftigen Hände beim Massieren, ihr langes Haar streichelte teilweise meine Haut. Bald darauf geht es meinem Magen nur noch „beschissen" und ich esse am Abend lediglich zwei Teller Suppe. Danach folgt die schlimmste Nacht der kompletten Reise und einer der schlimmsten Nächte meines bisherigen Lebens. Ich liege in meinem kleinen Einmannzelt und meine Eingeweide rumoren. Das Thermometer fällt schnell unter den Gefrierpunkt. Immerhin sind wir auf über 3.000 Meter. Meine Innereien rebellieren schmerzhaft und ich muss, ob ich will oder nicht, hinaus in die Kälte. Es gibt keine Toilette und ein beißend kalter Wind pfeift von den Bergen her durch das Dorf in Richtung See. Ich suche mir eine etwas windstille Ecke für mein Geschäft und komme danach völlig entkräftet und durchgefroren ins Zelt zurück. Mir ist eiskalt und ich habe Durst. Das Wasser in meiner Flasche ist mittlerweile so kalt, dass der bloße Gedanke daran mir schon fast den Magen umdreht. Meine Gedärme verkrampfen sich weiter und weiter und ich muss wieder hinaus und wieder. Die Schmerzen treiben mich spätestens jede Stunde aus dem Zelt. Ich bin verzweifelt, zittere am ganzen Körper, meine Zunge klebt am Gaumen, meine Lippe ist rissig und ich weiß mir keinen Rat.

Ja da hat er echt gelitten und wehleidig wie er ist, spielt er dann gleich mit Selbstmordgedanken.

Als es endlich Morgen wird, habe ich so gut wie kein Auge zugetan und mehrere Liter Flüssigkeit verloren. Meine Nieren sind wahrscheinlich trocken wie Walnüsse. Als endlich jemand von den Kollegen aufsteht, der einen LKW-Schlüssel hat, kann ich mir auf dem Gaskocher Tee machen. Meine Hände zittern und die anderen fragen mich, was mit mir los ist. Nach ein paar Tassen Tee und einer rosaroten, cremigen Magenmedizin von einer Mitreisenden hat sich mein Magen wieder etwas beruhigt.

Die nächsten zwei Tage werde ich nicht mit den Kollegen auf den schwimmenden Dörfern verbringen, sondern verkrieche mich in Puno in ein Hotel und schlafe fast durchgehend. Glücklicherweise hat mir Ferdinande, meine Exfreundin (immerhin ist sie Ärztin) ein gutes Breitbandantibiotikum in die Reiseapotheke gepackt. Das nehme ich jetzt und nach den zwei Tagen fühle ich mich wieder einigermaßen fit. Beim Einkaufen staune ich nicht schlecht. Das Joghurt hier, das nicht gekühlt, sondern ganz normal im Regal verkauft wird hat ein Ablaufdatum von 6 Monaten (!).

Momentan lese ich das Buch „Higher than hope" über Nelson Mandela. Eine Biographie die von einer Freundin Mandelas verfasst wurde, als dieser noch im Gefängnis war. Mich berührt tief, was Nelson Mandela und seine zweite Frau Winnie alles an Staatsterror, Schikane und Unterdrückung ertragen mussten. Naturgemäß kommen einem die eigenen Sorgen dann unbedeutend und lächerlich vor.

Geburtstagsfeier im Armenhaus Lateinamerikas

Am 23. Oktober passieren wir mit unserem LKW die Grenze nach Bolivien und fahren durch bis in die Hauptstadt La Paz. Mir geht es schon wieder besser und im Internetcafé bekomme ich auch eine E-Mail von Rebecca. Darin erklärt sie mir, dass sie unseren Flirt sehr genossen hat, die Geschichte für sie aber keine Zukunft habe. Sie schreibt mir von ihrem sehr religiösen, jüdisch-orthodoxem Vater, der ihr die Liebe ihres Lebens verboten hatte: Ihre große Liebe, mit dem sie mehrere Jahre zusammen war, ist nämlich Moslem. Das hat ihr Vater nicht akzeptiert und sie hat sich letztlich doch dem väterlichen Druck gebeugt. In diesem Licht gesehen wäre es ihr lieber, wenn wir unsere Romanze dabei bewenden lassen und in guter Erinnerung behalten würden. Das leuchtet ein und ich erschrecke ein wenig vor den großen Dimensionen.

Tja, was hast Du erwartet?

La Paz ist eine hässliche Metropole auf circa 3.600 m Meereshöhe, es gibt viel Verkehr, Gestank und wie in den meisten anderen lateinamerikanischen Ländern nehmen die Kraftfahrer null Rücksicht auf Fußgänger. Leider muss ich hier, an einem der hässlichsten Orte meiner gesamten Reise, meinen Geburtstag feiern. Meine englischsprachigen Brüder und Schwestern auf Zeit wollen natürlich etwas typisch österreichisches. Ich denke mir: „Vielleicht eh besser als etwas englisches" und reserviere für meinen Geburtstag im Restaurant „Vienna". Das wird von einem netten Steirer geführt, der uns sogar einen separaten Raum gibt, den er für die Festivität schmücken lässt. Dort können alle, die es wollen, auch ein tolles Wiener Schnitzel bekommen. Die Feier ist fröhlich und ausgelassen, und ich bekomme nette Geschenke. Ich halte eine Ansprache auf Englisch,

...er kanns nicht lassen...

die ganz gut ankommt und von der es auch ein Amateurvideo gibt. Die Mädels haben sich für den Abend ordentlich herausgeputzt. Ein paar von Ihnen „entwenden" heimlich meine Kamera und machen nicht ganz jugendfreie Detailporträts von sich. Erst am nächsten Tag sehe ich die seltsam verwackelten Aufnahmen und rätsle bis heute, welche äh... Details zu wem gehören.

Nach zwei weiteren Tagen in La Paz brechen wir wieder auf.

Münzen für ein ganzes Weltreich

Potosi war einst das größte Silberbergwerk der Welt. Die Spanier haben hier jedes Jahr soviel Silber herausgeholt, dass, - so die Mär – man eine Brücke aus Silber von Potosi bis Madrid hätte bauen können. Der Ort liegt auf fast 4.000 m Höhe und ich habe mir in einem Anfall von Wahn in den Kopf gesetzt, hier in der Früh joggen zu gehen. Also bin ich nach der ersten Nacht in unserem simplen Hotel um halb 8:00 Uhr nach einem ersten Obstfrühstück in voller Läufermontur aufgebrochen. Das heißt: meine gelben Brooks-Laufschuhe, kurze Hose, T-Shirt, Sweater, Sonnenbrille und Mütze. Die Höhe macht mir gleich wieder zu schaffen und ich jogge in einer Art Zeitlupe. Es ist als wäre ich in einem gallertartigen Raum festgefroren und kann mich nur ganz langsam bewegen. Dennoch halte ich tapfer durch und mache fast eine dreiviertelstündige Runde. Das Meiste davon im Ortsgebiet, weil ich nicht gleich einen Weg heraus finde. Bereits auf dem Rückweg, circa im letzten Drittel meiner Frühsportrunde erkenne und genieße ich die bewundernden Blicke der Einwohner. Oder vielleicht waren die Blicke doch nicht so bewundernd,

...erraten...

denn, als mich zwei einheimische Frauen, circa im Alter meiner Mutter, mit schweren Einkaufstaschen beladen, fröhlich schnatternd überholen, wird mir klar, dass ich für diese Höhenlage nicht wirklich geeignet bin.

Das ist sehr nett ausgedrückt, ich hätte es nicht besser sagen können.

Die ehemalige Münzanstalt ist heute ein Museum und wir bekommen eine Führung von einem gut informierten, lokalen Historiker. Als ehemals passionierter Legospieler bewundere ich die riesigen hölzernen Maschinen mit denen vor ein paar hundert Jahren mit Maultier und Sklavenkraft angetrieben, die Silberbarren gerollt, gequetscht, gezogen und dann zu Münzen gestanzt wurden. Mit dem Silber aus Potosi hat Spanien sein ehemaliges Weltreich mit Münzen versorgt, ähnlich wie Portugal mit dem Gold aus Brasilien. Von Potosi geht es weiter nach Uyuni. Uyuni liegt auch auf 3.600 Meter Höhe in der Nähe der Atacamawüste, am Rande des Uyuni-Salzsees. Die Fahrt dorthin ist teilweise sehr holprig und dauert sieben Stunden. Wir fahren auf circa 4.000m Höhe an einer Kakteenwüste vorbei, die etwas Unwirkliches hat. Sie wirkt wie eine Mischung aus mexikanischen Klischeebildern gepaart mit einer Mondlandschaft. Die Häuser sind aus Schlammziegeln mit einem Dach aus Pampagras oder Wellblech. Die Landwirtschaft wird mit Pflug und Ochsen betrieben.

Bolivien ist das Armenhaus von Südamerika und hat, wie ich finde, gewisse Ähnlichkeit mit Österreich: beide Länder haben circa 8 Millionen Einwohner und viele Berge, beide Länder hatten lange Jahre ein Salzmonopol und beide Länder führten in den letzten 200-300 Jahren zahlreiche dumme Kriege durch die sie mehr als die Hälfte ihrer Fläche einbüßen mussten. Dadurch haben auch beide Länder den Zugang zum Meer verloren.

Ich würde sagen: Nicht alles was hinkt ist ein Vergleich.

Ein beliebter Schotte und viel Salz

In Uyuni schlafen wir im Hotel Tinito. „Wir" heißt, dass die LKW-Reisegruppe insgesamt circa die Hälfte der Nächte im Zelt und die andere Hälfte in Hotels und Hostels verbringt. In meinem Fall teile ich nach den ersten Schnarchzwischenfällen immer ein Doppelzimmer mit Jok. Jok ist ein sympathischer Schotte in meinem Alter. Ich nenne ihn „Mr. J" und er nennt mich „Mr. H". Wir gehören beide zu der älteren Garde und haben dasselbe Schnarchproblem. Das ist auch ein kleiner Vorteil. Wo die anderen sich oft mit Drei-, Vier- und Fünf-Bett Zimmern zufrieden geben müssen, bucht Diana immer gleich automatisch ein Doppelzimmer für Jok und mich.

Klar, die will nicht ständig Ärger mit den anderen Mitreisenden wegen den beiden Schnarchnasen.

Jok ist ein eher ruhiger, introvertierter Typ. Er betreibt eine IT-Beratungsfirma, die er für diese Reise vorübergehend zugesperrt hat. In der Gruppe genießt er am meisten Respekt von allen und wird in schwierigen Fragen oder bei Konflikten immer zu Rate gezogen. Er ist extrem hilfsbereit und übernimmt freiwillig die meisten Jobs für die Allgemeinheit.

Was man nicht von allen älteren Herrn im LKW behaupten kann.

Das Hotel Tinito ist sehr simpel, hat aber ausgezeichneten Espresso, gute Küche und der Eigentümer hat einen Sinn für gute Jazzmusik, die er auch ständig über die selbst gebastelten Boxen seiner Stereoanlage laufen lässt. Am nächsten Morgen wache ich bereits um 4:00 Uhr auf. Mir ist eiskalt, meine Nase und meine Lippen sind knochentrocken.

Kein Wunder, wir befinden uns immerhin am Rande der trockensten Wüste der Welt.

Heute machen wir einen Ausflug zu den Saltflats (Salzsee). Am Weg dorthin schauen wir uns noch einen Eisenbahnfriedhof an. Hier auf 3.500 Meter Höhe stehen alte Eisenbahnwaggons und Dampflokomotiven herum und rosten aufgrund der geringen Luftfeuchtigkeit nur ganz langsam vor sich hin. Wie Dinosaurierskelette stehen sie etwas unbeholfen da und trotzen den Jahrhunderten.

Das hat er jetzt schön gesagt.

Die „Saltflats" selbst sind ein vor etwas mehr als 10.000 Jahre ausgetrockneter See oder Meer und haben eine Ausdehnung von 12.000 km². Das Salz ist bis zu 500 m tief. Das Ganze sieht phantastisch aus, wie eine zugeschneite riesige Eisfläche. John darf hier mit dem Lkw nicht fahren, weil der zu schwer ist und wir angeblich einbrechen könnten. Daher fahren wir auf mehrere Fahrzeuge aufgeteilt, mit einem einheimischen Reiseveranstalter über diese vermeintliche Schneefläche. Dabei habe ich die grandiose Idee, meine Firmenweihnachtsbotschaft hier, vor diesem Hintergrund, auf Video aufzunehmen. Jok hilft mir dabei als Kameramann und die Bilder sehen echt aus wie vor Schnee und Eis. Der Ton ist aber sehr schlecht, weil der Wind zu stark ist und so verwende ich nur die erste Einstellung für die Weihnachtsbotschaft. Mitten in dieser weißen ebenen Fläche ragt eine Art Insel empor. Auf dieser Insel (ein Felshügel) stehen unzählige Kakteen. Einer ist angeblich 1.300 Jahre alt (er wächst nur 1 cm im Jahr und misst stattliche 13 m Höhe) und erblüht nur einmal alle hundert Jahre.

Die nächsten zwei Tage fahren wir weiter Richtung Süden, Richtung argentinische Grenze. Wir campen im Freien und feiern am 31. Oktober „Halloween". Für die englischsprachige Truppe ein wichtiges Datum. Alle improvisieren irgendwelche Kostüme und ich muss, wohl oder übel, mitmachen.

Ihr hättet ihn sehen sollen in seinem, auf den Plastikregenüberzug aufgezeichnetem Skelett und dem missmutigen Gesicht, während sich alle bestens amüsierten.

Surfausrüstung wie vor 2.500 Jahren am Strand von Huanchaco

Markt in einer peruanischen Provinzstadt

Kakteen-Insel auf den Uyuni Salzseen

Fotoexperimente auf den Uyuni Salzseen

Mittagspause an der peruanischen Küste

Wir posieren vor dem Denkmal für die verunglückten Minenarbeiter

Machu Picchu ist der Höhepunkt für viele Südamerikareisende

Mit den "custom" Buggys in die Sandwüste bei Huacachina

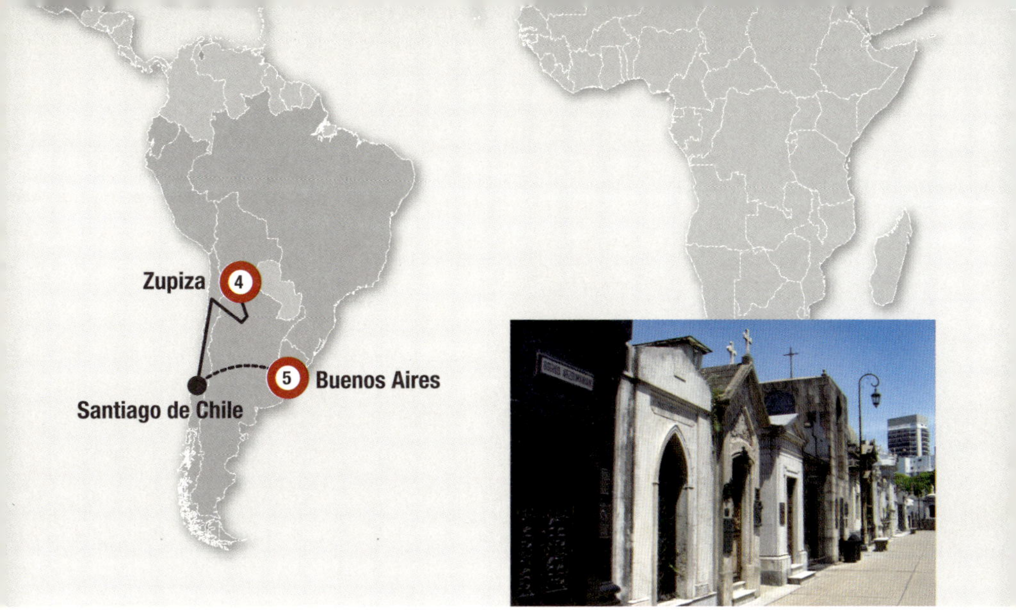

KAPITEL 4, NOVEMBER

Kühler Empfang in Argentinien

Wenn man mit einem LKW voller Engländer aus Bolivien kommend auf dem Landweg nach Argentinien einreist, merkt man, dass die Argentinier den Falklandkrieg noch nicht ganz vergessen haben. Anders lässt sich der ausgesprochen unfreundliche Empfang seitens der argentinischen Zöllner wohl kaum erklären. Diana und John hatten uns aber schon vorgewarnt und so sind wir damit beschäftigt, möglichst harmlos und ungefährlich auszusehen während wir an dem Grenzposten im Freien herumlungern und auf das Abstempeln unserer Pässe warten. In der Zwischenzeit beobachte ich ein bizarres Schauspiel, das während der ganzen ca. 1½ Stunden Wartezeit nicht abreißt. Wahrscheinlich dürfen aus irgendeinem Grund bolivianische Lkws nicht auf argentinischem Boden fahren und umgekehrt. Anders kann ich mir nicht erklären, was sich hier abspielt: Eine Hundertschaft von Menschen, Männern und Frauen unterschiedlichen Alters, ist ständig damit beschäftigt, irgendwelche Säcke und Kisten von Bolivien nach Argentinien zu tragen, nur um dann im Laufschritt die Grenze wieder in die andere Richtung zu passieren und die nächste Fuhre zu schleppen. Mir tut allein beim Zusehen schon das Kreuz weh und ich gehe vermutlich recht in der Annahme, dass man diesen Knochenjob nicht jahrelang machen kann, ohne irreparable Folgeschäden davonzutragen.

Du bräuchtest sicher schon nach einem Tag einen Chiropraktiker.

Im Kopf rechne ich mir aus wie gering der Lohn für diese Sklavenschinderei wohl sein wird, wenn diese Beförderungsmethode offensichtlich günstiger ist als die Anschaffung eines Gabelstaplers.

Immerhin haben die armen Tropfe irgendein Erwerbseinkommen, was in der Gegend nicht selbstverständlich ist und Dein Gabelstapler würde die Zahl der Arbeitslosen nur erhöhen und die Leistungsbilanz belasten.

Irgendwann gehen auch die langsamsten Zollformalitäten vorbei und wir fahren mit unserem knallorangen LKW auf argentinischen Straßen. Was sofort auffällt, ist der riesige Kontrast. Hier sind die Straßen in gutem Zustand und die Ampeln funktionieren. Die Autos sind neuer, die Häuser sind schöner und die Menschen sind besser gekleidet. Wir campen in Salta. Das ist eine mittlere Provinzstadt mit circa 500.000 Einwohnern auf 1.200 m Meereshöhe. Eine schöne Stadt mit einem gepflegten zentralen Platz, wo ich am Abend im Freien sitze, ein Glas argentinischen Rotwein trinke und eine Zigarre rauche. Wie ich so dasitze und die milde Abendluft genieße, kommt es mir so vor, als hätte sich ein guter Geist für mich eine kleine Inszenierung einfallen lassen:

Ich bin unschuldig!

Hunderte hübsche Teenagerinnen feiern irgendein Schulschlussdatum. Sie strömen ausgelassen schwatzend und kichernd an meinem Tisch vorbei. Ein paar von ihnen geben mir bereitwillig Auskunft, sind dabei recht kokett und testen ihre noch ungeübten weiblichen Reize an dem seltsamen Gringo mit der Zigarre. Mein Spanisch ist aber zu schlecht um wirklich zu verstehen, was sie mir sagen und so verlieren sie schnell wieder das Interesse und ziehen weiter in die laue Nacht und – wie mir scheint – in ihr Leben.

In Salta campen wir im stadteigenen Freibad. Dabei handelt es sich um den größten Outdoorpool Südamerikas, der aber nur im Sommer zum Schwimmen geöffnet ist. Hier ist jetzt noch Frühling und daher wird die freie Fläche um das Schwimmbad als Campingplatz genutzt. Für zwei weitere Tage fahren einige von uns an einen schönen Fluss, an einen Ort mit dem programmatischen Namen „Saltarafting“. Einige von unserer Truppe bleiben für die Zeit in der Stadt. Ich fahre mit an den Fluss und lese eine Biographie von Frida Kahlo. Die mexikanische Malerin, die nicht nur mich schwer beeindruckt. Die letzten Kapitel überfliege ich aber nur, weil es fast nicht zu ertragen ist, wie grausam und qualvoll langsam diese Frau vor sich hin stirbt.

Orientierungsverlust beim Solowandern

In Saltarafting mache ich eine längere Wanderung auf eigene Faust, die mir beinahe zum Verhängnis wird. Ich habe mir in der Früh eine Route zurechtgelegt und mich abwechselnd nach der Sonne und mit meinem Kompass orientiert.

Jetzt bin auch noch ich schuld an dem Schlamassel – danke!

Nach 5 Stunden Wanderung ist mein Wasser verbraucht, die unglaubliche Hitze scheint mir das Hirn raus zu brennen und ich habe das Gefühl, im Kreis zu gehen. Langsam werde ich etwas unrund und überlege, was ich für Alternativen habe. Mir fällt nichts ein, nur zu hoffen und in dieselbe Richtung weiterzugehen. Eine Zeit lang folge ich einem breiten, aber seichten Fluss. Das hat den Vorteil, dass ich keinen Weg brauche, weil ich im Flussbett waten kann. Der Fluss macht aber in seinem Verlauf so viele Kurven, dass ich nur noch verwirrter werde. Ich wechsle die Strategie und gehe querfeldein. Dabei nehme ich einen kleinen Trampelpfad in der Hoffnung, so auf einen breiteren Weg zu kommen. Der Trampelpfad führt durch dorniges Gebüsch. Nach einer Wegbiegung steht er da. Ganz ruhig blickt er mich an und er scheint mich mit seinen dunklen Augen zu messen, zu taxieren. Ist ihm seine Überlegenheit bewusst? Mein bescheidenes Veterinärwissen reicht aus um zu erkennen, dass es sich bei dem dunklen, großen Angusrind um einen „Er" handelt. Es fehlen nämlich die aus der Milkawerbung bekannten Milchentnahmezapfen. Seinen starren Blick stufe ich als unfreundlich ein. So, jetzt kann ich hier den Torero spielen (ohne Publikum und ohne Sanitäter!!) und mich auf dem schmalen Weg an dem Stier vorbeischlängeln oder umdrehen und alles bis zum Fluss zurückgehen und einen neuen Weg suchen. Während der ganzen Überlegungen lasse ich den Kollegen nicht aus den Augen und rede „beruhigend" (oder was ich dafür halte) auf ihn ein. Ich spreche deutsch, weil erstens versteht er mich eh nicht und zweitens vergesse ich in meiner Angst auch noch mein bisschen Spanisch. Er steht nur wie angewurzelt ca. 20 Schritte entfernt und starrt mich an. Was tue ich, wenn er plötzlich auf mich losrennt? Er läuft sicher schneller als ich.

Mhmm

Gibt es einen Baum auf den ich flüchten könnte? Nein, die Bäume sind alle nur so hoch, dass mich der vierbeinige Muskelprotz ganz leicht mit seinen Hörnern herunterpflücken könnte. Allerlei solche Sachen gehen mir durch den Kopf, während ich mich für eine dritte Möglichkeit entscheide (laut einem meiner Lehrer gilt: „Nur eine Möglichkeit zu haben ist eine Katastrophe, zwei sind ein Dilemma und ab drei beginnt die Auswahl"). Ich mache einen großen Bogen um Torro, durch das Dickicht. Die ganze Zeit über behalte ich ihn immer im Auge. Während ich mir meine Kleidung und leider auch meine Haut empfindlich an den Dornen zerkratze, fixieren mich diese großen dunklen Augen. Was geht ihm durch den Kopf? Schlussendlich gelingt das Manöver. Den Torro habe ich „umwandert" und bewege mich vorsichtig außerhalb seiner Sichtweite. Das Ganze hat mich fast eine halbe Stunde gekostet und jetzt spüre ich meinen Durst wieder. Die Sonne brennt noch immer erbarmungslos auf mich herunter und ich erinnere mich wieder an meine nicht ganz so tolle Situation. Ich rechne mir die verschiedenen Horrorszenarien durch (inklusive der Geier, die ich nur aus den Westernfilmen meiner Kindheit kenne) und muss mich mit aller Kraft beruhigen. Eine weitere halbe Stunde später komme ich endlich auf eine Schotterpiste. Zu meiner Riesenfreude erkenne ich darauf ziemlich frische Reifenspuren.

Auch noch spurenlesender Indianer! Haben die Western doch was genützt.

Das gibt mir Hoffnung und ich gehe in die Richtung die mich meiner Meinung nach näher zum Camp bringen soll. Nach einiger Zeit kommt glücklicherweise ein Auto auf dem gottverlassenen Weg daher. Die freundlichen Einheimischen erklären mir, dass ich genau in die falsche Richtung gehe und nehmen mich bis zum Camp mit. Glücklich sitze ich in dem klapprigen Pickup auf der Beifahrerseite zusammengequetscht neben der Frau des Fahrers. Die erklärt mir, dass ich in die falsche Richtung ging und das erste Haus erst nach ca. 30 km gekommen wäre. Auf der Ladefläche tummelt sich ein Rudel vergnügter Kinder verschiedenen Alters. Ich habe den ortsansässigen Schulbus erwischt und erfahre, dass die Dame, der ich meine verschwitzten und zerkratzen Arme auf ihr Kleid drücke, die Lehrerin ist. So komme ich erschöpft, durstig und glücklich zum Camp zurück. Dort wird mir klar, was mein Fehler war: ich hatte ganz vergessen, dass ich ja auf der südlichen Erdhalbkugel bin und die Sonne hier am Mittag im Norden steht.

Ja unser Herr Pfadfinder hätte gleich in der Früh auf mich achten sollen, dann wäre ihm das gar nicht passiert.

Heute gehe ich früh ins Bett und schlafe nur unterm Moskitonetz unter einem wunderschönen Sternenhimmel. In der Nacht weckt mich eine kalte Hundeschnauze, die sich nur durch das hauchdünne Gewebe des Moskitonetz getrennt, neugierig gegen mein Gesicht drückt und schnüffelt.

Auch die Chilenen kontrollieren genau

Wenige Tage später geht es schon weiter Richtung Chile. Und dort haben wir eine noch gewissenhaftere Grenzkontrolle. In Chile müssen wir sämtliches Gepäck ausladen, unsere Schuhe desinfizieren (wegen Maul- und Klauenseuchegefahr) und, was noch schlimmer ist, der LKW muss an der Grenze bleiben, weil Papiere aus Santiago fehlen. Wir werden in den grenznahen chilenischen Ort San Pedro verfrachtet, wo wir für ein paar Tage festsitzen. John, der Fahrer, erklärt mir, dass das eine reine Schikane ist, weil er mit der chilenischen Zollamtschefin schon früher einen Wickel hatte und wie er sagt, ihr nicht in den Hintern gekrochen ist. San Pedro selbst ist ein beliebter Backpackerort (also für Rucksacktouristen). Mir wird nicht klar, warum er beliebt ist. Ich halte es für ein teures Touristenkaff und bin heilfroh als wir nach zwei Tagen den LKW endlich aus dem Zoll bekommen und uns auf den Weg Richtung Süden machen. In mehreren Etappen, darunter der längsten Fahrt dieser Reise (13 Stunden im LKW), kommen wir am Mittwoch den 9.11. endlich in Santiago an.

Die Hauptstadt Chiles ist eine tolle und geschäftige Großstadt. Hier nehme ich von meinen englischsprachigen „Brüdern und Schwestern auf Zeit" Abschied. Beim Abschiedsessen gibt uns John noch ein paar statistische Daten der Reise von Quito bis hierher mit. Wir haben in 53 Tagen 9.004 km im LKW zurückgelegt. Die reine Fahrzeit betrug dabei 129 Stunden.

Teezeremonie auf argentinisch

Nach ein paar Tagen Santiago fliege ich auf eigene Faust über die Anden nach Argentinien und lande in Buenos Aires. Ich bin froh, jetzt wieder alleine zu sein, weil ich in den letzten Tagen und Wochen des gemeinsamen LKW-Lebens und Gruppenzwangs schon ein wenig überdrüssig war. In Buenos Aires, der viel besungenen Tangometropole habe ich vor – wenn es mir gefällt – länger zu bleiben. Ich möchte hier Spanischunterricht nehmen und einen Akkordeonlehrer finden.

He Moment, uns fehlt da ja eine ganze Woche!? Das verstehe ich nicht. Sonst gibt er doch mit jeder Eroberung an und will uns jetzt offensichtlich vorenthalten, dass er für eine Woche nach Italien geflogen ist, um dort mit seiner blonden, blauäugigen Liebesgöttin leidenschaftliche Tage am Gardasee zu verbringen? Na ja, vielleicht rückt er ja noch später damit raus.

Übers Internet habe ich mir in Buenos Aires eine Sprachschule ausgesucht und mich für einen zweiwöchigen Intensivkurs angemeldet. Die Schule möchte ich nicht nennen, weil ich sie nicht wirklich empfehlen kann. Die Lehrerinnen und Lehrer sind zwar sehr gut, aber das Management und der dort herrschende Geist haben mir nicht gefallen. Über die Schule konnte ich auch eine Unterkunft buchen. Es gab die Auswahl zwischen einer Familie mit Familienanschluss und Essen oder eine Wohngemeinschaft mit anderen Studenten. Ich habe die WG-Variante gewählt und ziehe zu zwei argentinischen Schwestern in deren Wohnung. Das sind zwar keine Studenten, sondern junge, urbane Argentinierinnen. Für mich ist das noch besser, weil ich mit ihnen viel Spanisch üben kann und man mit anderen „internationalen" Studenten meistens ja doch wieder fast nur Englisch spricht. Maria José und Maria Luz wohnen in einer geschmackvoll eingerichteten Dreieinhalb-Zimmer-Wohnung in der Avenida Santa Fe. Das ist eine der Hauptverkehrsadern durch Buenos Aires. Mein Zimmer ist zwar sehr klein, aber ich habe eine eigene Dusche, kann das Wohnzimmer und die Küche nach Belieben mitbenützen und die beiden Schwestern haben auch einen PC mit Internetzugang den ich ebenfalls verwenden darf. Maria José, die jüngere, ist erst 21 aber gleichzeitig die dominantere von den beiden. Sie arbeitet in einem Hotel im Büro und die Ältere, Luz Maria, ist 24, viel zurückhaltender und arbeitet als Köchin. Sofort stellt mir Maria José auch ihren Freund vor, der ebenfalls derzeit in der Wohnung wohnt. Er ist ein netter junger, englischer Feuerwehrmann aus Wales mit einem ziemlich herben Slang.

Schon am ersten Tag weihen sie mich in einen der argentinischen Nationalbräuche ein – den „Mate". Das ist eine Kräuterteemischung, die man sich in speziell dafür hergestellte, becherartige Gefäße stopft. Die Gefäße sind aus Holz, Metall oder Keramik. Dazu gehört ein wieder verwendbares Trinkrohr aus Holz oder Metall und diesen Mate trinkt man sozusagen „Schussweise“. Man füllt den mit Kräutern bereits vollen Behälter mit heißem Wasser an und zieht diesen einen heißen Schluck auf einmal oder kurz hintereinander durch das Rohr und genießt ihn ganz frisch. Der Matetrinker sieht dabei aus, wie jemand, der einen Zug aus einer zu großen Pfeife macht. Dass es sich dabei fast um einen Volkssport handelt (dem übrigens, wie ich später erfahren werde in Uruguay mindestens ebenso hingebungsvoll gefrönt wird) merkt man spätestens dann, wenn man morgens auf der Straße die vielen Passanten sieht, die mit einer Thermosflasche unterm Arm und ihrem Matebecher in der Hand ihrer Wege gehen.

Ich mache die ersten Erkundigungen in der Stadt und spaziere durch das Viertel. Im Tagebuch vermerke ich, dass es schönes Wetter gibt und auffallend viele schöne Frauen.

hört hört

Nachdem meine Gastgeberinnen oder Zimmerwirtinnen mit ihrer Matepassion keinen Sinn für Kaffee haben, kaufe ich selbst eine von diesen italienischen Drucktöpfen zur authentischen Espressozubereitung und einen batteriebetriebenen Milchschäumer für meinen morgendlichen Cappuccino. Immerhin habe ich vor, in Buenos Aires etwas länger zu bleiben.

Polo – wie sonst könnte man die Engländer besiegen?

Am Sonntag treffe ich mich mit einer mittlerweile lieben Bekannten aus den Anden wieder. Anabel, die Pferdetrainerin, ist in Buenos Aires. Das hat auch einen guten Grund. Zurzeit findet hier nämlich das „Polo Open“ statt. Das ist „der“ Event in der Polowelt, wie ich von Anabel lerne und ein unbedingtes Muss, wenn man das Glück hat zu dieser Zeit in der Stadt zu sein. So gehe ich also gemeinsam mit Anabel zu den angeblich weltbesten Polospielen. Das Thermometer steigt über 30° Celsius. Wir sitzen auf der sonnendurchfluteten Tribüne und meine blonde Pferdenärrin erklärt mir aufgeregt die Regeln. Dabei muss ich gestehen, dass ich noch nie für das Zusehen beim Sport auch nur die leiseste Begeisterung empfunden habe. Ich gehe weder auf den Fußballplatz noch zu irgendwelchen Tennisveranstaltungen und schon gar nicht zu irgendwelchen Schirennen. Nicht einmal im Fernsehen (das ich ja ohnehin boykottiere) sehe ich mir irgendwelche Sportveranstaltungen an.

Aber Anabel hat mich mit ihrer Begeisterung angesteckt und was ich hier die nächsten Stunden zu sehen kriege ist wirklich schwer beeindruckend. Es gelingt mir auch, einige gute Schnappschüsse zu machen. Wie mir Anabel erklärt, handelt es sich um Weltspitzenpferde, die auf Schnelligkeit, kurze Sprints und Wendigkeit trainiert sind. Bei einer Veranstaltung dieser Kategorie kommt jeder Spieler mit bis zu 10 Pferden an. Bei sechs Spielern pro Mannschaft ergibt das einen Aufwand von 60 Weltklassepferden für nur ein Team.

Jetzt verstehe ich, warum das ein Sport für Reiche ist. Sobald man aber sieht wie die Polospieler fast eins mit ihren Pferden im vollen Galopp über das riesige Spielfeld rasen, wenn nötig in einem Sekundenbruchteil einen Haken schlagen und mit dem kleinen Hämmerchen den Ball im Flug treffen, kann man sich der Begeisterung nicht mehr erwehren. In Buenos Aires und Argentinien ist das natürlich auch ein Society Event und die Damen tragen ihre neuesten Kleider zur Schau und die tollsten Hüte.

Hüte?

Am Abend lade ich Anabel zum Dank noch auf einen Drink ein und wir reden über unseren gemeinsamen Machu Picchu-Trip, als wäre es schon eine Ewigkeit her.

Zurück in die Schulbank und Tango Argentino

Am Montag ist mein erster Schultag. Ich hab die Adresse der Schule aufgeschrieben und José Maria hat mir auf dem Stadtplan gezeigt, wohin ich mit der U-Bahn fahren und dann noch gehen muss damit ich problemlos hinkomme. Offizieller Beginn ist um 8:00 Uhr und ich bin schon etwas früher dort. Die Schule macht einen guten ersten Eindruck. Es gibt gratis Pausenkaffee und Tee und Internet-PCs.

Aha, gratis

Auch die Chefin, Carina, wirkt auf den ersten Eindruck sympathisch. Zuerst mache ich einen Einstiegstest, der mich dann in eine Gruppe mit insgesamt sechs Leuten bringt. Der Unterricht vergeht recht schnell und um 13:00 Uhr ist schon wieder Schluss. Am Nachmittag kaufe ich mir ein paar Klamotten, damit ich nicht immer nur als Tramper verkleidet herumgehe und finde übers Internet einen Webradiozugang, auf dem ich Ö1, meinen österreichischen Lieblingsradiosender hören kann. Da wird mir gleich ganz wehmütig ums Herz und ich bekomme einen Heimwehanfall.
Ab dem zweiten Schultag lege ich mir eine gewisse Routine zurecht. Um 5:30 Uhr laufen gehen, dann meine Gymnastikübung, zweimal frühstücken, Hausübung durchsehen und ab in die Schule. Über das Sekretariat der Schule buche ich auch einen Schnupper-Tangokurs bei „Mayoral y Elsa Maria“, die ich an der Stelle wärmstens empfehlen kann (www.mayoralyelsamaria.com.ar). Ein schon etwas in die Jahre gekommenes Profitanzlehrerehepaar, das in ihrer Referenzliste auf vielen Fotos die Berühmtheiten der Welt herzeigt, die hier schon Tangounterricht genommen haben: Familie Clinton, Frank Sinatra, Julio Iglesias usw. Irgendwas hat mit der Organisation und Kommunikation zwischen Sprach- und Tangoschule nicht geklappt und so weiß hier niemand, dass ich heute für eine Einzelunterrichts-Stunde gebucht bin. Kurzerhand wird die Chefin, Elsa Maria, aus ihrer Wohnung geholt. Und ohne große Umschweife gibt sie mir persönlich meine erste Stunde in der Kunst des hiesigen Nationaltanzes. Hier kommen mir meine gelben Brooks-Treter erstmals fehl am Platz vor. Diese Laufschuhe haben einen recht guten „Griff“. Auf dem Tanzparkett sollte

man aber leicht drehen können und so werde ich mir zuerst ein paar schwarze Lederschuhe mit Ledersohle kaufen und dann sogar noch einen dunklen Anzug. Die Sachen werden aber alle in Buenos Aires bleiben müssen. Die Gesellschaft in Buenos Aires ist eine sehr nokturne, ganz im Gegensatz zu mir. Wenn ich in der Früh kurz vor Sonnenaufgang laufen gehe, führt mein Weg auch an einer berühmten Disco vorbei, dem „Roxy". Dort höre ich durch die Mauern noch das dumpfe Umpf, Umpf, Umpf der Bässe, weil die Discogäste erst richtig in Schwung kommen.

Und so hat unsere Schlafmütze die meisten Attraktionen dieser Stadt trotz seines langen Aufenthalts ziemlich verschlafen.

In so einer Sprachschule findet man schnell Anschluss an andere Tramper aus der ganzen Welt. Was leider den Nachteil hat, dass man dann eher Englisch oder Deutsch spricht als Spanisch. Bei der nächsten Tangostunde lerne ich meine neue Lehrerin kennen, die mir in den nächsten Wochen noch ein paar Schritte beibringen wird. Sie heißt Marcela, ist sehr zierlich, sympathisch und macht einen entwaffnend natürlichen Eindruck. Sie ist sehr geduldig mit mir,

das ist noch untertrieben

weil ich als eigentlicher Nichttänzer relativ lang brauche um die einzelnen Schritte zu begreifen. Ein paar Tage später entdecke ich auch im Stadtzentrum ein kleines Rückzugsrefugium namens „Notorius" (Calau 966). Dabei handelt es sich um eine Mischung aus Plattenladen (besser gesagt CD-Geschäft), Kaffeehaus, Restaurant, Kleinkunstbühne und verstecktem, ruhigen Hinterhofgarten. Eine Besonderheit hier sind im vorderen Kaffeehaus-Bereich an den Tischen mehrere Touchscreens mit dazugehörigen Kopfhörern. Damit kann ich mittels eines simplen Menüs auf dem Bildschirm durch das ganze digitale Musiklager surfen und mir verschiedene CDs anhören. Dazu trinke ich ein Glas Wein oder einen Kaffee. Obendrein ist das Notorius in der Nähe von meiner Tangoschule und so mache ich dort öfter meine Hausaufgaben. Den Tangounterricht nehme ich 2 bis 3 Mal die Woche, wobei sich Einzelstunden mit Gruppenstunden abwechseln. Heute bei der Gruppenstunde lerne ich Jennifer aus Kalifornien kennen. Irgendwie wirkt sie wie Madonna, nur mit etwas längeren Haaren. Sie ist eine intelligente, reflektierte Zeitgenossin, die ihren Managementjob an den Nagel gehängt hat, um hier ein paar Monate Tango zu studieren. Bei meinen Mitschülern und Mitschülerinnen freunde ich mich speziell mit Dwayne an. Dwayne ist ebenfalls US-Amerikaner, stockschwul und singt als Entertainer auf Luxuskreuzfahrtschiffen. Dass er schwul ist merken die Mädels in der Klasse als letzte. Sie umschwärmen den attraktiven jungen Showman mit „Musterschwiegersohn-Manieren" wie die sprichwörtlichen Motten das Licht. Dwayne ist dermaßen in sich selbst verliebt, dass ihm all diese Zuwendungen einzig logisch und stimmig erscheinen und sonnt sich darin wie eine Diva. Wir haben viel Spaß miteinander und machen auch einige gemeinsame Unternehmungen.

Also nicht, was ihr jetzt denkt, dazu ist unser Held doch zu prüde.

Mein ursprünglicher Plan, in Buenos Aires auch Akkordeonunterricht zu nehmen, stellt sich als relativ schwierig heraus. Ich habe vor knapp zwei Jahren begonnen, mit dem Akkordeon zu dilletieren

nett umschrieben – über Hänschen klein ist er noch nicht hinaus

und hatte die Idee, hier eben weiterzumachen. Jetzt aber lerne ich, dass die meisten Tangomusiker „Bandoneonisten“ sind und nicht „Akkordeonisten“. Das Akkordeon ist die Ziehharmonika mit den Tasten und das Bandoneon ist das Ding mit den Knöpfen auf beiden Seiten.

Ein Umlernen wäre für unseren Mister „Flexibel“ natürlich undenkbar.

An einem Wochenende mache ich mit Dwayne den Pflichtausflug zu dem Friedhof Ricoletta, wo noch immer die Fans von Eva Peron zu deren Grab pilgern. An diesem Sonntag treffe ich mich auch wieder mit Jennifer und gehe mit ihr zum Polospiel. Diesmal kann ich schon den Profi raushängen und Jennifer beeindrucken.

aber hallo

Wir verstehen uns recht gut und haben einige Gemeinsamkeiten. Leider hat sie einen Freund in Australien, der obendrein demnächst hierher kommen wird.

so schade

Am Abend gehen wir noch zu einer gemeinsamen Tangostunde nach Sankt Elmo, dem eigentlichen Tangoviertel (in Hafennähe). Dort wird mein Höhenflug jäh abgebrochen und ich merke, dass ich eigentlich noch nichts kann. In der zweiten Woche in der Sprachschule wird unsere Gruppe in ein viel zu kleines, viel zu heißes Zimmer direkt unterm Dach verlegt. Ich gehe mich bei der Chefin beschweren und kann nur teilweise eine Besserung bewirken. Im Notorius höre ich am selben Abend ein phantastisches Livekonzert vom BGP-Trio. Ich kaufe eine CD, die ich mir signieren lasse. Bei der nächsten Tangogruppenstunde lerne ich Irene kennen. Irene ist eine sympathische junge Ärztin aus Irland, die auch in dieselbe Sprachschule geht, wo ich sie aber noch nicht gesehen hatte. An dem Abend plaudern wir noch lange in einer Bar bei Drinks und verstehen uns sehr gut.

Da hätte ich mir jetzt ein wenig mehr erwartet, aber vielleicht kommt ja im nächsten Kapitel noch was über die Frau Doktor.

Schautango in St. Elmo

Ein Hundeleben in Buenos Aires

Live-Tango in den Gassen von St. Elmo

St. Elmo ist der Geburtsort des Tango Argentino

Polo Open in Buenos Aires

Schulfreund "Dwayne" mit seiner Digicamera

Kunst in St. Elmo

KAPITEL 5, DEZEMBER

Akkordeon

In den letzten Tagen hatte ich vergeblich Musikgeschäfte nach einem Akkordeonlehrer abgeklappert, alle möglichen Musiker gefragt, war aber lange erfolglos geblieben. Heute wurde ich endlich fündig. Zufällig habe ich in der Zeitung eine kleine Notiz gelesen, in der von einem neu eröffneten kleinen Akkordeonmuseum berichtet wurde. Dieses habe ich nach längerer Fahrt mit öffentlichen Bussen gefunden und so stand ich vor der verschlossenen Tür des kleinen Privatmuseums. Mein flehentliches Klopfen wurde schließlich erhört und eine ältere Dame öffnete die Tür einen Spalt. Ich erklärte ihr mein Anliegen.

Also es war mehr ein Stammeln, weil so toll ist sein Spanisch noch nicht.

und sie gab mir die Adresse und Telefonnummer von drei potenziellen Lehrern. So traf ich heute auf Diego Lipsky, den einzigen auf der Liste, den ich telefonisch erreichen konnte. Diego ist ein netter, etwas kauziger Profiakkordeonist und Lehrer. Ein paar Jahre jünger als ich, lebt er in einem nicht so ganz hippen Vorort, wo er mit seiner Mutter ein zweigeschossiges Haus bewohnt. Diego ist über mein Interesse am Akkordeonspiel und dem Tango hoch erfreut und sieht daher über meine fast nicht vorhandenen Basiskenntnisse hinweg. In den nächsten Wochen bis zum Jahreswechsel werde ich zwei Einzelstunden wöchentlich nehmen und erstaunlich geringe Fortschritte machen. Meine Hoffnung, dass er mir ein Instrument zum Üben für zu Hause leihen kann wird leider enttäuscht. Diego hat nur ein Übungsinstrument und das braucht er für die Schüler die zu ihm kommen. Die anderen Instrumente sind gut gehütete

Schätze, die er mir bei meinen regelmäßigen Besuchen der Reihe nach präsentieren wird. Er hat ein paar handgemachte Schönheiten, die meisten aus Italien, die jeweils den Gegenwert eines in Argentinien vom Band gelaufenen VW-Golfs repräsentieren. Erstaunlicherweise finde ich in ganz Buenos Aires kein Musikgeschäft, das mir ein Akkordeon vermieten will. Auch hier hätte ich die Suche schon fast aufgegeben und ging mutlos in das letzte von sechs Musikgeschäften im Zentrum. Dort treffe ich endlich auf einen professionellen Verkäufer, der die Chance erkennt und nicht nur das Risiko sieht.

Eigentlich heißt das Buch ja Ruhejahr, aber manchmal ist sein beruflicher Background nicht zu überhören.... Verkäufer halt!

Auf meine Frage nach einem Mietinstrument meint er: „Aber natürlich können Sie ein Instrument mieten, nur... Akkordeons mieten ist in Buenos Aires sehr teuer“. Hier macht er eine Pause, damit diese Information einwirken kann. Dann legt er noch eine Schaufel nach und sagt, ich müsse mit 30 bis 40 Euro pro Tag rechnen. Wieder macht er eine Pause. Wie lange ich denn das Instrument brauche, fragt er jetzt und sieht mir direkt in die Augen. Ich sage: „für einen Monat“. „Einen Monat“, wiederholt er mit leichtem Entsetzen, geht dabei einen Schritt zurück und legt die Hand auf die Brust, damit sein Herz jetzt nicht schlapp macht angesichts der Riesensumme, die er mir für die Miete abnehmen müsste. „Für das Geld können Sie sich ja bereits ein Instrument kaufen“ sagt er nach kurzer Erholungspause. Ich erkläre ihm, dass ich nach dem Monat mit Rucksack weiterreise und kein Instrument mit mir herumschleppen kann. Nach Hause verfrachten kostet wahrscheinlich mehr als ein günstiges Instrument in der Anschaffung. So einigen wir uns darauf, dass ich ihm um umgerechnet 500 Euro eines von den chinesischen Plastikakkordeons abkaufe und er es mir am Ende des Monats um 400 Euro wieder zurückkauft.

Ich wollte sie nicht anstarren

Zwischen Irene der irischen Ärztin und mir hat es bereits am ersten Abend gefunkt. Wir haben uns ja in der Tangogruppenstunde kennen gelernt. Beim blutigen Anfängertum hat man es als Mann etwas schwerer, weil beim Tango erwartet wird, dass der Mann immer führt und die Frau die Schritte und Kombinationen mitmacht, die der Mann ihr durch subtile körpersprachliche Informationen rechtzeitig mitteilt. Nun gestaltet sich das aber recht schwierig, seiner Tanzpartnerin die geplanten Schritte mitzuteilen, wenn man vor allem damit beschäftigt ist, genau diese Informationen vom Gehirn zuerst mal zu den eigenen Beinen zu bringen. Dabei laufen die Gruppenstunden so ab, dass die Lehrer einen Schritt vormachen und die Schüler dann mit wechselnden Partnern die Schritte nachzumachen versuchen. Irene war mir vorher in der Menge noch gar nicht aufgefallen, doch plötzlich, bei einem Partnerwechsel, steht diese junge Frau vor mir und lächelt mich an. Rötlich braunes Haar, leichte Sommersprossen, strahlend blaue Augen und – wie soll ich sagen – sehr feminine Formen. Wir gehen also in Grundstellung, das heißt ich lege meinen rechten Arm um ihre Taille und lege ihr meine flache Hand auf den Rücken. Die linke Hand strecke ich seitlich von mir weg und halte damit ihre Rechte. So stehen wir ein paar Augenblicke völlig still und warten auf den richtigen Einsatz der Musik. Unsere Gesichter sind nun circa 20 Zentimeter voneinander entfernt. Plötzlich ertappe ich mich dabei, wie ich gedankenversunken nach unten blickte, weil ich mir die soeben gelernte Schrittfolge noch einmal in Erinnerung rufen wollte. Sogleich treffen sich unsere Blicke und der ihre wirkt amüsiert und fragend. Ich bin etwas verlegen und stammle auf Englisch: „Entschuldige, ich wollte nicht auf deine Brüste starren, ich habe nur versucht, mich an die Schritte zu erinnern". Ihr entfährt ein kurzer Lacher und ihre Wangen werden glühend rot. Danach, bei dem dritten oder vierten Drink an der Bar, erzählt sie mir von ihren Erlebnissen in Ruanda. Dort hat sie eine Zeit lang bei „Ärzte ohne Grenzen" Krisenarbeit geleistet. Mich beeindruckt ihr Engagement und die beinahe kindliche Begeisterungsfähigkeit dieser klugen Frau. Und was ich auch besonders an ihr schätze, ist ihr trockener, britischer Humor, den sie selbst aber selbstverständlich als irisch bezeichnen würde.

Wer hat den Hund gegessen?

So erzählt sie mir zum Beispiel die Geschichte eines französischen Anästhesisten, der auch über Ärzte ohne Grenzen in Ruanda im Einsatz war. Der hatte ein kleines Haus in dem Ort, in dem sie arbeiteten und musste für ein paar Wochen weg. Als er wieder zurückkommt, fällt ihm auf, dass sein Hund nicht mehr da ist. Seine einheimische Köchin - von ihm befragt – windet sich, sodass er den Verdacht bekommt, an der Sache müsse etwas faul sein. Dann befragt er seine Nachbarn und die sagen, sie wüssten auch von nichts. Aber es sind im Grunde so ehrliche und harmlose Leute die eigentlich sehr schlecht lügen können. So erhärtet sich im Kopf des Franzosen Verdacht, dass die Nachbarn während seiner Abwesenheit seinen vierbeinigen Liebling gegessen haben und es ihnen jetzt peinlich ist. Über die Geschichte haben wir beide herzhaft gelacht und danach haben wir uns heftig geküsst. Wir sind beide ein wenig verliebt und werden während des ganzen Dezembers eine schöne, liebevolle und zärtliche Romanze in Buenos Aires haben.

So verlaufen meine Tage in Buenos Aires wie im Flug. Frühsport, guter Kaffee, Schule, nachmittags entweder Akkordeon lernen oder mit den Schulkollegen oder Irene Ausflüge machen. Abends in die Tangostunden oder in ein Konzert oder ins Kino. In der kommende Woche will es der Zufall und durch Verschiebung in den Gruppen kommt Irene in meine Gruppe. Wir sind jetzt nur noch zu viert in der Klasse. Neben Dwayne, Irene und mir gibt es noch Andres aus der Schweiz. Irene merkt gleich, dass Dwayne und ich „die vollen Gockel" sind und somit ständig um Aufmerksamkeit buhlen, wir uns aber auch ständig wechselseitig auf die Schaufel nehmen. Wir haben insgesamt einen Riesenspaß. Anna, unsere Lehrerin (sie ist 10 Jahre jünger als ich), ist rührend bemüht, bei der ganzen Geschichte ernst und seriös zu bleiben.

Die haben sich aufgeführt wie die Volksschüler – echt peinlich.

Irene und ich vereinbaren, unsere Romanze auf die gemeinsame Zeit in Buenos Aires zu beschränken. Sie nannte es: „Lets set up the ground rules“ (Lass uns die Grundregeln abstimmen). Die bestehen weiters im Wesentlichen aus wechselseitiger Ehrlichkeit und sexueller Exklusivität während der gemeinsamen Zeit. Mir ist das sehr recht und ich lebe die ganze Zeit über recht glücklich und unbeschwert.

Ein paar Wochen hält er das sicher durch.

Cervantes hatte ausreichend Zeit

Nun bin ich bei meinen Freunden dafür bekannt, dass ich mir sehr oft Ziele setze, die ich dann auch regelmäßig erreiche. Oder verfehle.

Jetzt übernimmt er schon meinen Job, das wollte ich doch eigentlich etwas relativieren.

Und so habe ich mir auch für das Spanisch lernen ein Ziel gesetzt. Dazu muss ich erwähnen, dass ich schon vor über 10 Jahren in Spanien 2 Kurse gemacht hatte und auch gemeinsam mit meiner Exfrau eine Zeitlang eine „Hauslehrerin“ hatte. Trotzdem bin ich über ein sehr rudimentäres Niveau („Ich wollen Birne mit Brot, gestern - danke“) nie hinausgekommen.

Für die Zeit hier in Buenos Aires nehme ich mir vor, zum Jahreswechsel Don Quijote von Cervantes im Original zu lesen. Übrigens hat Cervantes wahrscheinlich nur deshalb Zeit gehabt dieses Geburtswerk der modernen Literatur zu schreiben, weil ihm der damalige spanische König die von ihm angestrebte Position in den Kolonien nicht gab. Cervantes wollte nämlich Statthalter von Lima werden. Das wäre sicher sehr einträglich gewesen, aber wenn ich mich an Lima zurückerinnere finde ich, er hatte Glück gehabt den Job nicht zu bekommen. Jedenfalls gehe ich in ein Buchgeschäft und frage nach dem Werk. Der Verkäufer freut sich über mein Interesse an diesem Klassiker und bringt mir eine nagelneue Spezialedition aus dem Lager. Es handelt sich, wie von mir gewünscht, um das Werk im Original zu einem sehr fairen Preis. Langsam dämmert mir, auf was ich mich da eingelassen habe. Was ich da umgerechnet für wohlfeile 10 Euro erstehe ist ein 500 Seiten Schmöker mit sehr kleinem Schriftsatz. Damit nicht genug – jede Seite besteht ungefähr aus einer Viertel Seite Fußnoten und Anmerkungen für den Spanisch sprechenden Leser (zum besseren Verständnis!).

Im Kaffeehaus brauche ich mit Wörterbuch und höchster Konzentration für eine Buchseite circa zwei Stunden. Wenn ich jetzt den Zeitbedarf hochrechne, würde es Weihnachten in einem Jahr werden, bis ich das Buch fertig habe.

Nettes Ziel

Die Schatten der Vergangenheit

Argentinien und somit auch Buenos Aires leiden noch immer unter der jüngsten Wirtschaftskrise, als die 1:1 Bindung zum US-Dollar aufgegeben werden musste und der Peso gleich darauf im freien Fall auf ein Drittel seines Wertes gesunken ist. Da hat es gekracht in der Gesellschaft. Viele Bürger haben sich - meines Erachtens nach zu recht - um die Ersparnisse und teilweise um die Früchte eines ganzen Arbeitslebens geprellt gefühlt. Entsprechend hitzig hat sich die Volksseele bei diversen Kundgebungen und Demonstrationen geäußert.

Vor erst circa drei Jahren hat die hiesige Polizei in noch aus der Diktatur gewohnten Manier gleich einmal scharf in die Menge geschossen und einige verzweifelt demonstrierende Landsleute ermordet. Die Geschichten aus der letzten (leider nicht einzigen) Diktatur sind immer noch präsent und es wird mir echt mulmig, wenn ich einige davon höre. Zum Beispiel hat in der schlimmsten Phase die völlig außerhalb jeder Rechtsordnung operierende Geheimpolizei fast wahllos Leute von der Straße weg verhaftet, gefoltert und dann gefesselt und mit Drogen sediert aus einem Hubschrauber meist noch lebend ins Meer geworfen. Jeder der damals einen schwarzen Ford Falcon mit verdunkelten Scheiben und ohne Nummerntafel sah, hat in Panik die Flucht ergriffen. Das waren die Autos der Geheimpolizei. Noch heute demonstrieren jeden Donnerstag die Mütter der „Desaparesidos“ (Verschwundenen) mit Fotos ihrer vermissten Gatten, Söhne oder Töchter an einem bestimmten Platz in der Hauptstadt.

Über ein anderes schreckliches Detail aus der noch nicht allzu lang zurückliegenden Vergangenheit lese ich in der Zeitung: Während in der Diktatur die Geheimpolizei Intellektuelle und Regimekritiker und andere „Staatsfeinde“ folterte und ermordete, haben Günstlinge des Systems (hohe Geheimdienstbeamte, Regierungsbeamte und andere Aparatschiks) die Kinder der Ermordeten adoptiert. So haben sich kinderlose Ehepaare die Babys der Gemeuchelten unter den Nagel gerissen. Genaue Zahlen kenne ich nicht, aber es sollen wohl einige sein die jetzt Anfang 20 sind und vereinzelt draufkommen, dass ihre Eltern eigentlich die Mörder ihrer echten Eltern sind. Das müssen schreckliche Traumata sein und wahrscheinlich würde selbst Bert Hellinger die Hände über dem Kopf zusammenschlagen.

Natürlich müssen jetzt alle Leser Bert Hellinger, den nicht ganz unumstrittenen Vater der systemischen Familienaufstellungen kennen.

Die Papiermenschen und tausende Verkäufer

Jetzt aber zurück in die Gegenwart. Was auffallend gut funktioniert in Buenos Aires ist die Mülltrennung. Der Grund ist aber nicht eine effiziente Stadtverwaltung, sondern die pure Armut. Laut jüngsten Untersuchungen halten sich in Buenos Aires knapp 10.000 Menschen als so genannte „Cartoneros“ (frei übersetzt Karton- oder Papiermenschen) über Wasser. Das funktioniert praktisch so: wir „Reichen“ werfen den ganzen Haushaltsmüll ungetrennt in den Müllschlucker in der Wohnung. Im Keller packt der Hausmeister das ganze Zeug in Müllsäcke und stellt es für die Müllabfuhr vor die Türe. Jetzt kommen die Cartoneros ins Spiel. Diese öffnen die Müllsäcke, nehmen alles Papier, Karton etc. heraus und verfrachten es auf irgendwelche langfristig ausgeliehenen Supermarkt-Einkaufswägen und packen den restlichen Hausmüll wieder säuberlich zusammen. Die Tagesausbeute besteht aus ein bis zwei voll gepackten, zusammengeschnürten Einkaufswagen mit Altpapier. Das bringt dann ein paar Eurocent beim Altpapierhändler. Die ganze Schinderei erfolgt natürlich ohne medizinische Versorgung, Pensionsversicherung oder sonst irgendeinem unerreichbaren Luxus, der bei uns in der reichen EU zu den Selbstverständlichkeiten gehört. Die Hälfte dieser 10.000 Menschen sind Kinder und Jugendliche, davon wiederum lebt ein geschätztes Drittel völlig außerhalb des Bildungssystems. Da wächst also unter großer Mühsal die nächste Generation von armen Analphabeten heran.

Andere wiederum halten sich über Wasser indem sie irgendwas verkaufen. In der U-Bahn beispielsweise gibt es jede Menge Leute die Feuerzeuge, Socken, Filzstifte, Kinderbücher und was man sich sonst noch vorstellen kann, verkaufen. Der Verkaufsvorgang funktioniert natürlich nicht (wie in den VBC-Trainings meiner Firma ;-)) mit Bedarfserhebung und so. Nein, der Verkäufer betritt bei einer Station den Waggon, legt jedem Fahrgast der sich nicht eindeutig wehrt (insofern doch eine Art Bedarfserhebung) ein „was er gerade verkauft“ auf den Schoß und sammelt dann 99,99 % davon wieder ein. 0,01 Prozent kaufen eines und das sind mikroskopisch kleine Umsätze, von denen man sich bestenfalls etwas Billiges zu Essen kaufen kann.

In der Zeitung lese ich, dass sich die Wirtschaft in den letzten zwei Jahren wieder erholt hat. Der derzeitige Präsident Kirchner (mit Schweizer Wurzeln) fährt einen wirtschaftsliberalen Kurs und versucht den Spagat, die Ärmsten dabei nicht ganz aus dem Auge zu verlieren. Der Tourismus ist im vergangenen Jahr fast um 30 Prozent gewachsen und die Regierung wird zum Jahreswechsel einen Riesenkredit der Weltbank auf einmal zurückzahlen und somit fast 10 Prozent der Auslandsschulden auf einmal tilgen. Die Arbeitslosigkeit liegt leider noch immer bei circa 20 Prozent.

Es war die Lärche und nicht die Nachtigall

Das Leben hier spielt sich dermaßen spätnachts ab, dass ich es nur ganze zwei Mal schaffe, in eine Melonga zu gehen. Die Melonga ist eine Art Tangodisco für Jung und Alt. Beim zweiten Mal waren Irene, Dwayne und ich sogar in einer schwulen Melonga und haben Männlein und Weiblein jeweils zu zweit beim Tanzen zugesehen. Irene und ich sind ungefähr auf demselben tänzerischen Anfängerniveau und können daher auch gemeinsam tanzen. Den großzügigen Homos ist das natürlich egal und wir werden nicht behelligt. Zu dieser Zeit lerne ich auch Julian kennen. Julian ist ein junger Münchner, der in Bayern aufgewachsen ist und neben perfektem Spanisch auch Bayrisch spricht, aber so gar nicht bayrisch aussieht. Julian ist ein großer, schlanker, gut gebauter Mulatte mit gewinnendem Lächeln. Ihn habe ich auch zu der Melonga eingeladen und es scheint ihm Spaß zu machen.

In Wirklichkeit wollte Monsieur den ahnungslosen Kerl mit seinem schwulen Schulfreund verkuppeln, was aber nicht funktioniert hat.

Vom restlichen Nachtleben (die Clubs und Discos machen erst um 3:00 Uhr auf) bekomme ich die ganzen Wochen so gut wie nichts mit. Ab Mitte Dezember höre ich mit der Schule auf und nehme mir eine Privatlehrerin. Mir erscheint das effizienter, weil ich mit der neuen Gruppeneinteilung in der Klasse und dem Lehrplan nicht einverstanden bin. So kommt Sheila, meine hübsche junge Frau Professorin jeden Vormittag um 10:00 Uhr ins Café vis à vis von meiner Wohnung und wir machen zwei intensive Stunden Spanischunterricht. Sie ist es auch, die mir Cervantes ausredet und leichtere Lektüre empfiehlt. Dem Rat folge ich nur allzu gerne und suche nach leichterer Kost in den Bücherläden.

Kulturelle Pflichtbesuche

Gemeinsam mit Irene und manchmal auch Dwayne und Julian sehe ich mir noch diverse Sehenswürdigkeiten in Buenos Aires an. So darf der Ausflug nach Sankt Elmo, dem klassischen Tangoviertel, nicht fehlen. Am Samstag gehe ich auch mit einer alten Bekannten auf den Kunstgewerbemarkt in Ricoletta. Die alte Bekannte ist Nicola aus dem Oasis-LKW. Die Gruppe war mittlerweile schon in Patagonien und sind jetzt schon auf der Durchfahrt in Richtung Uruguay und Rio de Janeiro.

Bei der Gelegenheit treffe ich auch Jok, besser bekannt als Mr. „J", meinen schottischen Zimmergenossen und viele von den Anderen wieder. In Ricoletta kaufe ich ein nettes Holzspielzeug für Matteo, den Sohn meines Geschäftspartners in Wien. Der Junge hat vor wenigen Wochen das Licht der Welt erblickt. Leider wird das Geschenk von der argentinische Post auf Nimmerwiedersehen verschlungen. Julian und ich stolpern beim Spazierengehen am Hafen zufällig in eine im Aufbau befindliche Open Air-Bühne und erfahren, dass hier heute Abend ein Konzert stattfindet. Unter anderem soll hier heute der sehr hippe „Bajofondo"-Tangoclub spielen. Bajofondo machen eine Art Elektrotango und sind bei den jüngeren und progressiveren Argentiniern sehr angesagt. Julian wird sich das Konzert anhören, ich habe schon andere Pläne für den Abend. Dafür kaufe ich mir aber dann noch einige Bajofondo-CDs bei meinem nächsten Notoriusbesuch. Ein anderes Mal gehen Irene, Jennifer (die kalifornische Profitangotänzerin) und ich in die Colection Malva. Das ist ein tolles Kunstmuseum, in dem ich unter anderem ein berühmtes Selbstbildnis von Frida Kahlo sehe.

Klar in Mexico City war unser Herr Kunstkenner ja zu beschäftigt um sich das Kahlo-Museum anzusehen und jetzt gerät er hier angesichts eines einzigen Exponats in Entzücken.

An einem anderen Abend gehe ich allein mit Irene in das Teatro Colón, was so etwa den Status hat wie in Wien die Staatsoper. Dort sehen wir uns das Ballett „Giselle“ an. Für die Karten musste ich tagsüber fast eine Stunde in der Warteschlange vor dem Kartenvorverkauf anstellen, aber Irenes Freude ist riesig und der zweite Teil des Balletts gefällt mir selber auch. Der erste Teil war mir mit Abstand zu kitschig.

Ah, endlich wieder ein kunstkritischer Beitrag, für die darauf sicher gierende Nachwelt.

Als Irene und ich an dem Abend noch zu mir gehen, muss ich leider feststellen, dass meine beiden Vermieterinnen ein rauschendes Fest feiern. Luz Maria hat Geburtstag und das bedeutet bei jungen Argentiniern, eine Nacht durch zu grölen. Ich hatte noch nie bei Irene geschlafen, obwohl sie ihr Zimmer angeblich in einer wunderschönen Jugendstilwohnung bei einem argentinischen Ehepaar hat. Doch Irene sagte immer: „Die sind ein bisschen konservativ.“ Heute bleibt uns nichts anderes übrig und wir fahren in die wirklich beeindruckende Wohnung. Riesige Räume, wie ich es nur von den allerschönsten Altbauwohnungen in Wien kenne und überall hängen tolle Bilder. Die Frau des Hauses, so erfahre ich von Irene, ist Kunstkritikerin und nach dem Aufstehen in der Früh werde ich ihr auch kurz vorgestellt. Sie benimmt sich etwas seltsam, obwohl ich wirklich charmant bin und den Musterschwiegersohn heraushänge.

Ihr könnt euch vorstellen, was da wirklich rausgehängt ist.

Weihnachten in Uruguay

Zwei Tage darauf wird Irene von ihrer Vermieterin deswegen kurzerhand rausgeschmissen. Das überrascht uns trotzdem recht und so zieht Irene für ein paar Tage in mein kleines Zimmer. Meine beiden argentinischen Schwestern sind natürlich viel toleranter. Übrigens schläft derzeit noch ein Bekannter von ihnen im Wohnzimmer auf einer Matratze. Mittlerweile ist schon kurz vor Weihnachten und Irene und ich wollen über die Feiertage aus der Stadt entkommen. Hier ist jetzt so richtig Hochsommer und tagsüber wird die Luft in der Stadt immer unerträglicher. Dazu kommt noch die gleiche Vorweihnachtshektik, die wir aus den europäischen Großstädten kennen. Wir beschließen daher, Weihnachten in Uruguay am Meer zu feiern. Bei einem unserer gemeinsamen Abende erzählte ich Irene einmal, dass ich mir beim Aussuchen und Finden der richtigen Geschenke für eine Frau schwer tue. Zur Untermauerung erzähle ich ihr von meiner Exfrau und meinem Unvermögen, ihr das passende Geschenk zu machen. Als Beispiel erzähle ich von den edlen Designerschreibgeräten zu Weihnachten und der enttäuschten Reaktion meiner Exfrau. Irene muss beim Zuhören schmunzeln und meint, dass man Frauen die man liebt nicht so nützliche Dinge schenken soll, sondern etwas „Frivoleres“. Nun spreche ich ja ganz gut Englisch, aber der Hund liegt oft im Detail vergraben. Das englische Wort „frivolous“ ist mit frivol in unserem Sinne nur schlecht zu übersetzen. So macht sie am 24. Dezember ein ziemlich enttäuschtes Gesicht, als sie in unserem romantischen, kleinen Hotel an der uruguayischen Küste ihr Weihnachtsgeschenk aufmacht und den rot glänzenden, transparenten Latexdildo auspackt, den ich ihr extra als „frivoles“ Geschenk gekauft hatte.

Das schreibt er auch noch - ihm ist auch wirklich nichts zu peinlich!

Ansonsten ist der Weihnachtsausflug sehr schön und erholsam. Die Sonne ist so intensiv, dass wir uns in zwei Stunden am Strand sofort einen riesigen Sonnenbrand holen. Irene ist sauer, weil sie als Ärztin und Sommersprossenträgerin es eigentlich besser wissen hätte müssen. Unsere Umarmungen werden jetzt gaaaaaanz vorsichtig. Zurück in Buenos Aires lastet schon der Schatten des nahenden Abschieds auf uns. Ich habe für den 30. Dezember bereits ein Ticket für einen Flug in den Norden des Landes nach Iguazu gebucht. Und so sind die letzten gemeinsamen Tage von einer gewissen Schwere und Sprachlosigkeit geprägt. Beide wissen wir, dass das Unausweichliche auf uns zukommt. Wir haben uns in den gemeinsamen Wochen offensichtlich besser aneinander gewöhnt als wir das ursprünglich dachten. Der anfängliche Vorsatz unsere Affäre auf Buenos Aires zu beschränken beginnt zu bröckeln und wir wälzen Pläne, wie wir uns eventuell danach noch in Patagonien oder so treffen könnten. Irene hat nämlich noch vor, durch Patagonien zu reisen, bevor sie dann Ende Januar wieder zurück nach London muss. Ich bin mir nicht sicher, ob das eine gute Idee ist und bleibe vorerst unverbindlich.

Ich würde ja eher sagen feige.

Den roten Latexdildo habe ich übrigens gegen ein romantischeres Geschenk (einen spanischen Gedichtband) getauscht. Und der Gummiprügel steckt wahrscheinlich heute noch in der Brusttasche meines Tangoanzuges, den ich in Buenos Aires extra für den Unterricht gekauft hatte und der bei meinen beiden Schwestern samt meinen Tangoschuhen eingelagert ist.

Über Weihnachten nach Uruguay

Sheila, meine kluge Spanisch-Lehrerin

Iguazu, die grössten Wasserfälle Südamerikas

Diego, mein geduldiger Akkordeonlehrer

Gewaltige Wassermassen

Aquí vendemos muebles
centro estant
muebles inteligentes
Colchonería y Mueblería
"DEMIAN"
Ventas por mayor y menor
Aquí vendemos muebles
centro estant
1951
$59
$159
$109
$184
$54
$104
$76
$139
$99

Montevideo

In Montevideo sind die Rosen so rot …

Prefeitura
da Cidade
RIO
COMLURB

KAPITEL 6, JANUAR

Jahreswechsel im Dreiländereck

1. Jänner zwischen Argentinien, Brasilien und Paraguay. Vorgestern hieß es also Abschied nehmen, von lieb gewonnenen Menschen in Buenos Aires, allen voran natürlich Irene. Nach über 1½ Monaten hatte ich mich schon ziemlich eingelebt. Irene und ich waren bereits schon sehr aneinander gewöhnt und aus der ersten Verliebtheit ist wie selbstverständlich eine angenehme, bereichernde Zweisamkeit entstanden. Jetzt haben wir uns getrennt. Ein Wiedersehen in ein paar Wochen in Patagonien ist nicht ausgemacht, aber auch nicht gänzlich ausgeschlossen. Vor zwei Tagen bin ich also aus Buenos Aires weg und mit dem Flugzeug direkt hierher geflogen. Hier sind die größten Wasserfälle des südamerikanischen Kontinents namens Iguazu. Die sind wirklich beeindruckend und ich habe das Gefühl an einem magischen Ort zu stehen. Rundherum braust und tost es und man sieht aus nächster Nähe wie zigtausende von Kubikmeter Wasser pro Sekunde in die Tiefe stürzen. Bei dem ganzen Spritzwasser und Nebel habe ich auch Angst um meine Digitalkamera. Trotzdem sind mir ein paar gute Schnappschüsse und zwei Kurz-Videos gelungen. Zum Jahreswechsel wollte ich mir etwas Besonderes gönnen und habe mir daher, dummerweise, das Silvestermenü im Hotel Sheraton gebucht. Natürlich wohne ich in einem günstigeren Hotel. Die 80 Euro für das Essen im Sheraton hätte ich mir sparen können, die Küche war mäßig und von den angeblich echt spektakulär angeleuchteten Wasserfällen war witterungsbedingt nichts zu sehen. Nach Mitternacht, also schon im Neuen Jahr, traf ich Andrea und Elisabeth, die ich tagsüber bei den Wasserfällen kennen lernte. Andrea ist eine circa 30 Jahre junge Österreicherin, die ich aufgrund ihrer Aussprache eher für eine Deutsche hielt. Gemeinsam mit ihrer Freundin Elisabeth (aus den USA) ist sie

hier auf der Durchreise. Andrea lebt normal in Quito in Ecuador und arbeitet dort an der deutschen Schule. Wir plaudern bis in die Morgenstunden und ich kann am Vormittag noch ein paar Stunden schlafen, bevor ich in den Bus steige.

Die Ärmste war wahrscheinlich froh, als sie ihn wieder los war. Ich fahre nämlich heute mit dem Bus zur brasilianischen Küste auf die Halbinsel Florianopolis.

Jahresbilanz im Bus nach Brasilien

Die Busfahrt wird 18 Stunden dauern und ich habe Zeit, das vergangene Jahr und die letzten Monate Revue passieren zu lassen. Wie jedes Jahr mache ich für mich auch eine Art Jahresbilanz. Dabei vergleiche ich die Ziele, die ich hatte, mit dem Erreichten. Was lief gut, was lief weniger gut und überarbeite die Ziele für das kommende Jahr. Besonders froh und glücklich bin ich neben der Tatsache, dass ich mir mit dieser Weltreise einen alten Wunschtraum erfülle, über den Umstand, dass mein Sohn seit September eine Lehrstelle hat und so wie ich erfahre, die Probezeit bereits überstanden hat. Für das angebrochene Jahr nehme ich mir vor:

- Die zweite Hälfte dieser Reise zu genießen
- Gesund und fit zu bleiben (regelmäßig joggen mit +/- 77 kg)
- Eine neue Liebe zu finden

Unser Held plant die Liebe, wie eine Kostenstelle in der Buchhaltung – super romantisch, also ehrlich!

Für das zweite Halbjahr (nach meiner Rückeise) nehme ich mir zusätzlich vor:

- Genug Geld zu haben

Aha, das Geld kommt also doch zuerst

- Mir regelmäßig Zeit für Familie und Freunde zu nehmen
- Eine sinnvolle Beschäftigung zu finden
- Zwei mal pro Woche einen halben Tag arbeitsfrei zu machen
- Eine Wohnmöglichkeit in Wien mit Ausblick, Terrasse, Tiefgarage und Gästezimmer
- Weiter Akkordeon üben
- Ein gutes Auto mit Automatik und Klimaanlage anschaffen
- Über das Ruhejahr ein Buch schreiben, das ein Bestseller wird
- Viel von meinem Privatkrempel über E-Bay verkaufen und so 10.000,- Euro zu lukrieren (das würde für die Einrichtung reichen ;-))
- Meine 66 % in der Verra und Feldmann KG an meinen Geschäftspartner zu verkaufen (damit sollte sich das Auto ausgehen, nicht ganz neu aber ein guter Gebrauchter)
- In der Academia GmbH ein positives Eigenkapital erreichen - das heißt, alle Schulden

abbauen (gut für den Seelenfrieden)

So, das reicht – bin schon gespannt wie viel davon ich bis zum Jahresende tatsächlich erreichen werde.

Ich auch – und das kann er übrigens ohne mich machen, da fühle ich mich nicht mehr zuständig. Übrigens wird er über E-Bay tatsächlich einiges von seinen Möbeln und so verkaufen und mit Müh und Not 700,- Euro erzielen – nur damit Ihr Euch ein Bild machen könnt – in Sachen „Zielerreichung".

Florianopolis und die Hausmeisterstrände Brasiliens

Brasilien ist derzeit nicht nur die größte sondern auch dynamischste Nation Südamerikas. Das zeigt sich nicht nur an den vergleichsweise viel höheren Preisen. Mich beeindrucken auch die bisher abschreckendsten (weil absichtlich grauslichsten) Raucherabtörnfotos, die jeweils 4-farbig die Hälfte jeder brasilianischen Zigarettenpackung bedecken. Im Bus döse ich ein bisschen ein und um 6:00 Uhr früh am 2. Jänner kommen wir in Florianopolis an. Diese Urlaubshalbinsel haben mir viele Argentinier empfohlen. Offenbar gehen die Argentinier entweder nach Uruguay oder hierher auf Badeurlaub wie die Österreicher und Deutschen nach Italien oder Spanien. Ich frage ein wenig herum und ein Taxler meint er hätte ein günstiges Ferienappartement für mich. So fahre ich mit ihm zu einem kleinen Badeort namens Ingles. Dort bekomme ich in der Tat ein nettes, günstiges Appartement mit Küche und Dusche und (mit ein bisschen auf den Zehen stehen) Blick aufs Meer. Das Appartement liegt natürlich nicht direkt am Meer, dort sind die Preise gleich dreimal so hoch. Der Vermieter will wenigstens für eine Woche am Stück vermieten. Wir einigen uns auf 5 Tage und ich bezahle im Voraus, was sich später als Fehler herausstellen wird.

Ja ja, unser Schnäppchenjäger hat wieder ein wenig eingespart.

Mir dämmert bereits am Nachmittag, was sich in den nächsten Tagen bestätigen wird. Ich bin im brasilianischen Hausmeisterurlaubsort gelandet. So langweile ich mich mehrere Tage und hadere mit meinem Schicksal. Das ist einer der Preise bei dieser Art des Alleinereisens: wenn man in eine melancholische oder depressive Stimmung kippt, gibt es niemanden der einen davon abhält.

Ich kann da auch nichts machen.

Und man fällt dann mitunter ziemlich tief. Ich phantasiere wie es wäre, wenn ich Andrea in Quito besuche, ihr einen Heiratsantrag mache und mit ihr ein Waisenhaus in der Dritten Welt eröffne. Als ich ihr das per E-Mail schreibe, antwortet sie leicht amüsiert und erschreckt und antwortet, dass das nicht mein Ernst sein könne. Ist es wahrscheinlich eh nicht, aber trotzdem habe ich einen gewissen Gefallen an der Idee gefunden. In meiner Langweile und Verzweiflung beginne ich übers Internet in einer Partnervermittlungsbörse mit Frauen in Österreich zu flirten. Über die Tageszeitung DerStandard komme ich auf die Homepage von „Parship“. Die haben das marketingmäßig recht clever aufgezogen. Ich kann mich gratis anmelden und ein Profil von mir anlegen (inkl. Psychotest). Sobald die ersten Frauen aber Interesse zeigen und mir Nachrichten zukommen lassen, muss ich zahlendes Mitglied werden, um antworten zu können. Die Investition ist es mir wert und das Ganze funktioniert insofern tatsächlich, als es mich auf andere Gedanken bringt. So vergeht auch die Zeit, bis ich nach fast einer Woche endlich weiterreise und dieser Urlaubsidylle entkomme. Es ist schwer zu vermitteln, was mich hier so abstößt. Ist es nur meine Einsamkeit? Die noch nicht verheilte Trennung von Irene? Die Urlauberhorden, die mit Bierdosen in der Hand am Strand im Liegstuhl liegen? Oder mein Unvermögen, diesem Treiben hier zwischen Strandliegestuhl, billiger Pizzeria, Eisdiele oder Bar mit Fußballübertragung auf Großbildschirm etwas abzugewinnen? Wahrscheinlich ist es eine Mischung aus alledem.

Man wird halt auf so einer Reise noch kauziger, speziell wenn man schon als „Eigenbrötler“ begonnen hat.

Rechtzeitig zum „Fluss des Januars“

Mit einem Bus mache ich die 20-stündige Fahrt nach Rio de Janeiro ins eigentliche Herz Brasiliens. Rio de Janeiro heißt ja soviel wie Jännerfluss und ich schmunzle darüber, dass ich es unbewusst so getimet habe, hier im Jänner anzukommen. Einem Tipp von Jok (Mr. „J“ aus der Oasis-Truppe) folgend, habe ich im Hostel „Mellow Yellow“ ein Bett reserviert. Hier versuche ich es noch einmal in einem Sechs-Bett-Zimmer, weil alles andere mein Budget sprengen würde. Das klappt wider Erwarten recht gut, weil die hauptsächlich jugendlichen Backpacker und ich quasi im Schichtbetrieb schlafen. Das Mellow Yellow ist nur einen Steinwurf von der Copacabana entfernt und wenn ich in der Früh um 6:00 Uhr zum Frühsport aufstehe, kommen die meisten anderen erst zum Schlafen nach Hause. Daher stört meine Schnarcherei auch Niemanden und ich versuche beim anschließenden Duschen und Umpacken möglichst leise zu sein.

Es ist schon komisch, wie ich hier ohne große Probleme in einem feuchtheißen Zimmer mit sechs völlig fremden Menschen überhaupt schlafen kann. Noch vor wenigen Jahren wäre das für mich denkunmöglich gewesen. Ich habe früher ja nicht einmal in einem Zelt geschlafen (außer als Teenager), geschweige denn in einem Mehrbettzimmer. Durch meine Jobs zuerst im Verkaufsaußendienst und später im Konzernmanagement bin ich auch recht viel in der Welt herumgekommen und habe es als völlig selbstverständlich betrachtet, in guten Hotels zu wohnen. Im Gegenteil, wenn das Bett zu weich, das Duschwasser zu kalt oder die Klimaanlage zu laut war, habe ich mich fürchterlich beschwert und das für eine Zumutung gehalten. Auf dieser Reise ist das ganz anders. Bei den Vorbereitungen für mein Ruhejahr hat mich mein Freund Josef einmal gefragt: „Wie wirst Du reisen, mit Rucksack oder a la Hemingway?" Ich erwiderte damals : „Was heißt a la Hemingway"? „Na, halt so von Luxushotel zu Luxushotel". Da habe ich eine kurze Kopfrechnung angestellt (330 Tage mal 200,- Euro) und bin zum Schluss gekommen: „Natürlich mit Rucksack". Jetzt ist das Wohnen im Zelt oder im Backpackerhostel nicht nur des Geldes wegen ein Vorteil.

Aha?

Man lernt so einfach viel mehr Gleichgesinnte kennen und so hat man rascher Sozialkontakte, die beim „Alleinereisen" sehr wichtig sind. Sonst vereinsamt man total.

Ihr müsst bitte verstehen, er fühlt sich zur Zeit insgesamt ein wenig verloren in der großen, weiten Welt.

Rio ist pulsierendes Leben 24 Stunden am Tag. Hier ist jetzt Hochsommer und es wird wirklich sehr heiß tagsüber. Es ist (nicht nur für naive Touristen) auch nicht ganz ungefährlich hier. Ich habe wie so oft Glück und mache keine unangenehme Erfahrungen. Andere Reisende im Hostel erzählen mir am Abend, dass sie tagsüber am Strand eingenickt sind und ihnen in der brütenden Sonne die Plastikbadesandalen buchstäblich von den Füßen geklaut wurden. Da kann man sich vorstellen, wie schlimm die Armut in den Slums hier sein muss, wenn gebrauchte Badeschlapfen um einen Euro ein attraktives Diebesgut sind. Der derzeitige Wirtschaftsboom hat denselben Makel wie fast überall auf der Welt: die Kluft zwischen „Arm" und „Reich" geht weiter auseinander. Die Reichen sperren sich in Reichenghettos zusammen, die abgezäunt sind wie Hochsicherheitsgefängnisse. Die Kinder der reichen Leute wachsen in einer Phantasiewelt, in einer künstlichen Realität auf. Entweder bewegen sie sich nur innerhalb der abgesicherten Disneywelt oder sie werden in gepanzerten Fahrzeugen von Leibwächtern zur Schule und zurück gefahren. Was sie vom Auto aus von der „anderen Welt" sehen kommt ihnen wahrscheinlich vor, wie der falsche Level im Computerspiel.

Jesus mit ausgebreiteten Armen

Ich für meinen Teil mache die übliche Touristenroutine, fahre mit dem Bus zur Jesusstatue wo mir ein paar tolle Schnappschüsse bei ausgezeichneten Lichtverhältnissen gelingen. Ein junger Brasilianer erzählt mir zwei Varianten der Geschichte, warum Jesus hier mit ausgebreiteten Händen steht. Die erste Variante ist ein Symbol dafür, dass alle Menschen hier willkommen sind. Laut der zweiten Variante stand Jesus hier ursprünglich mit den Händen nach unten. Bis eines Tages ein paar Jugendliche mit Messern kamen und sagen „Los Alter, rück deine Uhr raus" und der Zimmermannssohn friedlich die Hände hebt und sagt: „Seht doch, ich habe nichts wertvolles dabei".

Die Copacabana ist auch eine Art Jahrmarkt der Eitelkeiten und mir gelingen an einem

Vormittag ein paar schöne Fotos von den flanierenden Menschen. Die U-Bahn in Rio ist blitzsauber, klimatisiert und wahrscheinlich zu teuer für die meisten Einheimischen. Das schließe ich aus der Tatsache, dass die Waggons nur zu 10 % mit Fahrgästen gefüllt sind. Im Centro Cultural Banco do Brasil sehe ich eine sehr gut gemachte Ausstellung über präkolumbianische Kunst. Es gibt unter Anderem tolle Multimediapräsentationen mit riesigen Leinwänden und ich stelle fest, dass ich viele der hier gezeigten Orte in den letzten vier Monaten selbst besucht habe. Das macht mich ein bisschen stolz. Auf einen der schönen Hügel fahre ich mit einer abenteuerlichen alten Straßenbahn, die hauptsächlich als Touristenattraktion noch betrieben wird. Dort besuche ich das zum Museum umfunktionierte ehemalige Bürgerhaus eines franko-brasilianischen Industriellen des vorigen Jahrhunderts. Der ehemalige Hausherr hat eine imposante Privatkunstsammlung in dieser mittlerweile hundert Jahre alten Villa zusammengetragen. Es hängen Picassos, Miros und Dalis herum, um nur ein paar von den bekanntesten Namen zu nennen. Aber mir gefällt das Haus selbst fast noch besser als die Bilder. Vom Stil her könnte die Villa genauso gut von einem modernen Architekten der Gegenwart stammen. Die Insider würden das wahrscheinlich Bauhaus nennen. Jedenfalls ein idealer Wohnsitz für einen begüteten Riofan.

Ja, wäre halt netter als das Sechs-Bett-Zimmer.

Die Fleischeslust

Irgendwie wirkt die ganze Stadt auf mich wie ein riesiges Freiluftpuff. Wobei mich das sehr appetitlich zur Schau getragene (halb-) nackte Fleisch hier nur theoretisch reizt. Ich komme zwar leicht mit Frauen ins Gespräch und die sind auch sehr offen. Aber ich habe schnell den Verdacht und das Gefühl, selbst nur ein Ticket zu sein. Ein Ticket nach Europa für ein vermeintlich besseres Leben. Da sind mir professionelle Huren lieber. Da ist der Preis von vornherein klar.

Ja ja, stattdessen sitzt er im Internetcafé und flirtet mit irgendwelchen Wienerinnen übers Internet, während die Schönheiten an der Copacabana auf und ab stolzieren.

Nach einer Woche wird es mir in mehrerlei Hinsicht zu heiß und ich fliege am Freitag, den 13. in die südlichste Stadt auf dem amerikanischen Kontinent.

Die südlichste Stadt

Das sagen zumindest die argentinischen Tourismusinfos über ihr „Ushuaia" auf Feuerland in Patagonien. Meine Freunde im derzeit kalten Europa fühlen sich wahrscheinlich provoziert, wenn ich ihnen maile, dass es mir in Rio zu heiß wurde. Aber tatsächlich sind mir die Temperaturen hier (angenehme 12 bis 20 Grad) momentan viel lieber und es gibt dafür 16 Stunden am Tag Sonne. Ich bin ja nicht so der Wintertyp und habe bewusst die Reiseroute grob so abgesteckt, dass ich vom Sommer in den Sommer reise. Und so erinnert mich die Landschaft hier auch ein wenig an Alaska und die dortigen

Fjorde. Für die Vorbereitung zu meiner Reise hier in Patagonien habe ich auch mit Polo Kontakt aufgenommen. Polo ist ein netter Bekannter aus Chile, den ich vor zwei Jahren während einer Zugfahrt von München nach Wien kennen lernte. Damals war er gerade auf Europareise und ich auf einem Geschäftstrip. Wir kamen ins Gespräch, weil ich ja schon ein paar Brocken Spanisch konnte und kurz bevor wir in Wien ankamen, hatten wir uns schon etwas angefreundet. Er wusste noch nicht, wo er in Wien wohnen wird und ich habe ihm angeboten, zu mir zu ziehen. Das hat ihn zwar gefreut, aber letztendlich hatte seine österreichische Freundin, die ihn am Westbahnhof erwartete, bereits eine andere Bleibe organisiert. Wir blieben im freundlichen E-Mail Kontakt und Polo meinte, ich müsse ihn unbedingt besuchen, wenn ich nach Patagonien komme. Er lebt nämlich hier im Süden auf der chilenischen Seite und arbeitet als Bergführer und „Tourguide“ im Nationalpark „Torres del Paine“. Polo kennt die ganze Gegend hier und hat mir per E-Mail schon für Ushuaia ein paar Tipps gegeben. So komme ich in einem sehr netten Hostel unter, das ich hier wärmstens empfehlen kann: Antarctica Hostal (info@antarcticahostal.com). Am ersten Nachmittag mache ich eine kleine Wanderung und werde mit einem wunderschönen Panoramablick belohnt. Vor mir liegt wilde, ungezähmte, polnahe Natur. Ich sehe unter mir die recht klein wirkende Stadt Ushuaia, mit ihrem Hafen und das Wasser des Beaglekanals. Dahinter auf einer Landzunge im Meer ist die Landepiste des Flughafens und weiter hinten wieder Berge. Der Himmel ist hellblau und das Wasser hellgrün. Abends verbringe ich ein paar ruhige Stunden im Hostel und komme mit anderen Reisenden ins Gespräch.

Der Abenteuerfritz

Die nächsten Tage mache ich noch eine Kanutour auf dem Beaglekanal, eine Gletscherwanderung und lerne im Hostel Fritz kennen. Fritz liegt nämlich im 4-Bettzimmer direkt neben mir. Fritz kommt aus Deutschland, ist Sportlehrer und fährt seit zwei Jahren mit dem Fahrrad und einem Anhänger (insgesamt 80 Kilogramm) durch die Welt. Er hat bereits 40.000 Kilometer (quasi einmal um den Äquator) abgestrampelt und hat vor, noch weitere zwei Jahre unterwegs zu sein. Er erzählt tolle Geschichten von seinen Abenteuern und das Besondere an Fritz aber ist, dass er bereits 66 Jahre (!) auf dem Buckel hat. Hier seine Homepage für Interessierte: www.abenteuer-fritz.de. Beim Wandern lerne ich noch einen jungen Franzosen kennen und einen kanadischen Genforscher, der mir ein paar Tipps für Vietnam gibt, falls ich dort noch hinreisen werde. Vier Tage später fahre ich mit dem Bus los in Richtung Chile. Wir überqueren mit einer Fähre die Magellanstraße und ich komm mir wieder vor wie ein Abenteurer.

Eh klar, zwischen fotografierenden Japanern und einem Rudel junger Israelis

Polo

Nach 12 Stunden komme ich in Punta Arenas bei Polo an. Wir hatten telefonisch vereinbart, dass er mich am Busbahnhof abholt. Ich warte so eine knappe halbe Stunde (wir sind ja in Lateinamerika) und mir dämmert langsam, dass möglicherweise etwas nicht stimmt. Blöderweise habe ich keine chilenische Währung eingesteckt und muss mir zuerst Geld zum Telefonieren besorgen. Beim zweiten Versuch erreiche ich Polo auf seinem Handy. Er ist ganz aufgeregt und fragt mich, wo ich denn stecke. Langsam dämmert mir, dass ich in der falschen Stadt abgestiegen bin. Ich hatte die beiden Namen verwechselt. Polo wohnt in Puerto Natales, das für mich mysteriöserweise wie Punta Arenas klang. Puerto Natales aber liegt noch einmal drei Busstunden weiter. Heute fährt gar kein Bus mehr in diese Richtung. Also muss ich mir eine Bleibe für die Nacht besorgen und am nächsten Morgen geht's dann endlich wirklich zu Polo. Dort werde ich von ihm und zwei seiner Freunde wie ein lange verschollener Bruder empfangen, was mir in der Seele gut tut. Wir verbringen den Nachmittag und Abend in Polos Wohnung, wo ich die nächsten Wochen auch wohnen kann.

Und natürlich nichts zahlen darf – so ein Glück.

Polo ist der perfekte Gastgeber und will auf keinen Fall Geld annehmen. Das Einzige, was ich für ihn tun kann, ist hin und wieder für ihn und seine Freunde zu kochen. Bei Polo wohnt noch eine Freundin von ihm. Angelika ist aus Deutschland und arbeitet auch im Nationalpark bzw. hat bis vor kurzem dort gearbeitet.

Etwa zu der Zeit wird Michelle Bachelet zur Präsidentin von Chile gewählt. Im Onlinestandard hatte ich schon ein langes Interview mit ihr gelesen und freue mich über ihren Wahlsieg (während ich die letzten Kapitel dieses Buches ca. 1½ Jahre später schreibe, ist Exdiktator Augusto Pinochet gestorben – leider ohne jemals für seine Gräueltaten zur Verantwortung gezogen zu werden). Übrigens bin ich seit Rio de Janeiro nicht nur regelmäßig im Internetcafe beim Zeitunglesen, sondern maile fleißig mit ein paar interessanten Frauen aus Parship. Mittlerweile hat sich die anfängliche Flut an Interessentinnen auf drei reduziert. Eine davon, Sabine hat es mir besonders angetan. Aber mehr dazu zu einem späteren Zeitpunkt.

In den nächsten Tagen zeigt mir Polo die Schönheit seiner Heimat, wir machen einen Ausflug zu der Höhle des Milodon. Hier fanden Forscher nämlich die Überreste von einem prähistorischen Riesenbären, den sie Milodon tauften. An einem anderen Tag organisiert Polo für uns ein 2er-Kanu mit dem wir eine Ausfahrt auf den Fjord „Ultima Esperanza“ (letzte Hoffnung) an dem Puerto Natales liegt, machen. Übrigens hat Polo zum Glück auch eine richtige Espressomaschine in seiner Wohnung und ich mache es mir richtig gemütlich. Am Wochenende machen wir zu viert einen Ausflug. Polo, Angelika, eine weitere Freundin des Hauses namens Marlen und ich fahren zum 17. Festival de Esquilla nach Villa Telhuelches. Das ist ein kleiner 2.000 Seelenort - und übrigens auch der „Einzige“ - auf halbem Weg zwischen Punta Arenas und Puerto Natales. Hier ist jetzt der alljährliche Event für die ganze Gegend, das „Schafscherfestival“. Angelika und ich sind so ziemlich die einzigen Nichteinheimischen und wir erleben patagonische Folklore in Reinkultur: einen Schafscherwettbewerb, Gauchos auf

Wildpferden und tolle Bands – eine davon mit einem sehr guten Akkordeonisten. Mit Polos Beziehungen (er kennt den Bürgermeister) werden wir auch zusammen mit der Dorfelite zum großen Galadinner eingeladen. Das findet in der zum Festsaal umgebauten Schulturnhalle statt. Das Ganze hat einen angenehm hemdsärmeligen und bodenständigen Charme und mir gelingen einige tolle Schnappschüsse.

Als Nichtraucher aus dem „Torres del Paine"

In der kommenden Woche mache ich eine 6-tägige Wanderung durch den Torres del Paine-Nationalpark. Mittlerweile darf man nicht mehr alleine in den Park, aber mit Polos Beziehungen komme ich locker rein. So geht es eines Morgens los mit dem Bustransfer, wobei ich so tue, als gehörte ich zu einer der Gruppen. Dabei habe ich meinen Rucksack samt Proviant für 5 Tage, Karte, viele gute Tipps von Polo und den festen Vorsatz, von dieser Wanderung als Nichtraucher zurückzukehren. Mit zarten 12 Jahren hatte ich begonnen, Zigaretten zu rauchen. Das war echt widerlich und ich musste mich extrem überwinden und gegen den Hustenreiz kämpfen, beim Versuch, die ersten Lungenzüge zu machen. Aber die pubertäre „Coolness" hat das gefordert und ich war nur allzu willig. Mit 30 habe ich es im zweiten Anlauf geschafft, mit den Zigaretten aufzuhören und stattdessen nur noch circa eine Zigarre pro Tag zu paffen. Das war in sofern ein Fortschritt als ich davor zwischen 30 – 50 Stk. selbstgedrehte (natürlich filterlose) Zigaretten pro Tag inhalierte, die Zigarre (eben nur eine) jedoch nicht mehr auf Lunge rauchte. Sozusagen als Belohnung für die Konsequenz habe ich mir dafür die feinsten, handgemachten aus Kuba gegönnt. In den letzten Wochen jedoch bin ich mehr und mehr zu dem Schluss gekommen, dass diese Epoche in meinem Leben ein Ende haben muss. Einerseits ertappte ich mich auf der Reise immer öfter dabei, dass ich nicht nur eine sondern zwei und manchmal sogar drei Zigarren am Tag rauche. Zum Anderen habe ich immer öfter leicht wunde Lippen und bekomme schnell kleine Fieberbläschen. Das halte ich für ein Alarmsignal und so habe ich den Vorsatz gefasst aufzuhören.

Die Landschaft ist atemberaubend, das Wetter wechselt durch alle vier Jahreszeiten innerhalb von wenigen Stunden und ich erlebe einen eineinhalbtägigen Sturm wie ich es bisher nicht für möglich hielt. An einer Stelle wandere ich in circa 200 Meter Höhe über einem Gletschersee. Da sehe ich, wie eine Windhose in den See fährt, dort Wasser schöpft und über den Hang quer hinauf in meine Richtung regnet. 10 Sekunden später bin ich von oben bis unten nass - unglaubliche Naturgewalten. Ich schlafe in meinem eigenen Zelt und halte mich an die dafür vorgeschriebenen Camps. Bei manchen gibt es auch Verpflegung zu kaufen und so komme ich mit meinem Proviant locker aus. Leider gibt es – wenn überhaupt – überall nur Nescafé. Ich hadere mit meinem Schicksal, wenn ich schon auf Zigarren verzichten muss, auch noch keinen guten Kaffee zu bekommen.

Diese Jammerei, als ob er was weiß ich was für Leiden ertragen muss.

So eine Wanderung durch die wilde Natur hat für mich eine ganz eigene Mystik. Nach einer gewissen Zeit komme ich regelmäßig in eine Art Trance, meine Gedanken schweifen in alle möglichen Richtungen. Ich schmiede Pläne für die Zeit nach dem Ruhejahr, neue Firmenprojekte, neue Buchprojekte etc. In der Nacht liege ich im Zelt und kann schlecht schlafen, weil der Wind dermaßen laut pfeift, dass selbst meine Ohropax keinen wirklichen „Frieden“ schaffen. Zwar habe ich eine relativ windstille Nische für mein Zelt gefunden, aber hin und wieder kommt eine Böe direkt von oben herunter und wirft sich mit voller Wucht auf meine Zeltplane. Zuerst höre ich aus der Ferne das Pfeifen der herannahenden Windböe, dann wird es einen Augenblick lang ganz still und „Patsch!!“ - als würde ein Riese mit der flachen Hand auf mein kleines Zelt klatschen. Ich bin echt beeindruckt, dass mein Zelt am nächsten Morgen noch steht.

Als ich am sechsten Tag wieder mit dem Shuttlebus zurück zu Polo fahre, fühle ich mich innerlich und äußerlich geläutert und habe keinerlei Bedürfnis nach einer Zigarre und das wird auch so bleiben. Sicherheitshalber schenke ich meine letzten „Purros“ (spanisch für Zigarren) Polo und seinem Freund Pato.

Aha, damit die sich den Lippen- und Zungenkrebs holen, oder was?

Nach der Ankunft geht es gleich ab ins Internetcafe. Ich bin schon ganz gespannt, wer mir in den letzten sechs Tagen geschrieben hat. Zu meiner großen Enttäuschung stelle ich fest, dass Sabine, meine Psychologin aus Wien nicht dabei ist. Schade, die interessiert mich derzeit am meisten und ich bin gespannt, ob da noch etwas kommen wird.

Die werden alle wieder seetauglich gemacht

Polo im Hafen

2 junge Brasilianerinnen zeigen mir den Weg

Sandkunst an der Copacabana

Beim Wandern auf Feuerland

Mit dem Kajak auf dem Fjord "Ultima Esperanza"

Authentische Folklore in Patagonien

Der Hausherr mag fröhliche Farben

Wildpferde zureiten ohne Sattel

KAPITEL 7, FEBRUAR

Nicht vom Fleck kommen

Wenn ich so in meinen Tagebüchern der letzten Monate nachlese, drängt sich mir der Verdacht auf, dass ich mich in dieser Ausnahmesituation des Alleinereisens besonders schnell verliebe.

Verdacht ist gut.

Das ist wahrscheinlich für Außenstehende die selber nicht schon einmal in so einer Situation waren schwer nachvollziehbar.

Das hat er sich ja schön zurechtgelegt.

Beim Kaffeetrinken lerne ich zum Beispiel eine junge Holländerin kennen und nach wenigen Minuten Konversation bemerke ich schon eindeutige Symptome bei mir. Oder eine chilenische Arbeitskollegin von Polo – dasselbe in Grün. Jedenfalls gefällt es mir hier sehr gut und ich merke, dass ich die Weiterreise vor mir herschiebe. Polo scheint sich über meine Gesellschaft zu freuen und wir kommen sehr gut miteinander aus. Angelika (seine mehrmonatige Untermieterin) reist weiter nach Puerto Varas. Das ist circa 1.000 Kilometer weiter nördlich aber immer noch in Patagonien. Angelika besucht dort eine deutschstämmige chilenische Freundin. Jetzt haben Polo und ich die Wohnung für uns alleine. Ich übersiedle vom Wohnzimmerboden in Angelikas Zimmer. Da gefällt es mir gleich noch eine Spur besser und die Idee hier wieder abzureisen wird dadurch noch unangenehmer. Ich kann hier tolle Wanderungen unternehmen, es gibt ein „Lieblingskaffeehaus", das ich allen Reisenden wärmstens empfehlen kann. Es heißt „El Living" und ist in dem kleinen Kaff leicht zu finden (einfach danach fragen). Dort gibt es ausgezeichneten Kaffee, hausgemachte Kuchen und interessante Speisen. Sarah, eine aparte Engländerin in meinem Alter, die (als eine der wenigen) hier das ganze Jahre lebt, arbeitet als Englischlehrerin und eben auch Kellnerin im „El Living". Sie behandelt mich wie einen Stammgast und gibt mir schon den Einheimischenrabatt (meist großzügig aufgerundete 10 Prozent auf alle Preise).

Klar, dass er da nicht mehr weg will

Dieser Ort ist im arktischen Winter angeblich ziemlich vereinsamt und schrumpft auf ein paar handvoll Bewohner zusammen, erzählt mir Sarah. Momentan ist Hochsaison und es tummeln sich so um die 2.000 Menschen hier. Weit mehr als die Hälfte sind Touristen. Im „El Living" treffe ich zufällig auch einen der jungen Schweizer aus meiner Schule in Buenos Aires wieder. Wir begrüßen uns wie alte Freunde und er erzählt mir, dass er mich gestern hier in der Zeitung gesehen hat. Dazu muss man wissen, dass die hiesige Zeitung (für die drei Ortschaften, die es hier auf knapp 1.000 Quadratkilometern insgesamt gibt) das Format und das Aussehen einer besser gemachten Schülerzeitung hat. Das gibt ihr natürlich einen besonderen Charme und die Journalisten des Blattes kennen wahrscheinlich jeden Leser persönlich. Jedenfalls bin ich auf dem Schafscherfest wie eine ausländische Prominenz fotografiert worden und selbst Sarah im „El Living" hat mich schon darauf angesprochen.

Tja, der berühmte Star aus Austria

Polo ist wie gesagt sehr gastfreundlich. Das betrifft nicht nur mich, sondern jeden, der in seine Wohnung kommt. Mit Anfang 30, langen glänzend schwarzen Haaren, die er oft in einem Rossschwanz trägt, einem modisch getrimmten Ziegenbärtchen und seinen funkelnd, leicht schelmisch lachenden Augen ist er auch der Schwarm vieler Frauen hier. Diesbezüglich schätze ich, geht es ihm wie den Schilehrern bei uns in den Alpen. Die Touristinnen scheinen ihre erotischen Phantasien auf diese sehr maskulin wirkenden Männer zu fokussieren und lassen erstaunlich schnell so ziemlich alle Hemmungen fallen.

Ja ja, der Neid

Polos wirkliche Liebe gilt aber Emily. Von ihr erzählt er mir immer wieder. Emily ist Australierin, lebt derzeit in Sydney. Die beiden haben das was man eine „Long Distance"-Beziehung nennen würde. Sie telefonieren oft und schmieden Heiratspläne. Nachdem ich vorhabe, als nächstes über Australien nach Asien zu reisen, liegt es nahe, dass ich für Polo den Liebesboten spiele und er richtet Geschenke für Emily und ihre Familie her. Wir gehen extra zu einer jungen ortsansässigen Goldkünstlerin, die schönen, hippiemäßigen Silberschmuck macht. Polo entwirft dort einen Ring für seine Liebe. Den werde ich nebst diversen Briefen und in eine Kartonrolle gerollte Bilder eine Zeitlang mit mir herumschleppen, um sie dann in Sydney zu übergeben.Polos Wohnung liegt über dem Büro einer Autovermietung. Die Häuser hier sind alle einfach und aus Holz gebaut und wirken mit ihren Blechdächern sehr fragil. Ich frage mich, wie man die im Winter überhaupt auf Zimmertemperatur heizen kann. Polos Wohnung nimmt das ganze Obergeschoss dieses nicht großen Hauses ein. Der Aufgang besteht aus einer neuen Holztreppe an der noch das Geländer fehlt. Ab und zu kommt Polo erst frühmorgens vom nächtlichen Ausgang nach Hause. Begleitet von ein paar sehr illuminierten Kumpels feiert er dann oft in der Wohnung weiter. So auch heute früh. Dabei sorge ich mich, dass einer im Suff zu schwungvoll aus der Wohnung geht und wegen des fehlenden Geländers abstürzt und sich das Genick bricht. Das passiert aber glücklicherweise nicht. Ich stehe zum Frühsport auf und begrüße die Truppe. Einer davon ist schon auf dem Sessel eingenickt, ein anderer begrüßt mich lauthals und freundschaftlich, als wäre ich sein ältester Busenfreund. Er will mir auch ein Bier und eine Zigarette aufdrängen. Dabei sind seine Bewegungen schon etwas unkontrolliert und um eine Spur zu ausladend, seine Zunge scheint dafür zu schwer und zu träge. Bei dem Gedanken an Bier und Zigaretten direkt nach dem Aufstehen verbunden mit dem Geruch dreht sich mir fast der Magen um und ich sehe zu, dass ich mit einem freundlichen Gesicht einen schnellen Abgang mache. Ansonsten ist Polo sehr ordentlich, fast schon penibel sauber, und ich achte darauf, dass ich meine Sachen nicht irgendwo liegen lasse, wo er vermutlich nichts liegen haben will.

Verhinderte Schiffsreise durch die Fjorde

Wie ich es auch drehe und wende, es wird Zeit wieder weiterzureisen. Andere Reisende und auch Polo haben mir von der Schifffahrtslinie erzählt, die zwischen hier und Puerto Mont weiter im Norden verkehrt. Die Linie besteht aus einer einzigen Fähre. Diese kann bis zu 300 Passagiere und einiges an Fracht aufnehmen. Die Passage durch die chilenischen Fjorde zwischen den Inselchen in Richtung Norden dauert drei Tage und soll eine der schönsten Schiffsreisen sein, die man machen kann. Das erscheint mir die richtige Methode von hier weiterzureisen und ich buche mir eine Passage mit Kabine im 4-Bett-Abteil.

Schon fast verschwenderisch, würde ich sagen

Am Tag vor meiner Abreise erfahre ich via E-Mail, dass das Schiff einen Motorschaden hat und alle Passagen bis auf weiteres storniert sind. So, jetzt bin ich mit circa 300 anderen Touristen gestrandet und gehe erstmal stundenlang anstehen, um mein Geld zurückzubekommen. Die armen Angestellten der Schifffahrtsgesellschaft sind auf die Situation absolut nicht vorbereitet und geben sich die größte Mühe einen guten Job zu machen. Leider sind viele Touristen ungeduldig und benehmen sich schlecht.

Ja, andere haben vielleicht auch nicht ein ganzes Jahr Zeit.

Außer dem Schiff gibt es zwei Alternativen, um Richtung Norden zu kommen: die Busfahrt dauert circa 40 Stunden und ein Flug dauert 2 bis 3. Wobei der Flughafen nicht hier sondern in Puerto Arenas ist, was ja bekanntlich wieder 3 Busstunden von hier entfernt ist. Jedenfalls entscheide ich mich für die Busfahrt. Ich bekomme noch einen der letzten Plätze in dem Bus für übermorgen. Jetzt heißt es von hier Abschied nehmen. Polo ist mir schon sehr ans Herz gewachsen und er wird mir sicher auch fehlen.

Die Busfahrt dauert unter anderem auch so lange, weil es auf chilenischem Boden keine Straße in den Norden gibt. Das heißt der Bus muss zuerst über die Grenze um dann auf argentinischen Straßen Richtung Norden zu kommen und dort irgendwann wieder über die Grenze zurück nach Chile. 40 Stunden Busfahrt klingt schlimmer als es ist. Die Busse hier sind wie in Argentinien und Brasilien sehr okay, mit bequemen Sitzen und vernünftigen Fahrern. Aber gegen Ende wird es mir dann doch sehr lange und ich bin jedenfalls ziemlich froh, als ich am Sonntag den 5. Februar um 20:00 Uhr am Abend endlich aus dem Bus aussteigen kann. Gleich neben Puerto Mont (das am Meer liegt) ist der kleine Ort Puerto Varas, direkt an einem kleinen See. Und in Puerto Varas ist ja auch Angelika, die Ex-Wohnungskollegin von Polo. Angelika wohnt bei einer Freundin die eine kleine Privatpension betreibt. Daher habe ich mich für ein paar Tage hier angemeldet. Verena, die Vermieterin ist Chilenin mit deutscher Großmutter. Ihr Haus könnte rein optisch genauso gut am Gardasee oder Bodensee stehen.

Wobei Mister Sparsam sich verkalkuliert hat. Die Mädels sind nämlich nicht dumm und verrechnen den ortsüblichen Zimmerpreis.

Chile ist wie...

Mein älterer Bruder, der schon vor 20 Jahren lange Zeit in Lateinamerika war, hat mir vor meiner Abreise einmal gesagt: „Wirst sehen, Argentinien ist wie Italien und Chile ist wie Deutschland". Da ist sicher was dran und was Chile anlangt trifft das hier am ehesten zu. Eine junge Deutsche, die hier über den Sommer bei Verwandten wohnt und in der Touristeninfo jobbt, erzählt mir: „Chile ist für mich das einzige Land auf der Welt, wo ich mich als Deutsche richtig willkommen und beliebt fühle". Ich muss schmunzeln, weil als Österreicher fühle ich mich fast überall willkommen. Vielleicht liegt es auch ein wenig daran, dass die Österreicher bessere PR machen und ein beachtlicher Teil der Welt noch heute glaubt, dass Hitler Deutscher war und Beethoven Österreicher.

Sehr einfühlsam und geistreich, also wirklich.

Jedenfalls genieße ich zwei Tage hier, mache eine lange Wanderung um den See und wenn nicht ein riesiger, schneebedeckter Vulkan im Hintergrund stünde, könnten die

Fotos tatsächlich vom Chiemsee oder so stammen. Nach ein paar Tagen zieht es mich auch von hier wieder weg und ich versuche meinen, für den 22. gebuchten Flug von Santiago nach Sydney vorzuverlegen. Das gelingt mir nicht und so werde ich noch ein wenig in Chile bleiben. Puerto Varas hält mich aber nicht und so komme ich auf die Idee, mir ein paar von den berühmten chilenischen Weingütern anzusehen und vielleicht irgendwo bei der Weinlese zu helfen. Hier geht ja der Sommer zur Neige und die Trauben sind reif. Am Tag vor meiner Abreise hat mein Sohn seinen 19. Geburtstag. Ich rufe ihn an und singe ihm ein Geburtstagsständchen. Er freut sich und ist recht ausgelassen, weil er ja endlich erwachsen ist.

Bus fahren

Mit dem Nachtbus fahre ich von Puerto Varas nach Santiago. Dort komme ich in der Früh an und frage mich durch, wie ich nach San José de Maipo fahren könne. Dieser Ort liegt in einem Seitental mit angeblich vielen guten Weingütern. Die Anbindung stellt sich als kompliziert heraus, ich muss zuerst mit der U-Bahn zu einem anderen Busbahnhof, von dem zuerst gar nicht sicher ist, ob es den überhaupt noch gibt. Glücklicherweise stimmt die Information und ich fahre von dort mit einem so genannten Mikrobus noch ein paar Stunden weiter in die Berge. In Santiago will ich zurzeit nicht bleiben, es hat hier nämlich über 30 Grad. Bei den hiesigen Busfahrern gibt es offensichtlich zwei grobe Kategorien. Die, die diese langen Überlandfahrten machen, haben alle einen vernünftigen Fahrstil. So auch der, mit dem ich in der Nacht hierher nach Santiago gefahren bin. Aber auf den kürzeren Strecken und in den Mikrobussen scheint eine andere Kategorie von Busfahrern unterwegs zu sein. Denn was ich hier auf der Fahrt von Santiago nach San José erlebe, ist wirklich Angst einflößend. Positiv ausgedrückt könnte man sagen, es handelt sich um echte Multitasking-Talente: gleichzeitig lenken, schalten, Fahrgeld kassieren (inklusive abzählen und Fahrkartenwechselgeld geben), mit einem Kollegen ein Schwätzchen führen und dann noch (allerdings erst nach dem Kassieren) die neu gekaufte Wertkarte für das eigene Handy frei rubbeln und den Code eintippen. Damit ist für den Rest der Fahrt genügend Guthaben im Handy zum Telefonieren. Das Handy wird natürlich mit der Hand ans Ohr gehalten, weil so ein Ohrstecker wäre bestimmt zu uncool. Obendrein ist der Fahrer offensichtlich der festen Überzeugung, seine eigentliche Berufung wäre die Formel 1. Verbunden mit der Todesverachtung und dem Ehrgeiz eines circa 15-jährigen (der Mann ist allerdings in meinem Alter) führt dies ständig zu echt brenzligen Situationen. Statt zu bremsen, löst er solche Situationen bevorzugt mit wildem, hektischem Gebrauch der Hupe. Wie durch ein Wunder entrinnen wir mehrfach dem Tode und das nur weil andere Verkehrsteilnehmer extrem schnell und oft auch in letzter Sekunde reagieren. Mir geht das ziemlich auf die Nerven und ich überlege hin und her, ob ich nicht irgendwas sagen soll. Die anderen Einheimischen sitzen alle ziemlich gelassen und stoisch im Bus und ich belasse es dann dabei und vertraue auf mein Schicksal.

Ja und ich hatte wieder alle Hände voll zu tun.

In José de Maipo finde ich keine Weingüter, auch nicht in der näheren Umgebung. Ich bleibe zwei Tage in dieser bergigen Gegend, lerne die Tochter eines ehemaligen Zeitungsmoguls und Präsidentenmachers kennen. Sie versucht gemeinsam mit ihrem Mann die verfallene Präsidentenvilla in ein Guesthouse umzubauen. In dem Haus wohne ich die zweite Nacht. Das Anwesen ist echt beeindruckend.

Valparaiso, die ehemalige Schönheit

Aber länger hält es mich auch hier nicht und so fahre ich dann weiter, wieder durch Santiago und noch weiter an die Küste bis nach Valparaiso. Der Name ist in dem Fall irreführend. Paradiesisch ist an sich wenig in dieser alten und heruntergekommenen Hafenstadt. Einst war das hier der wichtigste Hafen im südlichen Amerika. Von dem Reichtum vor circa einem Jahrhundert zeugen noch alte Herrschaftshäuser auf den Hügeln und die auf die ganze Stadt verteilten skurril anmutenden alten Aufzüge. Reiche Kaufleute ließen diese einst bauen um nicht die steilen Straßen oder Treppen zu Fuß gehen zu müssen. Die Stadt liegt also direkt am Meer, auf steilen Hügel und Felsen gebaut. Die unterschiedlich zerfallenen, teilweise schon wieder schön renovierten oder nur mit viel bunter Farbe aufgepäppelten Häuser ergeben ein interessantes und buntes Bild. In den Gassen stinkt es überall nach verfaulenden Fischen, Müll und Exkrementen. Dennoch hat die Stadt bei genauerem Hinsehen einen eigentümlichen Charme und ich bleibe trotz anderer Pläne eine ganze Woche hier. Auf einem der Hügel finde ich ein nettes Zimmer in einem kleinen Hotel, das ich sparsamen Reisenden hier wärmstens empfehlen kann: Rincon de Valparaiso, Atahualpa 333c, Carcel Valparaiso, Telefonnummer +56 032 491104. Es gibt nämlich eine nette Gästeküche mit Frühstücksraum direkt unter dem Dach mit einem sagenhaften Ausblick und die Benützung der drei Internet-PCs ist für Gäste gratis.

Da haben wir uns aber sehr gefreut und konnten ausgiebig mit der Frau Psychologin in Wien korrespondieren.

In den nächsten Tagen erkunde ich diese interessante Stadt und mache auch zwei Ausflüge in das direkt danebenliegende „Viña del Mar". Aus diesem ehemaligen Wochenendsitz der reichen Bürger Santiagos und Valparaisos ist mittlerweile ein eigener Urlaubsort geworden. Hier findet derzeit ein Musikfestival statt.

Die alten Wunden

An einem anderen Abend beschließe ich in einen Jazzclub zu gehen und breche nach dem Abendessen so gegen 20:00 Uhr auf. Weil es aber auch in dem Jazzclub erst um 23:00 Uhr losgeht, habe ich noch Zeit und schlendere ein wenig durch die Gassen. An einem kleinen Platz, der in einer steilen Straßengabelung liegt, bemerke ich ein paar Menschen, die gerade mit Bühnenaufbauarbeiten beschäftigt sind. Bühne gibt es eigentlich keine, aber ein paar einfache Lichter deuten eine Bühne an. Am Rand sitzen zwei Musiker mit Mikrophonen und einfachen Boxen und machen gerade einen

Soundcheck. Der Platz hat die Größe eines Volleyballfeldes, ein paar Bäume, ein paar Bänke, viele Hundstrümmerl (Wienerisch für Hundekot), kurz - die chilenische „Shrink Version" des Wiener Beserlparks (Beserl steht für ein paar trockene Sträucher).

Neugierig wie ich bin, setze ich mich zu den Wartenden auf eine kleine Mauer. Vier Schauspieler und zwei Musiker verzaubern uns sodann im Handumdrehen und führen uns in eine Teils slapstickartig erzählte Geschichte zweier Liebender. Dann wird es immer heftiger. Es ist, als würde die nur schlecht verheilte kollektive Wunde der jüngsten Diktatur aufbrechen. Eine unglaubliche Welle aus Schmerz und Leid erfasst den ganzen Platz und so auch mich. Ganz leise habe ich mitgeweint, getrauert um die Verschleppten, Gefolterten, Namenlosen, in irgendeinem Loch Verscharrten. Danach bin ich wie belämmert und recht irritiert. Zwar gehe ich noch in den Jazzclub, aber ich bin so verstört und auch schon viel zu müde, sodass ich in der ersten Pause aufbreche und schlafen gehe.

Ja, so ein Frühschläfer hat es schwer in Lateinamerika.

Tagsüber komme ich viel zum Lesen, verarbeite meine Südamerika-Eindrücke und schaffe auch endlich mein erstes spanisches Buch. Meinen ursprünglichen Plan des 1.200 Seiten Cervantes habe ich ja aufgegeben. Ich begnüge mich jetzt mit einem 150 Seiten Verkaufsbüchlein aus den 60er Jahren, welches ich hier auf einem Flohmarkt gekauft habe.

Naja, wenigstens das Thema war ihm vertraut

Die Zeit auf dem Kontinent geht zu Ende. Ein halbes Jahr und somit die Hälfte meiner Weltreise ist vorbei und ich ziehe weiter in Richtung Australien, um von dort aus nach Asien zu gehen, wo ich die zweite Hälfte meiner Weltreise verbringen will. So fahre ich für eine letzte Nacht nach Santiago und fliege dann für viele, viele Stunden über Aukland nach Sydney.

Flug nach Sydney in der Toilettenklasse

Ausgerechnet am letzten Tag auf dem lateinamerikanischen Kontinent muss ich mir den Magen verrenken. Dabei kann ich nicht einmal rekonstruieren, wo ich etwas Schlechtes oder Verdorbenes gegessen haben sollte. Der Flug von Santiago über Aukland nach Sydney dauert alles in allem circa 18 Stunden. Wie üblich bin ich schon sehr früh beim Check-In und ärgere mich darüber, dass ich trotzdem keinen Fensterplatz mehr bekomme. Die freundliche Dame die mir nur noch einen Gangsitz anbieten kann, erklärt mir, dass die alle schon vorreserviert sind.

Naja, vielleicht sollten wir das halt auch einmal überlegen, Mr. Weltenbummler.

Das mit meinem Magen merke ich erst so richtig im Flieger und bin im Nachhinein unglaublich dankbar für den Gangsitz, da ich circa alle halbe Stunde für eine längere Sitzung aufstehen muss.

Wen interessiert das jetzt bitte?

Übers Internet hatte ich in Syndey ein Einzelzimmer in einem Hostel in Kings Cross gebucht. Den Namen erwähne ich nicht, weil mich das nicht nachhaltig begeistert hat. Der Flughafentransfer ist wenigstens im Preis inbegriffen. Leider muss ich auf den aber eineinhalb Stunden warten. Ich komme völlig dehydriert und erledigt am frühen Vormittag mit 14 Stunden Zeitverschiebung im Hostel an. Ich dachte auch immer, dass 12 Stunden die maximale Zeitverschiebung sein kann. Aber es ging über die Datumsgrenze hinweg und daher sinds doch 14 Stunden. Und jetzt mache ich einen entscheidenden Fehler. Nachdem ich schon dringend aufs Zimmer (und aufs Klo) will und geistig nicht mehr ganz frisch bin, bezahle ich gleich für meinen kompletten Sydneyaufenthalt (von 12 Tagen) mit Kreditkarte für das Zimmer.

Jaja, das Jetlag ist schuld und die Verdauung – auf keinen Fall selbst die Verantwortung übernehmen.

Profis zahlen maximal für 1-2 Tage im Voraus, damit bleibt man flexibel, wenn man etwas Besseres findet oder einem die Unterkunft nicht gefällt. Diese Einsicht kommt mir diesmal zu spät, nämlich genau in dem Moment, als ich das Zimmer zum ersten Mal sehe. Es ist zwar sauber, sehr klein mit Klo und Dusche am Gang (was ich ja gewusst habe). Nur hat das Zimmer kein Fenster und die einzige Möglichkeit für Tageslichtzufuhr ist die Glaseingangstüre, die aber zur Openair-Küche und somit zum meistfrequentierten Platz des Hostels öffnet. Das heißt, wenn ich im Zimmer natürliches Licht will, starren mich alle Vorbeigehenden an, wie in einem Affenkäfig. Auch wenn ich in der Nacht frische Luft im Zimmer haben will, muss ich die Türe offen lassen. Dadurch laufe ich aber Gefahr irgendwelche besoffenen Teenager nachts im Zimmer zu haben die es witzig finden, einfach einmal vorbeizuschauen. Und ich Idiot habe schon für 12 Tage im Voraus bezahlt.

Endlich ein bisschen Selbsterkenntnis.

Nach einer Dusche sowie einem kurzen Nickerchen mache ich meinen ersten Rundgang in Sydney. Die Stadt gefällt mir auf Anhieb. Von Kingscross sind es nur ein paar Minuten zu Fuß zur „Water bay“. Dort gibt es superschicke und trendige Lokale in der sogenannten „Wharf“. In diesem toll restaurierten, ehemaligen Werftgebäude sind neben einem sehr angesagten Designerhotel die erwähnten Schickimicki Lokale mit Blick auf den integrierten Luxusyachthafen und den dazugehörigen (sicher nicht ganz billigen) Eigentumswohnungen. Später erfahre ich, dass die vorne daran gebaute

Luxusvilla dem Schauspieler Russell Crowe gehört. Mittlerweile ist es 12:00 Uhr Mittags und ich schlendere an den Restaurants vorbei. Vom Schlafentzug, dem Jetlag und der Dehydrierung bin ich etwas benommen und erlebe alles wie durch einen Filter. Die Tische im Freien sind überall schon schön gedeckt und das Personal wartet auf Kundschaft. Nachdem ich zweimal auf und ab geschlendert bin, habe ich mir ein Restaurant ausgesucht. Die nette Kellnerin erklärt mir, dass sie keinen freien Tisch mehr auf der Terrasse hat und sie mir nur noch drinnen etwas anbieten könne. Ich will aber draußen sitzen und bin mir nicht ganz sicher, ob wirklich schon alle Tische reserviert sind (nachdem ja noch niemand da sitzt) oder ihr nur mein Tramperoutfit zu leger und unpassend erscheint. Leicht verunsichert frage ich dann bei einem zweiten Lokal und dort ist es genauso. Dann traue ich mich schon kaum mehr fragen, bekomme aber noch einen kleinen Tisch im Restaurant „Romanta“. Innerhalb der nächsten 45 Minuten treffen haufenweise bestgekleidete und topgestylte Geschäftsleute hier zum Essen ein und alle Tische sind im Nu besetzt. Trotz meines ramponierten Magens, gönne ich mir einen leckeren Fisch und genieße es hier zu sitzen.

Wenn ich geglaubt hatte, dass mein Magen sich wieder etwas beruhigt hat, war das leider ein Irrtum. Gegen Abend bin ich beim Lesen im Zimmer eingenickt, meinem Magen war das ziemlich egal und als ich etwas später wieder aufwache, entdecke ich das Malheurs.

O nein, jetzt wissen wir, warum er den Namen des Hostels nicht preisgeben will. Monsieur ist es zu peinlich, weil er hier in die Betten macht.

Mir ist das unglaublich peinlich weil auch die Bettwäsche erneuert werden muss. Der Nachtportier, ein junger beleibter Aborigines (australischer Ureinwohner), ist aber sehr einfühlsam und hilfsbereit.

In der Nacht schlafe ich schlecht, wache mehrfach auf, weil irgendwelche betrunkenen Traveller spät nach Hause kommen und es lustig finden noch ein wenig vor meiner Türe zu tratschen. In der Früh gehe ich trotzdem eine Runde laufen und komme durch den Botanischen Garten bis zum Opernhaus. Es ist fast zu kitschig um wahr zu sein. Aber in dem Moment, in dem ich um die Landzunge herumjogge und das erste Mal in meinem Leben das weltberühmte Sydney-Opernhaus erblicke, geht hinter mir gerade die Sonne auf und taucht dieses Architekturjuwel in leuchtendes Orange. Im Hintergrund sehe ich noch die Harbour-Bridge und ab jetzt bin ich endgültig in diese Stadt verliebt.

Luxusdachterrasse im Billigquartier

Zurück im Hostel erzähle ich der Rezeptionistin (die sich dann als Besitzerin herausstellt), dass ich unter Klaustrophobie leide und in dem Zimmer leider nicht mehr bleiben kann. Sie ist wider Erwarten sehr hilfsbereit und obwohl sie mir natürlich kein Geld zurückgeben kann, bietet sie mir ein Zimmer in ihrem 2. Hostel um die Ecke an. Dort geht das Fenster zwar nur in einen stickigen Innenhof, aber zumindest fühle ich mich weniger beobachtet und weniger gestört.

Bei den Ansprüchen müsste man halt fürs Übernachten mehr budgetieren, das wäre für alle leichter.

Später entdecke ich, dass es auf dem Dach eine Dachterrasse für Gäste gibt und ich bin schon fast wieder versöhnt. Auf der Terrasse lerne ich noch am selben Abend vier junge Deutsche kennen, mit denen ich mich recht gut unterhalte. Es sind drei Frauen und ein Mann. Die Jüngste erinnert mich in ihrer trockenen, bayrischen Art sehr an die Liesl Karlstadt (wer sich noch erinnern kann, die kongeniale Partnerin von Karl Valentin). In einer Apotheke habe ich mir etwas für meinen Magen gekauft und die Apothekerin meint, wenn es mit meinem Durchfall bis in 2 Tagen nicht besser ist, sollte ich dringend zu einem Arzt. Den Arzt werde ich mir ersparen,

Eh klar, das könnt ja was kosten.

aber ich werde das zweite Mal auf dieser Reise auf die Antibiotika von Ferdinande, meiner Exfreundin zurückgreifen müssen.

Am Sonntag Nachmittag gehe ich in die Art Gallery of New South Wales. Das ist ein tolles Kunstmuseum. Es zeigt viel zeitgenössische, australische Kunst und auch eine große Sammlung von Aborigines-Kunst. Leider kann ich nicht lange bleiben, weil mein Magen noch immer verrückt spielt. Mit den Antibiotika werde ich erst am nächsten Tag beginnen. Der Umstand, dass auch die Museen hier gratis sind intensiviert meine Liebe zu Sydney nur noch mehr. Abends gehe ich mit meinen vier Deutschen gemeinsam auf das australische Short-Film Festival. Das ist ein alljährlicher Wettbewerb zur Förderung junger Filmemacher. Aus circa 200 Einsendungen werden von einer Jury 17 Finalisten vorselektiert. Diese 17 Kurzfilme werden heute Abend im Rahmen des Finales im Park openair aufgeführt. Schon Tage zuvor wurden 3 riesige Leinwände aufgebaut, die Rücken an Rücken ein großes Dreieck bilden. Rundherum ist Platz für Zuseher. Die kommen auch – gezählte 90.000 Leute in Sydney sehen sich dieses Spektakel an. Auch hier ist der Eintritt frei, allerdings wird der Hauptsponsor (Sony) circa 2.000 Mal von den Moderatoren erwähnt. Bernadette und Katja (zwei von meinen vier neuen deutschen Freunden) haben schon seit Stunden einen Platz in der Wiese für uns alle reserviert. Io (das ist tatsächlich ihr Name) und Maures (er kommt aus der Gegend von Hamburg) und ich stoßen kurz vor Beginn dazu. Den ganzen Tag hat es immer wieder phasenweise ein wenig geregnet. Auch jetzt tröpfelt es hin und wieder. Das tut der Stimmung keinen Abbruch, 90.000 Leute und wir sehen uns zig Mal die Wiederholung der Werbespots an und warten gespannt auf die 17 Finalisten. Das Ganze ist wie ein riesiges Openair-Picknick. Sicherheitshalber esse ich nichts. Nach der ersten Hälfte beginnen sintflutartige Regenfälle und die zweite Hälfte fällt buchstäblich ins Wasser. Wir fliehen zurück ins Hostel. Bis wir aber dort ankommen, sind wir genauso nass als wären wir in einen Pool gefallen. Ich gehe mich duschen und falle todmüde ins Bett.

Am nächsten Morgen um 7:00 Uhr früh gehe ich laufen durch den botanischen Garten bis zum Opernhaus und wieder zurück zum Hostel. Offensichtlich ist den anderen Bewohnern hier der Weg aufs Dachgeschoss zu mühsam und ich kann alleine in Ruhe und mit Blick auf die Oper frühstücken. Für die nicht „rucksackerprobten“ unter den Lesern sei erwähnt, dass man/frau sich das Frühstück in so einem Etablissement selbst macht. Ich bevorzuge derzeit eine Art Müsli, bestehend aus Joghurt, frischem Obst (derzeit nur Banane ;-)) und einer Getreidemischung mit Nüssen. Bei meinem heutigen Stadtrundgang fahre ich auch das erste Mal mit der hiesigen U-Bahn. Die Waggons sind nicht nur klimatisiert, sondern sogar doppelstöckig. Die Sitzlehnen lassen sich umklappen. So können alle die es wollen in Fahrtrichtung sitzen.

Ja, da staunt der Junge vom Land, was?

Am Abend koche ich ein Risotto mit Krevetten für meine vier Freunde und mich. Wir essen auf dem Dach, trinken neuseeländischen Weißwein und unterhalten uns übers Reisen. Die Antibiotika haben gegriffen und meine Magen verdaut das Essen schon deutlich besser.

Worauf wir gleich wieder so tun, als wäre nichts gewesen. Mit Meeresfrüchten und Weißwein – echt super!

Vor einem Jahr war ich mit meiner damaligen Freundin einen Monat lang in Neuseeland unterwegs. Dort habe ich die extra trockenen neuseeländischen Weißweine schätzen gelernt. In Australien schmecken mir die Roten besser. Am nächsten Tag machen wir zu viert einen Ausflug an den berühmten „Bondi-Beach“. Der war früher einmal so etwas wie der Mutterstrand für die ganze Surferkultur. Das ist auch toll an dieser Stadt, nämlich dass man mit den öffentlichen Verkehrsmitteln (in unserem Fall U-Bahn und Bus) an schöne Strände gelangt. Hier kaufe ich mir eine neue Badehose. Meine Alte ist schon relativ ausgewaschen und uncool.

Wobei sich unser Sparmeister die Investition gründlich überlegt hatte.

Am Abend gehen wir in ein sehr trendiges thailändisches Lokal und feiern den Abschied von Bernadette (alias Liesl Karlstadt). Bernadette wird nämlich morgen zurück nach Deutschland fliegen. Für mich endet der Abend im „Establishment“. Eine ebenfalls sehr angesagte Bar, für die wir eindeutig „underdressed“ sind. Danach werden die „Jungen“ noch weiterziehen und ich gehe ins Bett.

In dem Alter braucht man halt schon wieder seinen Schönheitsschlaf.

Und meine morgendliche Laufstrecke behalte ich während des ganzen Sydney-Aufenthaltes bei.

Gähn!

4-Säulen Strategie gegen die Einsamkeit

Bei aller flexibler Reiseplanung stelle ich doch fest, dass ich ein gewisses Maß an Routine brauche. Dabei geht es mir ein wenig wie Robinson Crusoe, der sich alleine auf einer einsamen Insel wieder findet.

Ich liebe seine Bescheidenheit.

Um den Wahnsinn der Einsamkeit zu bändigen legte er sich eine Routine zu, die jeden Tag strukturiert. Ein bisschen so verhält es sich auch bei mir. Obwohl ich immer wieder Leute treffe und kennen lerne mit denen ich mich auch gut verstehe, so sind diese Begegnungen doch meist sehr kurzfristig. Im Fall von Bernadette, Verena, lo und Maures, meinen vier deutschen Freunden, ist auch klar, dass die Gemeinsamkeit spätestens dann endet, wenn ich Sydney wieder verlasse. Manche Begegnungen dauern sogar nur einen Abend lang. Man trifft jemanden, unterhält sich über dies und das, findet sich sympathisch und am nächsten Tag geht es schon wieder weiter. Das heißt, es gibt ein gewisses Maß an Einsamkeit auf so einer Reise, mit dem ich fertig werden muss. Es handelt sich bei dieser Art von Einsamkeit, die ich meine, nicht um die völlige Abwesenheit anderer Menschen wie im Falle Robinsons, der ja später dann auch seinen Freund und Gefährten (und Liebhaber ?)

Ah ja?!

Freitag hatte, sondern es geht um die Abwesenheit von „Vertrautem". Vertraute Menschen, die man gut und lange kennt, mit denen schon eine gemeinsame Geschichte besteht. Vertraute Umgebung, Dinge und Tätigkeiten. Die Strategie, mit der ich dieser speziellen Form von Einsamkeit (Abwesenheit von Vertrautem) begegne, beruht auf vier Säulen:

1. Strukturieren des Tages mit viel „vertrauten Tätigkeiten", wie zum Beispiel Sport, gewisse Essensroutinen, Tagebuch schreiben etc.
2. Immer wieder Menschen ansprechen, um Kontakt und Austausch mit anderen zu haben
3. Regelmäßiger E-Mail-Kontakt mit Freunden und Familie zu Hause
4. Flirten übers Internet (Sabine hat sich wieder gemeldet ;-)).

Für mich funktioniert diese Strategie recht gut und ich komme aus den melancholischen

Stimmungen meist recht schnell wieder heraus – zumindest bis jetzt ;-)) Gegen Mittag wird Bernadette von allen herzlich verabschiedet, wobei ich eine Flasche Sekt organisiert habe. In einem kleinen Kiosk in Kingscross kaufe ich mir auch ein paar Räucherstäbchen um den Mief in meinem Zimmer zu kaschieren. Es läuft zwar den ganzen Tag der Ventilator, aber der wirbelt an sich nur die schlechte Luft im Zimmer herum. Am Nachmittag gehe ich nochmals in die New South Wales Art Gallery. Diesmal kann ich mir die Kunstwerke etwas Besser ansehen und werde nicht von meinem Magen hinaus getrieben. Im Museumscafé gibt es sogar eine „Linzertorte". Das Abendessen lasse ich dafür aus und beende den Tag mit lesen im Zimmer. In den nächsten Tagen mache ich noch einen Besuch im Museum of Contemporary Art und den einen oder anderen Ausflug in die Umgebung.

Emily kommt mit einem Saab

Am Freitag treffe ich mich mit Emily. Emily ist eine sympathische, hübsche, circa 30 jährige Australierin. Sie hat die letzten Jahre in einer Marketingagentur gearbeitet und ist gerade kurz davor für ein Jahr nach Vietnam zu gehen. In Vietnam wird sie das Marketing für eine Non-Profit-Hilfsorganisation machen. Emily ist die Freundin von Polo, meinem Freund und Gastgeber in Patagonien, Chile. Polo hat mir bekanntlich einige Geschenke und seine Liebesgrüße für Emily mitgegeben. Beides werde ich ihr heute überbringen. Zu dem Zweck haben wir uns für Mittag verabredet. Sie holt mich mit dem Saab 9-3 ihrer Mutter ab. Das ist schon die zweite Frau auf der Reise, die mich mit einem Saab abholt.

Aha, und wen interessiert die Schwedenbomben-Affinität, außer vielleicht den Saab-Importeur?

Emily erzählt mir, dass sie ihre Wohnung in Sydney schon aufgegeben hat. Derzeit lebt sie in der Wohnung ihres Onkels, der mit seiner Frau gerade geschäftlich in den Vereinigten Staaten weilt. Unterwegs dorthin kaufen wir ein paar Lebensmittel ein, die wir dann in Onkels Wohnung gemeinsam essen wollen. Dort angekommen, bleibt mir gleich der Mund offen vor Staunen. Die Wohnung entpuppt sich als Über-Drüber-Luxusappartement direkt am Meer, mit eigenem Privatstrand. Alles hier ist edel und riecht nach Geld. Die Einrichtung ist sehr geschmackvoll, nicht überladen und das Ganze würde sich auch gut in einer „Vogue" machen. Der Preis ist natürlich jenseitig und es wundert mich nicht, dass die Nachbarn vor der Terrasse gleich ihre Luxusyacht liegen haben, die alleine schon soviel kostet, wie ein edles Wohnhaus in München, Zürich, Wien oder Hamburg.

An diesem Abend werde ich wieder einmal daran erinnert, dass Kleider auch in Australien Leute machen. Nachdem Emily mich wieder zurück ins Hostel gebracht hatte, bin ich noch mit einer jungen Schweizerin auf einen Drink in eine der vielen Bars in Kingscross gegangen. Genauer gesagt, wir wollten in eine bestimmte Bar. Beim

Eingang hat mich ein junges Mädchen in schwarzem Abendkleid von oben bis unten abfällig gemustert und meinte dann „I think you guys are a bit too casually dressed" (frei übersetzt: „In den Drecksklamotten kommt ihr nicht in unseren Laden"). Ich bin immer sehr empfindlich, wenn man mich wo nicht haben will und gebe mein Geld lieber bei Leuten aus, die das auch schätzen können.

Da war er echt gekränkt – und das auch noch vor der jungen Schweizerin, der er mit seiner Globetrotterei und dem üblichen „Altherrengegockel" imponieren wollte.

Der schwulste Karneval der Welt

Am Samstag ist „Mardigras". Hier feiert sich das schwule und trendige Australien selbst. Für viele der Homoveteranen hat das auch eine starke symbolische Bedeutung. Gab es beim ersten Mardigras vor circa 20 Jahren noch prügelnde Polizisten und viele Schwerverletzte, so ist es heute ein akzeptierter Event, der auch vom Tourismus sehr geschätzt wird. Ich hatte jedoch schon Karten für die Oper reserviert. Mit lo gehe ich in Mozarts Zauberflöte. Nicht, dass ich ein Opernfan wäre oder die Zauberflöte aus Patriotismus gewählt hätte. Nein, ich wollte einfach nur in das berühmte Opernhaus und die Zauberflöte war das Einzige, was während meines Aufenthaltes noch zu bekommen war. Die Inszenierung hat mir sehr gut gefallen und die Akustik in dem Haus ist wirklich sensationell. Trotz 1.500 (!!) ausverkauften Plätzen sind die Sängerinnen und Sänger ohne Mikrophone und Verstärker perfekt präsent und auch auf den billigen Plätzen gut hörbar.

Wobei unser Kunst-Connaisseur diesmal bei den Karten erstaunlicherweise gar nicht so knausrig war – wahrscheinlich wollte er die junge Dame aus Deutschland beeindrucken.

Danach bekomme ich vom Mardigras noch die „wir-gehen-jetzt-in-eine-Bar-und-feiern-dort-weiter-Szenen" mit. Trotzdem gehe ich vergleichsweise früh ins Zimmer und schlafe mit einem Gefühl von Melancholie und Einsamkeit ein.

Woran das wohl wieder gelegen hat?

Am Sonntag ist dafür wunderbares Sommerwetter. Beim Morgenlauf sehe ich einen großen Amateurschwimmwettbewerb im Hafen vor der Oper. Später erfahre ich, es ist der beliebte „Sydney Harbour Swim Classic" Bewerb, der einmal im Jahr hier stattfindet. Ich denke mir, wie viele Weltstädte es wohl geben mag, in deren Hafenbecken man problemlos und bedenkenlos Schwimmgroßveranstaltungen durchziehen kann. Ein weiterer Pluspunkt auf meiner internen Sydneybeliebtheitsbilanz. Gegen Mittag wird es recht windig und das Licht ist ausgezeichnet zum Fotografieren. Mein heutiger Ausflug führt an die „Manly-Beach", der zweite sehr beliebte Strand in Sydney. Da dieser ein bisschen weiter weg ist nehme ich die Fähre. In der Bucht sind heute auch viele Hobbysegler unterwegs und mir gelingen ein paar gute Schnappschüsse. In Manly angekommen, verwöhne ich mich mit einem tollen Essen. Im „The Cove" direkt am Manly Warf bekomme ich einen schönen Tisch im Schatten mit tollem Blick aufs Wasser. Das Fischfilet auf Risotto ist ein Genuss und die Dessertabteilung in der Speisekarte lockt mit einer Crème brûlée mit Heidelbeeren. Wirklich satt beschließe ich heute nichts mehr zu essen und gehe noch an den Strand.

Sonst prahlt er immer mit den kleinsten Erfolgen. Ich verstehe gar nicht, warum er uns vorenthält, wie er über eine australische Internet-Singlebörse zwei sympathische Frauen kennen lernt. Vielleicht ist es ihm auch peinlich, weil es jeweils bei nur einem Treffen blieb.

Fatal attraction

Am Montag beginne ich bereits mit den Abreisevorbereitungen und mache meine monatlichen Familientelefonate. Was mich besonders freut ist, dass mein Sohn und seine Freundin ihre erste gemeinsame Wohnung gefunden haben und der Junior berichtet mir ganz „happy" die Details. Bei der Gelegenheit überredet er mich zu einer kleinen Spende für die Einrichtung. Am letzten Tag zieht es mich noch einmal aus der Stadt heraus. Ich nehme einen sehr frühen Zug in die „Blue Mountains". Die zwei Stunden Fahrt bieten mir die Möglichkeit, in Ruhe mein mitgebrachtes Frühstück zu verspeisen und dabei die Landschaft zu genießen. In der Zeitung lese ich eine Story, die sich ideal als Drehbuchvorlage für einen Hollywoodthriller eignen würde:

Eine Frau arbeitet als EDV-Technikerin und führt ein unauffälliges Leben. Das ist aber nur die eine Seite. Nachts arbeitet sie als Prostituierte in einem Club. Von einem Freier in den sie sich verliebt, bekommt sie ein Kind. Der heiratet aber eine andere und zieht nicht, wie gewünscht, zur Kindesmutter. Diese heuert daraufhin einen Auftragskiller an, um die Frau des Geliebten für 20.000 australische Dollar aus dem Weg zu räumen. Der Auftragskiller ist ein Expolizist und auch einer ihrer Freier. Damit noch nicht genug, denn jetzt kommt der Hammer: der Killer bringt nicht die Frau des Geliebten um, sondern die Auftraggeberin mit zwei Kopfschüssen. Warum, das soll die Gerichtsverhandlung ergeben, die demnächst stattfindet.

Vorarlberger Seilbahnen am anderen Ende der Welt

In den Blue Mountains angekommen trinke ich zuerst einen Kaffee und dann gehe ich auf eine längere Wanderung. Die Berge sind wunderschön und die Australier haben Ausflugsbusse und Seilbahnen an jede Station gebaut. Eigentlich kann man hier fast alles sehen ohne mehr als ein paar Schritte zu tun. Was mich freut ist, dass die Seilbahnen von „Doppelmayr" aus meiner alten Heimat (Vorarlberg) sind. Unterwegs lerne ich eine junge Kalifornierin kennen, sie heißt Kaia und hat gerade eine mehrmonatige Reise begonnen. Sie erzählt mir, dass ihr Vater aus den Philippinen stammt und die Mutter hat norwegische und deutsche Vorfahren. Wir unterhalten uns gut und wandern gemeinsam. Wir fahren auch gemeinsam mit dem Zug zurück und trennen uns dann, weil sie noch die Fähre zum Haus ihres Onkels erwischen muss (hier haben wohl alle Onkel mit tollen Häusern oder edlen Luxuswohnungen).

Da wäre unser Held wohl auch gerne Onkel oder vielleicht doch lieber Neffe?

Den Tag lasse ich auf der Dachterrasse des Hostels ausklingen. Beim Inder ums Eck habe ich mir ein Curry gekauft und trinke dazu einen australischen Rotwein, den ich schon vor ein paar Tagen gebunkert hatte. Ich muss nämlich meine Lebensmittelvorräte aufbrauchen, weil ich morgen ja weiterreise und da kann ich nicht so viel mitnehmen.

Und wir wollen ja nichts verkommen lassen, von dem teuren Zeug ;-))

Haus bei Puerto Varas

In den Straßen von Valparaiso

Sydney durch die Blume

Sonntags in der Bucht vor Sydney

Ein Zauberlehrling in Valparaiso

Meine neuen "Brooks" für das 2. Halbjahr

Auf dem Dach des Hostels mit meinen 4 deutschen Freunden

Strand von Vina del Mar

Beim Morgenjoggen in Sydney hat das Schwimmbad auch schon geöffnet

8

KAPITEL 8, MÄRZ

Web 2.0 schafft neue Erwerbsmöglichkeiten

Heute ist Mittwoch der 8. März und ich fliege mit Australian Airways nach Denpasar in Bali. Vorher habe ich noch ein paar Karten an Freunde und Familie verschickt. Im Flieger lerne ich Paul aus Sydney kennen. Er ist 57, war früher Mitarbeiter bei Quantas (australische Fluglinie) und musste nach einem Motorradunfall in Frühpension. Bei dem Unfall hätte er beinahe sein Bein verloren. Das konnte nach einigen Jahren aber wieder soweit hergestellt werden, dass er jetzt problemlos damit gehen und sogar im Sand joggen kann. Die Kinder sind aus dem Haus und er und seine Frau leben vom Handel über Ebay. Er fliegt zwei, dreimal im Jahr nach Bali, kauft dort Sachen ein, die lokal produziert werden und wofür er in Australien einen Markt entdeckt hat. Die Geschichte interessiert mich. Ich habe schon gehört, dass es Leute gibt, die vom Handel über Ebay leben, aber jetzt treffe ich erstmals so jemanden persönlich.

Das müsst Ihr ihm bitte nachsehen. Er ist halt nicht wirklich mit den neuen Medien aufgewachsen und manchmal ein wenig weltfremd.

Paul kennt ein preiswertes Hotel am Strand von Kutta (in der Nähe des Flughafens) und schlägt vor, dass wir uns ein Taxi teilen. Im Reiseführer lese ich, dass es auf Drogenschmuggel in Indonesien die Todesstrafe gibt und erinnere mich an Schauergeschichten die sich die Traveller in den Hostels erzählen. Diesen Geschichten zu Folge sollen die Zöllner mancher Länder den ahnungslosen Touristen Drogen ins Gepäck schmuggeln, die dann damit ertappten „Täter“ anschließend ordentlich einschüchtern und gegen erhebliches Schmiergeld wieder freilassen. Wahrscheinlich sind das nur Märchen und Paul beruhigt mich diesbezüglich. Immerhin flog er schon zigmal hierher. In der Ankunftshalle steht auf einem riesigen Display, dass Drogenschmuggel mit dem Tod bestraft wird. Das so offiziell und in großen Lettern geschrieben zu sehen, erschreckt mich doch wieder. Sonst sind die Diskussionen über „Todesstrafe ja/nein" immer irgendwie theoretisch und die Betroffenen sind weit weg. Aber hier sehe ich diese handfeste Drohung einer staatlich sanktionierten Tötung und das ist doch etwas ganz Anderes. Die Zollabfertigung geht aber problemlos über die Bühne.

Was hat er denn eigentlich? Für illegale Drogen ist er doch eh zu spießig und hält sich an Zigarren und Alkohol. Obwohl, mit den Zigarren hat er ja vor ein paar Wochen aufgehört – zumindest sagt er das.

Paul dirigiert den Taxifahrer zu den „Legian Beach Bungalows", die ich hiermit anderen sparsamen Reisenden wärmstens empfehlen kann. Um ca. 15 Euro bekomme ich ein nettes großes Zimmer mit Fenster, Klimaanlage und einer kleinen Veranda mit schönem Garten dahinter. Zum Strand sind es allerdings 10 Minuten zu Fuß.

Bali erlebe ich als tropisches Urlaubsparadies, das sehr viel zu bieten hat. Es gibt wunderschöne Landschaft, malerische Reisfelder von Palmen gesäumt, schöne Strände und einen 3.000 Meter hohen Vulkan. Die Menschen sind freundlich und wirken tolerant, wie mir das in hinduistisch und buddhistisch dominierten Ländern immer wieder erscheint. An jeder Ecke stößt man auf tolles Kunsthandwerk: Schmuck, Schnitzereien, Bilder etc. Mich überraschen auch die vielen tempelartigen Gebäude, die ich überall sehe. Später werde ich erfahren, dass es in jedem Ort nicht nur mindestens drei Tempel gibt, sondern jede Familie, die etwas auf sich hält, hat auf ihrem Grundstück auch einen eigenen Privattempel.

Kampf der Kulturen

Der Tourismus hier leidet derzeit leider extrem. Die von muslimischen Extremisten inszenierten Bombenattentate gegen Touristen im vergangenen Herbst haben leider gefruchtet. Die vielen Geschäfte sind großteils leer, in den Restaurants sitzt man meistens alleine und die Balinesen stürzen sich auf jeden Tourist wie ausgehungerte Wölfe auf einen Brocken Fleisch. Die Einwohner von Bali sind nicht nur freundlich sondern gehen auch aktiv auf ihre Gäste zu. Sie zeigen reges Interesse, was bei unsereiner manchmal zu Irritationen führen kann.

Jedenfalls bei „Deinereiner"

Die Fragen kommen meist kurz hintereinander, ohne viel Dialog drumherum und werden außerdem schnell sehr persönlich: „Where are you from? Where do you go now? Are you married? Where do you live? How long are you here?". Wenn man nicht weiß, dass die Fragen ohne böse Hintergedanken gestellt werden, könnte man leicht betrügerische Absichten dahinter vermuten.

Die Balinesen haben es derzeit leider doppelt schwer. Zum einen bleiben die Touristen aus, weil sie Angst vor den Bomben haben. Zum anderen repräsentieren die zwei Mio. Balinesen (hauptsächlich Hindus) lediglich ein Prozent des indonesischen Inselkonglomerats, das gleichzeitig als bevölkerungsreichste muslimische Nation der Welt gilt. Die Regierung in Jakarta besteht auch mehr und mehr aus Muslimen und es gibt gewisse Tendenzen, religiöse Moral- und Sittenvorstellungen in die Politik einzuweben. Zwar hat sich Kemal Atatürk (Gründer der heutigen Türkei) schon in den 30er Jahren des letzten Jahrhunderts bitterlich über die ewig gestrigen Pfaffen beschwert, die mit ihren mittelalterlichen Moral-Vorstellungen das Volk knechten wollen. Trotzdem gehen derzeit die Wellen wieder hoch, weil die Regierung in Jakarta ein Gesetz erlassen will, das jeder Frau (ob Touristin oder Einheimische) verunmöglicht, nach Einbruch der Dunkelheit ohne männliche Begleitung aus dem Haus zu gehen. Tut sie es doch, so kann sie von Polizisten als mutmaßliche Prostituierte aufgegriffen und verhört werden. Des Weiteren soll ein Bekleidungskodex eingeführt werden, der der balinesischen Tradition völlig zuwider läuft (also bis auf Haupthaare und Gesicht darf Frau keine Haut mehr öffentlich zeigen). In den kleinen Dörfern auf dem Land sieht man jedoch viele alte Frauen in traditioneller Tracht mit nackten Brüsten. Aber so viel braucht es für die Verfechter von Moral und Anstand gar nicht. Eine nackte Schulter oder ein nacktes Knie reicht bereits aus, um drakonische Strafen zu verhängen. Es gibt mittlerweile bereits Demonstrationen gegen diesen Gesetzesentwurf, nicht nur in Bali, sondern auch auf anderen Inseln und ich weiß noch nicht, wie die Sache ausgehen wird.

Man muss ihm mal zugute halten, dass ihn das wirklich etwas betroffen macht, nicht nur wegen der nackten Bürste.

Beim Morgenlauf am Strand präsentiert sich dieser in Verkleidung einer illegalen Mülldeponie. Überall liegen leere Plastikflaschen, Plastikbecher, Plastiksäcke und was man sonst noch an Müll ins Meer werfen kann. Später sehe ich, wie Arbeiter damit beschäftigt sind, an bestimmten Strandabschnitten diesen Müll zu entfernen. In mir reift dennoch der Entschluss, hier nicht baden zu gehen. Der Ort Legian und speziell der Bereich am Strand muss bei voller Touristenauslastung wohl so etwas wie Bibione oder Caorle im Juli und August sein. Paul zeigt mir sein Lieblings-Frühstücks-Restaurant, das „Legian Snack". Dort bekommen wir für den Gegenwert von zwei Euro ein komplettes Frühstück mit frischem Obst, Toast, Eier oder Omeletts, Fruchtsaft und Kaffee (balinesisch stark und gut).

Na so ein Glück, das mit dem Kaffee.

Überall gibt es kleine Haustempel. Das sind verschieden große Gebilde, manche sehen aus wie zu Prunkpalästen aufgemotzte Vogelhäuser. Nach dem hiesigen Glauben wohnen hier die Geister. Später erfahre ich, dass es nicht die „guten Geister" der ehemaligen Verstorbenen sind, sondern böse Geister. Und denen wird geopfert, damit sie in diesen Häuschen bleiben und nicht in das Wohnhaus kommen. Es handelt sich also um eine Art spirituelles Ablenkungsmanöver. In der Früh gehen (meist) die Frauen opfern. Auf dem Kopf tragen sie kunstvolle Gebilde mit Reis und sonstigen Speisen auf Tabletts. Dazu füllen sie etwas Cola oder andere Limonade in die bereitstehenden Gläser und zünden Räucherstäbchen an. Wenn keine so kleinen Tempelchen zur Verfügung stehen, werden die Opfer auch einfach am Rand der Straße auf einer Mauer oder auf dem Gehsteig dargebracht. Dabei scheinen die Balinesen einen unkompliziert-pragmatischen Zugang zu haben. Die Opfergaben werden von den streunenden Hunden gefressen und bei den erhöht angebrachten Tempelchen verpflegen sich Vögel oder Affen. Das stört die Balinesen nicht. Nach dem Motto „geopfert haben wir, wenn's die Götter nicht selber essen, dann soll uns das nur recht sein".

Mein Name sei „Sports" oder „Massage"

Beim Spazierengehen durch den Ort werde ich von vielen Einheimischen freundlich gegrüßt. Den Namen, den mir die Männer geben klingt nach „Sports" und die Frauen haben mich „Massage" getauft. Das klingt dann bei den Männern ungefähr so: „Good morning Sports oder hello Sports". Dazu machen sie seltsame Bewegungen mit den Armen. Bald dämmert mir, dass das Wort nicht Sports ist, sondern „Transport", nur schlampig ausgesprochen. Damit verbunden ist ein Angebot zur (entgeltlichen) Beförderung, entweder auf einem Moped oder in einer Rikscha, in einem Taxi oder einem Minibus. Bei den Massageangeboten handelt es sich nicht um die zweideutige Einladung zum entgeltlichen Koitus, sondern tatsächlich um Massagen. Nach dem zwanzigsten ungefragten Angebot bin ich abschlussreif und lasse mich massieren. Das dauert eine knappe Stunde, ist sehr angenehm und ich staune, woher die zierliche Frau solche Kräfte nimmt.

Er hat vergessen zu erwähnen, dass das Ganze nur acht Euro gekostet hat. Im Tagebuch hat er das aber extra vermerkt.

Paul treffe ich am Abend noch zu einem Abschlussdrink. Er erzählt mir, dass er alle seine Einkäufe erledigt hat und wie es scheint, kann er von den vier Koffern voll Kleider, die er nach Sydney exportiert und dort über Ebay vertreibt, wieder ein viertel Jahr ganz gut leben. Am nächsten Morgen gehe ich wieder ins selbe Lokal zum Frühstück. Was mir am Vortag schon aufgefallen ist, wirkt heute irgendwie noch störender. Das liegt wohl daran, dass ich heute alleine hier sitze. Es handelt sich um die balinesische Variante der Kaufhausmusik. Es läuft eine einzige CD, die dafür ständig und in endlosen Wiederholungen. Das Cover kenne ich nicht, aber steht wohl so was wie „Welthits from Bali" oder so. Das sind Instrumentalvarianten von den, meist zu oft gehörten, Brutalschnulzen wie zum Beispiel „Ballade pour Elise", „Que Sera", „Yesterday", „Je t'aime" und anderen Entbehrlichkeiten. Damit nicht genug. Ein Sadist in meinem

Hinterkopf ergänzt die Instrumentalvariante mit den Originaltexten und singt mit.

Ich habe damit ehrlich nichts am Hut, ich kann ja auch gar nicht singen.

Am Nachmittag komme ich mit einer Balinesin ins Gespräch, die in derselben Hotelanlage in einem anderen Bungalow wohnt. Den teilt sie sich mit ihrem kleinen Sohn und einer Freundin. Die Freundin interessiert sich für mich und plaudert mit mir. Offensichtlich hat sie gerade vor kurzem geduscht und ist dabei, sich mit Feuchtigkeitslotion einzucremen. Das macht sie ganz nebenbei und während wir sprechen. Mit gespielter Selbstverständlichkeit schiebt sie ihr kurzes Sommerkleid nach oben und cremt die Oberschenkel ein, aber „innen". Ich glotze etwas verdutzt, worauf sie mich fragt, ob ich eine Massage will. Ich stottere etwas daher, dass ich heute schon eine Massage gehabt hätte und äh und überhaupt...

Aha, da kenne ich noch eine andere Variante.

Ubud

Am nächsten Tag verlasse ich Legian und fahre mit einem Taxi nach Ubud. Somit konnte ich wenigstens einem der vielen freundlichen „Grüßer" ein Geschäft verschaffen. Ubud liegt im Landesinneren und ist so etwas wie das Kunst- und Kunsthandwerkszentrum der Insel. Ich habe Nichts im voraus gebucht. Bei dem chronischen Touristenmangel wäre das eine unnötige Fleißaufgabe gewesen. Stattdessen klopfe ich beim erstbesten Guest House an, das einen guten Eindruck macht und bekomme ein wunderschönes Zimmer wie in einem Märchen aus 1001 Nacht, mit zwei riesigen Himmelbetten, Steinböden, einem Bad, das größer ist wie manche Zimmer die ich auf dieser Reise schon bewohnt habe, und einer netten Terrasse. Das Guest House hat auch einen netten Pool. Die Wasser-Filteranlage ist in Betrieb und das Wasser macht einen vertrauenswürdigen Eindruck. Ich bekomme das Zimmer für lächerliche 15 Euro und kann das Guest House wärmstens empfehlen:

Ubud Terrace Bungalows, Monkey Forest Road, Telephone: 975690.

Der Ort gefällt mir auf Anhieb und ich finde mich schnell zurecht.

Klein und übersichtlich halt.

Am Abend gehe ich zu einer „Kecak Tanzvorführung". Dabei handelt es sich um eine bunt kostümierte Freilufttanzaufführung, die eine Geschichte aus dem Hindu-Epos erzählt. Begleitet werden die singenden und tanzenden Erzähler in ihren prächtigen Kostümen von circa hundert singenden Männern, die als Riesen-A capella-Chor und Geräuschimitatoren die Handlung unterstreichen. Dabei sitzen sie mit nacktem Oberkörper in mehreren konzentrischen Kreisen um die Hauptdarsteller. Es gibt mehr

Akteure als Publikum und die Aufführung gefällt mir gut. Zum Abschluss findet noch ein Feuerlauf statt. Dabei wird zuerst ein mit Benzin übergossener Scheiterhaufen aus Baumrinden abgefackelt. Die Glut wird dann gleichmäßig auf dem Boden verteilt und die Zuschauer werden durch eine Absperrung aus Holzbrettern geschützt. Diese sehen aus wie die Bande am Rande eines Eishockeyplatzes. Dann kommt der Feuerläufer. Barfuss und mit einer Pferdekopfattrappe umgeschnallt, imitiert er einen galoppierenden Reiter. Dabei nimmt er immer wieder einen Anlauf und reitet/läuft barfuss durch die Glutnester. In der Dunkelheit sieht das spektakulärer aus, da es rund um seine Füße rot glühend aufspritzt. Ich mache viele Photos, von denen auch 1-2 etwas werden. Erst als ich mir im Zimmer die Fotos genau ansehe, erkenne ich, dass der Feuerläufer die ganze Zeit die Augen geschlossen hatte. Offensichtlich war er in einer tiefen Trance. Vor dem Schlafen gehen, sitze ich noch auf meiner schönen Terrasse. Zwei junge Krankenschwestern aus Deutschland wohnen nebenan und kommen noch auf einen Drink und eine Plauderei zu mir.

Eh klar, ganz von selbst und so.

Tagesablauf mit Affen

Ubud und Umgebung gefallen mir sehr gut und ich beschließe, die restlichen 1½ Wochen bis zu meiner Weiterreise nach Hongkong in diesem Ort zu bleiben. Ein Grund ist auch, dass ich einen guten Yogalehrer finde, bei dem ich einen einwöchigen Einstiegskurs machen kann. Nachdem ich der einzige Teilnehmer bin, komme ich in den Genuss der vollen Aufmerksamkeit meines Yogis. So ergibt sich dann eine gewisse Routine im Tagesablauf.

Wie Ihr sicher schon bemerkt habt, lechzt er geradezu nach Routine.

Frühmorgens um 6:00 Uhr, spätestens halb 6:00 Uhr laufen gehen. Erstens sehe ich dabei viele tolle Sonnenaufgänge, aber zweitens und hauptsächlich ist es schon bald nach Sonnenaufgang einfach zu heiß für ernsthafte sportliche Betätigungen. Die morgendliche Laufstrecke führt mich durch den Affenwald, durch ein Dorf, das für seine Holzschnitzerkunst bekannt ist, dann durch ein paar Reisfelder, die in dem Morgenlicht mit Palmenwald dahinter wirklich sehr idyllisch aussehen und dann wieder zurück durch die andere Seite von Ubud. Nach einem ausgiebigen Obstfrühstück mit Yoghurt und Knuspermüsli (kann nicht genug davon kriegen) auf meinem Balkon spaziere ich wieder durch den selben Affenwald. Das ist ein Park, der von der Gemeinde extra für die Affen unterhalten wird. Darin befinden sich auch Tempelanlagen. Die Affen, es handelt sich dabei um eine Makakenart, leben hier in drei großen Clans und werden von den Parkangestellten gefüttert und versorgt. Der Park hat eine Mauer, um den Besucherstrom auf die Tagesstunden zu reduzieren und ein paar Euro mit dem Eintritt zu verdienen. Dennoch ist es kein Zoo, weil die Tiere nicht eingesperrt sind. So sieht man auch in der Früh in den angrenzenden Straßen die Affen beim Frühstücken der

Opfergaben auf den Haustempelchen. Meistens habe ich bei meinem Zeitplan ein wenig Reserve und sitze im Affenwald und beobachte meine Verwandten.

He, jetzt nimmt er mir schon die Poenten weg.

Das ist hochinteressant und auch amüsant. Wie sie miteinander spielen, sich gegenseitig necken und hin und wieder (wie es scheint) aus reinem Übermut den anderen auch ein wenig ärgern und einen kleinen Streit provozieren. Die Raufereien enden aber meist nur mit einer wilden kollektiven Kletterei durch die Bäume, begleitet von kreischenden Schreien. Und wie die Kollegen da flink von einem Baum zum anderen, dann wieder mal kurz auf die Mauer oder das Dach eines Tempels springen, um den nächsten Ast zu ergreifen und sich so mit großer Selbstverständlichkeit in Windeseile fortbewegen. Dabei hat man als Zuseher das Gefühl, für diese Spezies gilt die Schwerkraft nicht. Mich erinnert das ein wenig an die Trickaufnahmen bei einem der wenigen Asienschwertkampffilme, die ich im Kino gesehen habe. Dabei bewegen sich die Kämpfer auch, als ob sie durch die Luft gehen könnten und rennen über Bäume, Dächer und den nackten Nachthimmel.

Interessant bei den Affenbeobachtungen sind auch die sozialen Interaktionen: zum Beispiel das gegenseitige Lausen, bei dem oft 3-4 Affen unterschiedlichen Alters sich wechselseitig das Fell nach Parasiten absuchen. Dann noch die Mutter-Kind-Akrobatik. Das kleine Äffchen hängt vorne am Bauch der Mutter und bekommt die tollsten Achterbahnfahrten seines Lebens, während Mama durch das Geäst eilt. Eine Mama trägt ein lebloses Affenbaby mit sich herum, das schlaff wie eine Stoffpuppe ist und Mama drückt es verzweifelt mit einer Hand an ihrem Bauch, während sie mit den anderen drei Gliedmaßen herumklettert. Wie lange das Affenbaby wohl schon tot ist und ob die Mutter es schon gemerkt hat oder ob Sie so ihre Trauer bewältigt, weiß ich nicht. Das führt dann zur eher philosophischen Frage, ob Tiere Trauer empfinden können. In dem Metier kenne ich mich nun wirklich nicht aus, instinktiv würde ich glauben, dass diese Mutter sehr wohl trauert.

Gut, dass er von weiteren Spekulationen Abstand nimmt, sonst wird es wieder peinlich. Nicht nur das Affen trauern können, selbst harmlos am Hals hängende Kompasse wie ich können sich nämlich genieren.

Es gibt viele Restaurants. Die angebotenen Speisen sind interessant und abwechslungsreich. Zu meinem Glück gibt es auch guten Espresso und Cappuccino. Den Kaffee nehme ich abwechselnd im „Three Monkeys“ oder im „Coffee and Silver“. Letzteres wird von einem Dänen betrieben, der seit vielen Jahren in Bali lebt. Er erzählt mir, dass sein Bruder in Dänemark auch ein Café mit demselben Namen betreibt und er diesem jüngst management-mäßig und organisatorisch unter die Arme greifen musste. Mit ihm plaudere ich auch über das Land, die Leute und die derzeitige politische und wirtschaftliche Situation. In seinen Worten steckt sehr viel Hochachtung und Respekt vor den Balinesen. Ich frage ihn, wie er die zukünftige Entwicklung einschätzt, speziell im Hinblick auf den derzeitigen Rückwärtsgang in Richtung mittelalterliche Moralvorstellungen bei der Regierung in Jakarta. Darauf meint er sinngemäß:

„Unterschätz die Balinesen nicht. Wenn's ernst wird, sind die ziemlich hart im Nehmen und auch im Austeilen. Die haben schon die Chinesen hinausgeschmissen und auch die Japaner. Die können sich schon wehren."

Am Nachmittag, wenn es mir zu heiß wird, sitze ich am Pool in meinem Guest House.

Rührend, wie er uns in seine Tagesabläufe einweiht, als lebte er schon Jahre hier ;-))

Direkt neben dem Pool (somit auch an mein Zimmer grenzend) wird derzeit ein neues, zweistöckiges Gebäude gebaut. Es gehört zur Anlage und dient zur Erweiterung der Zimmerkapaziäten. Interessantweise stört mich die Bautätigkeit nicht sehr, obwohl ich in nur fünf Meter Entfernung sitze. Gearbeitet wird mit manuellen Werkzeugen: Hammer, Säge, Schaufel, Maurerkelle etc. Interessant, wie eine Baustelle, die völlig auf Handarbeit beruht, sich auch akustisch gut eingliedert. Einen Tag später schon merke ich, wie ich mich zu früh gefreut habe. Obwohl ich dadurch die Ruhe beim Lesen einbüße, kann ich es aber den Balinesen nicht verwehren, dass sie auch am Fortschritt teilhaben und sich dadurch ihre Arbeit erleichtern wollen.

Das ist jetzt wirklich sehr großzügig und die hiesigen Handwerker werden sicher am Abend zu Hause ein Dankesopfer für den verständnisvollen Weltreisenden in ihrer Mitte machen.

Ganz konkret in Form einer elektrischen Handhobelmaschine, die sich der hiesige Zimmermann an ein gut 100 Meter langes Stromkabel angesteckt hat. Ich kenne das hochfrequente, schreiende Geräusch noch sehr gut aus meiner Kindheit als Tischlersohn. Am nächsten Tag höre ich eine Handkreissäge. Zu meinem Glück teilen sich offensichtlich mehrere Baustellen die Maschinen und es ist immer nur eine hier im Einsatz. Also entweder die Handhobelmaschine oder die Kreissäge oder eine Bohrmaschine.

Kunst und Kunsthandwerk

Nachdem Ubud auch das Kunsthandwerk- und Kunstzentrum der Insel ist, sehe ich mir auch noch die wichtigsten Museen an, zum einen das Arma Museum (www.arma-resort.com) und an einem anderen Tag das Neka Art Museum (www.museum-neka.com). Beide zeigen eine fundierte Auswahl an balinesischen Gemälden und teilweise auch Bilder und Skulpturen von anderen indonesischen Inseln. Von den ausgestellten Exponaten her hat mir das Neka Museum besser gefallen, was die Lokalität betrifft das Arma Museum. Eine Besonderheit bietet noch das Privatmuseum des Don Antonio Blanco (www.blancobali.com). Dabei handelt es sich um den jüngst verstorbenen Maler spanischer Herkunft, der sich vor ein paar Jahrzehnten in Bali niedergelassen hat. Verheiratet mit einer balinesischen Tänzerin und Vater eines Sohnes (Mario), der mittlerweile auch Maler ist und das Erbe verwaltet. Das Museumsgebäude wirkt wie eine surreale Mischung aus Gaudi, Hundertwasser und Walt Disney. Don Antonio war bekennender Erotomane und 95% seiner Bilder sind erotische Frauenakte. Besonders interessant sind die selbst-designten Rahmen, die viele verspielte Details mit anzüglichen Inhalten, passend zum Bild, bieten.

Klar, dass unser Held mit den schwülstigen und monströsen Ausbrüchen eines alternden Lustgreises seine Freude hatte. Den Kunstfreunden unter den Lesern möchte ich eher die erstgenannten Museen empfehlen.

Nachts auf den höchsten Gipfel

Am Wochenende besteige ich auch den so genannten „Mutterberg". Der „Gunung Agun" ist 3.100 Meter hoch und somit der höchste Berg auf der Insel. Den Ausflug habe ich privat eingefädelt. Der Sohn eines älteren Malers, den ich kennen lernte und der mir seine Bilder und sein Atelier gezeigt hat, übernahm die Organisation und wir handelten einen Preis für Anfahrt, Führer und Verpflegung aus. Am Tag davor konnte ich noch eine junge Französin namens Gail für die Wanderung begeistern.

Ist Euch schon aufgefallen, dass es fast nie „männliche" Reisekollegen sind, die unser Held „zufällig" trifft?

Wir gehen also zu zweit auf diese Tour und können uns so die Kosten teilen. Kurz nach 23:00 Uhr werden wir abgeholt. Davor waren wir nicht schlafen, sondern ganz fein essen im „Nomad" und hatten sogar eine Flasche Weißwein zu zweit getrunken. Das wird sich dann später rächen.

Womit selbstverständlich niemand rechnen konnte. Wer denkt schon daran, dass er vor einem Nachtaufstieg auf einen Dreitausender schlafen oder gar auf Wein verzichten sollte, also wirklich?

Um 1:30 Uhr beginnen wir auf circa 1.500 Metern Seehöhe, bei einem Tempel, den Aufstieg mit unserem Führer. Dieser ist ein netter junger Einheimischer, der die Strecke schon oft gegangen ist. Die letzten 500 Höhenmeter sind unheimlich steil und anstrengend. Bei jedem Schritt auf diesem letzten Stück muss ich alle Kraft zusammennehmen und nur der Umstand, dass Gail scheinbar mühelos und wie eine junge Bergziege mir voraushüpft, hält mich auf Trab.

Ja, die Eitelkeit! Also mir hat es gefallen ;-))

Um 5:30 Uhr erreichen wir den Gipfel. Kurz vor 6:00 Uhr geht die Sonne auf und wir genießen das Spektakel. Auf 3.000 Meter Höhe ist es auch am Äquator sehr kalt. Das habe ich vor 10 Jahren erstmals am eigenen Leib verspürt. Mit meiner damaligen Frau bin ich auf der (ebenfalls indonesischen) Insel Java auf einen anderen 3.000er gestiegen. Von der kleinen Reisegruppe waren wir damals die einzigen Teilnehmer aus einem alpinen Land und die mit Abstand am schlechtest ausgerüsteten. Ich erinnere mich, dass ich nie in meinem Leben davor oder danach so gefroren habe wie damals auf diesem Gipfel. Daher bin ich heute besser ausgerüstet und habe alle Schichten an, die ich überhaupt nur auftreiben konnte. Der Abstieg zieht sich hin und meine Oberschenkel und Knie schmerzen bestialisch. Nach einem ausgiebigen Nachmittagsschläfchen gönne ich mir am Abend noch eine Massage.Mein letztes Buch habe ich fertig gelesen und beginne mit einem neuen, das ich im Hotel in Kuta eingetauscht hatte: „Denn am Sabbat sollst du ruhen“ von Batya Gur aus Israel. Dabei handelt es sich um einen Krimi im Psychoanalytikermilieu in Tel Aviv. Er fängt etwas langatmig an und wird dann aber sehr spannend.

Am Tag darauf gönne ich mir ein schönes Essen im „Three Monkeys“. Wenn man im hinteren Restaurantteil sitzt hat man freien Blick auf die Gärten und teilweise auf die Reisfelder der Nachbarn. Im Restaurant ist ein künstlicher Teich mit Fischen die aussehen wie orange Welse, allerdings in der Größe von normalen Forellen. Manchmal hüpfen sie so wild herum, dass sie sogar meine Füße anspritzen. Aus den Lautsprechern tönt leise Opernmusik und ich lese Zeitung.

Beim Spazieren durch die Monkey Forest Road fällt mir auf, dass ein hier geparkter Jaguar, selbst wenn es der kleinste „S“ mit Stoffsitzen ist, aussieht wie eine obszöne Zurschaustellung von Reichtum. Am letzten Abend vor meinem Flug nach Hongkong fahre ich mit dem Moped (der Fahrer ist auch einer, der mich bei meinem hiesigen Namen „Sports“ kennt) ins Jazzcafé. Dort spielt ein sehr gutes Quartett, Eintritt wird keiner verlangt und die Preise sind sehr in Ordnung. Da ich alleine bin, nehme ich mir keinen Tisch, sondern setze mich an die Bar. Ums Eck (ebenfalls an der Bar) sitzt eine hübsche Frau, die meinen Blick erwidert und zaghaft zurücklächelt. Ich denke noch, bevor ich mich jetzt blamiere, frage ich einmal den Barkeeper, ob es okay ist, der jungen Dame einen Drink zu kaufen. Dieser grinst mich an und meint in seinem rudimentären Englisch „Girlfriend of Manager“.

Gut, sonst hätte er sich sicher blamiert und ich hätte ihn dann wieder rausreißen können.

It´s hard to be alone in Hong Kong

So verbringe ich auch die letzte Nacht alleine und fahre am nächsten Tag nach meinem Morgenritual zum Flughafen, fliege erstmals seit langem wieder über den Äquator auf die nördliche Hälfte unseres Planeten und lande in Hongkong. Der Flug mit der

Cathay-Pacific, die Haus und Hof Fluglinie von Hongkong, verlief ruhig und problemlos. Ich habe einen Fensterplatz und neben mir sitzt ein Balinese, der nach Miami fliegt, um dort für 400 Dollar im Monat als Housekeeper auf einem Kreuzfahrtschiff zu arbeiten. Jedes Mal, wenn ich ihn etwas frage, lehnt er sich beim Antworten so weit zu mir herüber, dass sich – obwohl schon mit dem Rücken in die Flugzeugverkleidung gepresst – nur noch 5 bis 10 Zentimeter Abstand zwischen unseren Gesichtern befindet. Das ist mir an sich schon zu nahe und sein beißender Mundgeruch fährt mir unangenehm in die Nase. Er sagt, dass er mit dieser Firma schon ein paar Mal auf mehrmonatigen Kreuzfahrten war. Weiters erzählt er mir, dass die Tischkellner bis zu 3.000 Dollar im Monat verdienen. Als er die Zahl nennt, hebt er die Stimme um diesem Wahnsinn Nachdruck zu verleihen. Mir ist klar, dass das Kellnergehalt aus seiner Sicht obszön hoch ist. Auf meine Frage, was er denn machen müsse, um auch als „Tischkellner" anfangen zu können, blickt er mich mit einem leicht entsetzten Gesichtsausdruck an, schüttelt den Kopf und sagt: „Es ist absolut unmöglich, dass ich jemals Kellner werden könnte". Ich habe zwar keine Ahnung von diesem Metier, denke mir aber: Er sieht gut aus, kann bereits Englisch. Wenn er noch eine zweite Fremdsprache lernt und ein paar Kurse macht, müsste das doch gehen.

Dann fällt mir das Zitat aus „Der kleine Prinz" von Antoine de Saint-Exupéry ein, das da lautet:

„Glaube an Grenzen und sie gehören dir."

Da hat einer wieder mal leicht reden. Im reichen Westen geboren und überhaupt.

Dennoch schraube ich jetzt mein Sendungsbewusstsein zurück und stelle meinem Nachbar tunlichst keine Fragen mehr. Das von mir scheinheilig angebotene Pfefferminzbonbon hat er abgelehnt und ich wollte nicht direkter werden.

So komme ich am Mittwochabend, dem 22. März endlich in Hongkong an. Endlich, weil Hongkong schon immer eine Stadt war, die eine große Faszination auf mich ausübte. Zigmal hab ich die Geschichten gehört, wie früher die großen Passagierflugzeuge beim Landeanflug auf den alten Flughafen eine kunstvolle Schleife mit quer gestelltem Flieger zwischen den Hochhäusern machen mussten. Und angeblich hat man dabei den Bewohnern besagter Hochhäuser aus dem Flugzeug beim „Wohnen" zusehen können. Wir landen auf dem supermodernen, neuen Riesenflughafen, der sich auf der künstlich erweiterten Insel Lantau befindet. Alles wirkt extrem sauber, perfekt organisiert, effizient und freundlich. Mit dem Doppeldeckerbus fahre ich in die Stadt, wo ich mir über`s Internet ein Zimmer in einem Guest House reserviert hatte. Die Busfahrt dauert fast eine Stunde und ich habe einen Logenplatz im oberen Stock ganz vorne ergattert.

Hier sitzen normalerweise Kinder oder eben unser Kindskopf.

Es ist schon dunkel und dann erscheint die Skyline von Hongkong mit ihren beleuchteten Wolkenkratzern, die wohl schon Millionen Touristen und Geschäftsreisende vor mir in Erstaunen versetzt hat. Nach ein wenig Herumfragen finde ich auch mein Guest House. Es befindet sich im Stadtteil Tsim Sha Tsui. Das wiederum ist an der Südspitze von Kowloon, einem bekannten Touristenviertel. Das Guest House ist im 6. Stock eines schon in die Jahre gekommenen 9-stöckigen Hauses in der Cameron Road. Mein Zimmer hat die Größe eines Schlafwagenabteils. Aber alles ist sehr sauber und funktionell, inklusive Duschklo und ich bin recht zufrieden.

Am nächsten Morgen stehe ich früh auf und weil ich noch keine Joggingstrecke entdeckt habe, suche ich mir einen Platz wo ich meine Yoga-Übungen machen und dann ein wenig Seil springen kann. Ich habe Glück und die Türe zum Flachdach ist nicht versperrt, sondern nur angelehnt.

Auch in den nächsten Tagen werde ich mein Morgen-Yoga auf dem Dach hier machen. Nachdem ich mich in einem nahe gelegenen Supermarkt mit Obst eingedeckt habe, kaufe ich mir eine englischsprachige, hiesige Zeitung und setze mich in das Café von McDonalds. Der „Doubleshot" Cappuccino hier schmeckt erstaunlich gut.

Na da haben wir ja Gott sei dank wieder eine Kaffeequelle gefunden

In der Zeitung lese ich:

„China braucht 1,3 Millionen Kubikmeter Holz jährlich für Einmal-Stäbchen."

„Ein 27 jähriger Muslime bricht in Bangkok in einen Hindu-Tempel ein und zerstört mit einem Hammer eine Statue des Gottes Brahma. Zwei Straßenkehrer (Hindus?) ertappen ihn dabei und prügeln ihn zu Tode."

„Ein 40 jähriger Afghane hat vor zig Jahren bei einer christlichen Menschenhilfsorganisation gearbeitet und ist damals zum Christentum konvertiert. Offensichtlich war er die letzten Jahre in Deutschland, weil ich aus dem Zeitungsartikel weiter entnehme, dass er jetzt nach der Rückkehr aus Deutschland nach Afghanistan von seinen eigenen Eltern bei den afghanischen Behörden angezeigt wurde. Und jetzt droht ihm die Todesstrafe."

Mich beschleicht das Gefühl, dass die regierungsnahen Medien hier die antimuslimische Stimmung ein bisschen anheizen wollen oder aber der ganze Planet ist wirklich dabei, sich in Richtung Mittelalter zurück zu entwickeln.

Erspar uns bitte Deine gesellschaftspolitischen Weisheiten und erzähle von den tollen Fotos, die Du machen wirst.

Den Rest des Tages bummle ich in meinem Viertel herum, sehe mir die Gebäude und die Menschen an und fotografiere beides. Das unbemerkte Fotografieren der Passanten in verschiedensten Gegenden der Welt macht mir immer mehr Freude. Mittlerweile bin ich schon so zielsicher, dass ich nur noch 50 Prozent der Fotos als komplett unbrauchbar löschen muss. So gesehen werde ich jetzt zum Paparazzi der einfachen Leute.

Kein Internet auf der golden Mile

Was mich erstaunt ist, dass ich auch nach längerem Suchen und Herumfragen kein richtiges Internetcafé finden kann. Das Viertel wimmelt von Touristen und heißt im Volksmund „Golden Mile“. Ein Insider erklärt mir, dass sich der Name einerseits auf die vielen Schmuckgeschäfte bezieht, aber andererseits auch auf die goldene Nase, die man sich mit den Touristen hier verdienen kann. Die Verkäufer von gefälschten Uhren, Handtaschen und schwarz kopierten DVDs übertreiben es reichlich mit der Kundenakquisition. Ständig werde ich angesprochen, teilweise recht aggressiv: „Hello Mister, how are you, you wanna buy copy watch, come have a look, only look”. Dazu stellen sie sich einem in den Weg, sodass man um sie herumgehen muss, was bei dem Menschengetümmel hier gar nicht so einfach ist. Meine übliche Strategie mit einem freundlichen Gesicht „nein, danke“ zu sagen, funktioniert hier nicht. Immer wieder werde ich auch am Arm gepackt um mich so etwas nachdrücklicher zum Aussuchen der falschen Uhren zu animieren. Dabei werde ich dann richtig aggressiv und bin über die Heftigkeit meiner Reaktion teilweise selbst überrascht. Ich überlege mir, woran es liegt, dass es mir hier schwer fällt, cool und gelassen zu bleiben. Wahrscheinlich liegt es daran, dass diese Keiler einfach eine Schande für unseren Berufsstand und somit für das teilweise schlechte Image des Verkaufs mitverantwortlich sind. Und diese „Copy-Watch-Nummer“ bekommt man als Tourist hier ständig geboten.

Die armen Kerle kämpfen halt um`s Überleben und können nicht einmal davon träumen, ein Jahr um die Welt zu reisen.

Dennoch kann ich es noch nicht recht fassen, dass ich die Suche nach einem richtigen Internetcafé für heute erfolglos abbrechen muss. Einzig im Café „Pacific“ gibt es 3 PCs, die von allen Kunden gratis verwendet werden können. Leider haben andere Traveller offensichtlich dasselbe Problem und wenn man endlich einen freien PC ergattert hat, warten schon mehrere andere und schauen einem ständig über die Schulter ob die 15 Minuten schon um sind, an die man sich laut Kaffeehausbetreiber halten soll.

Schwule Cowboys

Am Abend probiere ich die U-Bahn aus und fahre in ein anderes Stadtviertel. Wie erwartet, ist die U-Bahn sauberer als in Wien, klimatisiert und alles ist perfekt ausgeschildert. Ich finde das Einkaufszentrum, das ich gesucht habe. Seit Buenos Aires war ich nicht mehr im Kino, und habe beschlossen mir heute hier „Brokeback Mountain“

anzusehen. Der Film handelt von schwulen Cowboys in Amerika und der Regisseur (Ang Lee) stammt aus Hongkong. Mir gefällt der Film sehr gut und ich bin überrascht, dass es für so ein kontroversielles Thema Oscars gibt.

Die Oscars gab's nicht für`s Thema sondern für den Film.

Das Ende ist sehr berührend und traurig und ich verlasse das Kino ebenfalls in einer traurigen Stimmung. Ich fühle mich einsam und ein wenig verloren in dieser riesigen Stadt.

Ja, ich kann da aber jetzt auch keinen zärtlichen Cowboy für Dich aus dem Hut zaubern.

Beim Rückweg ins Guest House nehme ich nicht nur die falsche U-Bahn, sondern gleich die komplett falsche Bahnlinie. Trotzdem gelingt es mir irgendwie, in relativer Nähe von meinem Guest House auszusteigen und ich gehe das letzte Stück zu Fuß. Im Zimmer angekommen gönne ich mir zuerst einen kleinen Cognac von der Flasche, die ich heute gekauft habe. Leider werden dann zu viele daraus und ich gehe recht illuminiert ins Bett.

Mir ist leider nichts Besseres eingefallen.

Am nächsten Morgen stehe ich vergleichsweise spät auf und habe einen leichten Anflug von Kopfschmerzen. Beim Frühsport auf dem Dach riecht es bereits am Vormittag nach billigem Fett aus den Freiluftküchen und von rundum drängt Baulärm herauf. Der Besitzer des Hostels organisiert auch Visa für Festlandchina. Als ich ihm heute meinen Pass und die entsprechende Summe Hongkong-Dollars geben wollte, erklärt er mir, dass ich dazu auch ein Passfoto brauche. Also mache ich mich auf die Suche nach einem Fotogeschäft oder einem Fotoautomaten und werde in einem Hinterhof fündig. Angelockt hat mich ein großes, gelbes Kodakschild. In dem Geschäft, das maximal 5 mal 4 Meter misst, werden Kunden beraten, Fotos gemacht, ausgearbeitet und nebst Bilderrahmen gelagert. Gleichzeitig ist das Ganze auch ein Copyshop und wie ich vermute, wohnt das Ladeninhaber-Ehepaar auch in diesem Geschäft. Die Chefin trägt ein sehr schönes, traditionelles, intensiv gelbes Seidenkleid und hat die Haare streng nach hinten zusammen geknotet. Hinter einem Paravant höre ich leises Schmatzen. Mit einem neugierigen Blick erspähe ich dort ihren Mann beim Mittagessen. Er wird mich auch fotografieren. Auch er trägt traditionelle chinesische Kleidung aus Seide. Seine Frisur erinnert an chinesische Historienfilme.

Oder an den Koch in der (aus heutiger Sicht) politisch nicht ganz korrekten alten US-Cowboy-Serie „Bonanza".

Sein Kopf ist vorne völlig kahl rasiert, am höchsten Punkt des Kopfes beginnt sein langes, schwarzes Haar, das er in einem Rossschwanz zusammengebunden trägt. Während des Fotografierens komme ich mit dem Ehepaar ins Gespräch. Die Frau erklärt mir, ich säße hier auf einer sehr wertvollen Antiquität und ich mache ihr ein Kompliment wegen ihres schönen Seidenkleides. Das sei die klassische und einzig richtig verarbeitete Tracht aus der Mandschurei, erfahre ich von der stolzen Trägerin. Ebenso stolz erzählt sie mir auch von der Blutsverwandtschaft ihres Mannes mit dem letzten Herrscher der Mandschurei. Ich zeige mich beeindruckt und versuche meine Unwissenheit in Bezug auf die chinesische Geschichte zu verbergen.

Das kann er übrigens schon recht gut.

Draußen in den Straßenschluchten Hongkongs staut sich wieder der Verkehr. Hupend und stinkend bewegen sich die Autos im Schritttempo. Außer vielleicht in Mailand und am Sunset Boulevard in Hollywood habe ich noch nirgends so viele teure Autos auf so kleinem Raum gesehen. Stoßstange an Stoßstange reihen sich Aston Martins, Porsches, Rolls Royce, Maseratis, Bentleys und Ferraris. Obendrein erfahre ich später von Gerhard, meinem Privatlektor, dass in Hongkong auf diese Nobelkarossen 100 % Einfuhrzoll zu zahlen sind. Ich frage mich, wo man die Sportwagen hier wohl ausfahren kann. Wahrscheinlich wird der 5. respektive 6. Gang nie verwendet.

Worum es dabei geht, versteht er halt nicht.

Kriegsschauplatz im Keller

Im McDonalds Café trinke ich meinen Frühstückscappuccino und stelle fest, dass hier Plastik verwendet wird, als gäbe es kein Morgen. Jede Kleinigkeit kommt auf ein dickes Plastiktablett mit Plastikdeckel und in Folie eingeschweißt. Getränke in Styroporbecher mit Plastikdeckel und Plastikstrohhalm. Dafür finde ich heute endlich ein richtiges Internetcafé. Es heißt Cyberworld und befindet sich im Untergeschoss eines Kaufhauses. Hier gibt es ausreichend Computer und schnelle Internetanbindungen. Leider kommt man sich vor, wie in mitten in Bagdad während einer intensivierten Angriffswelle. Aus hunderten von Computerlautsprechern hört man knatternde Gewehrsalven, detonierende Granaten und die Schreie der Verletzten und Sterbenden. Die Akteure sind aber keine jungen US-Amerikaner aus ärmeren Verhältnissen sondern Hongkong-Kids aus dem gehobenen Mittelstand. Pickelige Teenager sitzen wie hypnotisiert vor den Bildschirmen und jauchzen vor Freude, wenn sie wieder jemanden abgemurkst haben. Mir geht das ziemlich auf die Nerven und ich versuche zuerst mit meinen Ohrenstöpseln Ruhe zu finden. Der Erfolg ist bescheiden und ich beschließe, falls ich kein anderes Internetzcafé finde, am nächsten Tag meinen Kopfhörer mitzunehmen. Von meinem Geschäftspartner aus Wien bekomme ich die Bilanz des letzten Geschäftsjahres per E-Mail. Die Zahlen sind erfreulich und ich beschließe, das gebührend zu feiern.

Tstss, als ob er dazu viel beigetragen hätte - also das Selbstbewusstsein möchte ich einmal haben.

Später finde ich noch ein, auf Reiseliteratur spezialisiertes Buchgeschäft, welches ich an der Stelle gerne weiterempfehle: Travel Bookshop, 55 Hankow Road 2. Stock in Kowloon, Hongkong. Der Besitzer, Keneth, ist ein weitgereister Chinese, der sich für alles brennend interessiert, was mit Reisen und fernen Ländern zu tun hat. Bei ihm kaufe ich unter anderem meine hiesige Reisebibel und ein weiteres Buch, das er mir empfiehlt. Die Empfehlung möchte ich an dieser Stelle ebenfalls weitergeben: „I have seen the World Begin“ von Carsten Jensen. Mit Reisebibel meine ich den „Lonely Planet“ für China. Irgendwie ist dieses Rucksack-Reisen, das Leben eines (auf neudeutsch) „Travellers“, ein wenig wie die Mitgliedschaft in einer Religionsgemeinschaft. Die Bibel ist der Lonely Planet und die Tempel, in denen sich die Gläubigen versammeln, sind die Travellerhostels, Internetcafés, spezialisierte Buchgeschäfte und Outdoor-Equipment Läden. Die Priester sind die Reisebuchautoren und Reisejournalisten.

Jetzt wird er noch zum Religionsstifter oder was?

Am späten Nachmittag nehme ich noch eine chinesische Nudelsuppe mit Shrimps zu mir. Der Hafen, der den Stadtteil Kowloon von der eigentlichen Insel Hongkong trennt, kann auf verschiedene Weise überwunden werden. Unten durch gibt es den Autotunnel, die U-Bahn und einen Zug. Oben (auf dem Wasser) die alte Personenfähre (Starferry). Den Fährdienst gibt es seit circa 100 Jahren und die Fähren, die jetzt noch verkehren, haben meist auch schon an die 50 Jahre am Buckel. Den ganzen Tag über kann man dieses vergleichsweise billige Vergnügen (eine Überfahrt kostet circa 20 Eurocent) alle 10 Minuten genießen. Genau das mache ich am Abend und am nächsten Tag beschließe ich ein weiteres „Touristenmuss“ zu absolvieren.

Ich habe vor, auf den Victoria Peak zu spazieren. Das ist mit circa 500 Metern der höchste Gipfel der Insel Hongkong und bietet angeblich sensationelle Ausblicke. Auf halbem Weg muss ich wegen heftiger Regenfälle abbrechen und besuche stattdessen das Museum of Art.

Am Abend gehe ich noch in den Fringe Club (2 Lower Albert Road, Hongkong Central), weil ich in der Zeitung gelesen habe, dass es hier heute ein Jazzkonzert gibt. Der Club ist sehr klein und die wenigen Sitzplätze sind alle schon voll, als ich um 21:00 Uhr ankomme. Laut Programm soll um 21:30 Uhr das Konzert beginnen. Ich stelle mich an die Bar und bestelle mir ein Glas Wein. Die vielen Stühle auf der kleinen Bühne deuten an, dass heute viele Musiker kommen. Und tatsächlich quetscht sich dann eine 24-köpfige Big-Band auf die viel zu kleine Bühne. Später erfahre ich, dass diese Band aus Profis und Amateuren besteht, die einmal im Monat (am letzten Samstag Abend) hier gemeinsam als Saturday Night Jazz Orchestra auftreten. Sie spielen alte

Bigband-Standards und als Zuhörer bekommt man die Freude am Spielen mit. Das Publikum lässt sich davon anstecken und die Stimmung ist bald im ganzen Lokal grandios. Danach schlendere ich noch durch das nahe gelegene Barviertel und hier ist wirklich der Bär los. Alle Bars der Straße sind durch die tausenden von Gästen zu einer einzigen Party fusioniert. Die Leute stehen mit ihren Drinks auf der Straße herum, tanzen und unterhalten sich und bauen dabei wahrscheinlich den Arbeitsstress der vergangen Woche ab. Wohnen möchte ich allerdings in dieser Straße eher nicht.

Unser lonesome Cowboy hat nicht mitgefeiert, allerdings musste er auch keinen Arbeitsstress abbauen.

Am Sonntag ist das Wetter leider noch immer recht grau und regnerisch, daher verkrieche ich mich in ein Cafe und lese ein wenig. In der Zeitung erfahre ich, dass die Knochenhändler aus Kalkutta in medizinischen Kreisen seltsame Berühmtheit genießen. Angeblich ist es ein offenes Geheimnis, dass Friedhöfe geplündert und Leichen von Flussbestattungen aus dem Wasser gefischt werden. Die Leichen werden dann in Säurebädern auf die nackten Knochen reduziert und die Skelette an Medizinstudenten und Universitäten auf der ganzen Welt verkauft. Aus diesem Grund wurde angeblich Mutter Teresa nicht auf dem allgemeinen Friedhof in Kalkutta begraben, weil man ja angeblich wisse, was hier passiert.

Für welche Themen man sich plötzlich interessieren kann, wenn einem so richtig langweilig ist.

Am späteren Nachmittag hört es endlich kurz zu regnen auf und ich gehe noch in den Kowloon Park. Dieser entpuppt sich als städteplanerische Glanzleistung

Ah, jetzt auch noch Experte für Stadtplanung!

und Erholungsraum, welcher von der lokalen Bevölkerung gut frequentiert wird. Es gibt einen Kindererlebnisspielplatz, einen Skulpturenpark, einen chinesischen Garten, einen Wasserfall, einen Trimmdichpfad, ein Vogelgehege (das derzeit wegen Vogelgrippengefahr geschlossen ist) und einen McDonalds. Das Ganze wirkt wie ein Multi-Kulti-Biotop. Die vielen Leute, die sich im Park tummeln, bestehen aus verschiedensten ethnischen Gruppen: hier eine Gruppe von Frauen mit Kopftüchern, die auf mitgebrachten Decken sitzen, plaudern, ihre Kinder füttern und Karten spielen - da eine Familie die offensichtlich jemandes Geburtstag feiert und gerade eine Torte anschneidet.

Das Wetter wird am Montag auch noch nicht viel besser und ich nütze den Tag für private E-Mails, Tagebucheintragungen und Notizen für dieses Buch. Beim Verlassen des Gebäudes, in dem mein Hostel ist, beobachte ich eine seltsame Szene.

Drei Männer in blauen Overalls gehen in das Haus und nehmen den Lift. Einer der drei hat eine Pumpgun (Repetierschrotflinte) in der Hand. Auf ihren Overalls ist am Ärmel ein Emblem, auf dem ich das Wort Security entziffern kann. Nachdem das Gebäude an sich ein Wohnhaus ist, in dem sich mein Wirt im 6. Stock ein kleines Guest House eingerichtet hat, frage ich mich, was die hier wollen.

Na, vielleicht suchen sie nach gutem Kaffee?

In den nächsten Tagen werde ich ähnliche Grüppchen von Securitymännern mit Schrotflinten noch öfter sehen und gewöhne mich an den Anblick.

Dienstags wird das Wetter endlich besser. Mittlerweile habe ich auch herausgefunden, dass es unten am Hafen eine Promenade gibt, auf der man in der Früh laufen gehen kann. Das nütze ich heute gleich aus und gehe joggen. Was mir besonders auffällt, sind die grün eingepackten Hochhäuser. Also in Bau befindliche Hochhäuser, die eingerüstet und mit grünen Planen abgedeckt sind. Besonders beeindruckend finde ich, dass alle Gerüste aus Bambusstangen zusammengebunden sind. Die Bauarbeiter hier scheinen mir echte Künstler zu sein und irgendwie wirkt der Verpackungskünstler Christo dagegen fast ein wenig dilettantisch.

Ja genau, weil wir jetzt deine Kunstexpertenmeinung brauchen.

Einsame Wanderung in Hong Kong?

Gegen Mittag fahre ich mit der Fähre nach Lantau. Das ist die größte von den Inseln hier und auch die am dünnsten besiedelte. Hier ist auch der schon erwähnte neue Riesenflughafen „angebaut" worden. Es wirkt kurios, dass man wenige Kilometer weg von den dicht besiedelten Hochhausschluchten, richtig einsame Landschaften findet. In der Fähre selbst befinden sich fast nur Touristen. Auf der Insel angekommen geht es mit einem Linien-Bus weiter zum großen Buddhistenkloster Po Lin. Hier befindet sich auch die angeblich weltgrößte freisitzende Buddhastatue. Gleich nach der Ankunft suche ich (eher schon dringend) nach einer Toilette. Ich kann die Lokalität nicht finden und frage einen uniformierten Aufpasser. Der gibt mir zu verstehen, dass er mich nicht versteht. Ich kann es nicht glauben und versuche es mit verschiedenartiger Aussprache des Wortes „Toilette". Jetzt dämmert mir langsam, wie es sein kann, wenn es überhaupt keine sprachliche Verständigungsmöglichkeit mehr gibt. Die herbeigerufene weibliche Arbeitskollegin versteht genauso wenig. Mein Anliegen wird immer dringender und daher suche ich Zuflucht bei der Körpersprache. Dazu nehme ich den ausgestreckten Zeigefinger meiner linken Hand in die rechte Hand und halte diesen vor mein Hosentürl. Die Gefragten zeigen eine Mischung aus Erstaunen, Entsetzen und Belustigung und dann deuten sie kichernd in die erlösende Richtung.

Unser Held kann zwar endlich pinkeln, aber die angesprochenen Einheimischen haben wahrscheinlich einen nachhaltigen Kulturschock erlitten.

Das Kloster ist gut auf Touristen vorbereitet und hat ein eigenes Selbstbedienungsrestaurant mit ausschließlich vegetarischen Speisen. Ich kaufe mir etwas zu essen und setze mich an einen Tisch im Freien. Dort amüsiert mich der schriftliche Hinweis, dass der Verzehr von Alkohol und Fleisch hier streng verboten ist. Selbiger Hinweis steckt in einem Kartenhalter von einer namhaften Getränkefirma. Darauf wiederum steht in großen Lettern „Essen und Coca Cola passen gut zusammen“. Als ich lustlos in meinem Tofu herumstochere, setzt sich ein junger Mann zu mir an den Tisch. Er ist groß, blond, kräftig und wirkt fast, als hätte er sich als Traveller verkleidet. Von der einen Schulter hängt eine Spiegelreflexkamera, um den Hals eine Videokamera, in der Hand ein Stativ und aus der aufgenähten Seitentasche seiner Wanderhose steht die Traveller Bibel (Lonely Planet) von Hongkong sichtbar heraus. Er trägt auch noch einen von diesen Hüten, wie sie australischen Outback-Touristen verkauft werden. Wir kommen ins Gespräch und es stellt sich heraus, dass wir beinahe Nachbarn sind. Bartosch kommt aus Polen und gehört zu der Generation der jungen Unternehmer, die die Zeit seit dem Mauerfall genützt haben. Gemeinsam mit seinem Bruder hat er eine Kette von 50 Teegeschäften in Polen aufgezogen. Wir plaudern noch ein wenig und nachdem er auch alleine reist, nützen wir die Gelegenheit, uns wechselseitig mit unseren eigenen Kameras vor den diversen Sehenswürdigkeiten zu fotografieren.

Danach mache ich noch eine Wanderung auf den Lan Tau Peak und komme dabei ganz schön ins Schwitzen. Mit circa 1.000 Metern ist das der höchste Berg der ganzen Region Hongkong und bietet einen wunderschönen Blick. Leider hängt meist eine nur bedingt lichtdurchlässige Mischung aus Nebel und Smog über der Landschaft. Immer wieder erzählen mir die Einwohner Hongkongs, dass dieser ganze Smog von „drüben“ kommt. Mit drüben ist das chinesische Festland gemeint und die Industriegebiete, die direkt an die Grenzen Hongkongs gebaut wurden. Der Verdacht, dass die hunderttausenden Autos und LKWs, die sich im Schritttempo den ganzen Tag durch die engen Straßen schieben, auch etwas damit zu tun haben könnten, kommt den Leuten offensichtlich nicht.

Ich habe noch einen Koffer in Hong Kong

Nach der Rückkehr am Abend trinke ich noch einen letzten Kaffee. Direkt neben mir sitzen zwei Geschäftsleute in meinem Alter. Der eine telefoniert ständig und penetrant laut mit seinem Handy.

Was natürlich unserem Sensibelchen den ganzen (Kaffee-)Genuss verdirbt.

Ich überlege kurz, ob es einen Sinn hat, etwas zu sagen und mir fällt im selben Augenblick ein perfider Racheplan ein. Nachdem ich den letzten Schluck Kaffee ausgetrunken habe, ist der Plan auch schon umgesetzt. Unsichtbar und unhörbar ist meine Rache. Sie wird noch lange nachwirken, nachdem ich die Lokalität verlassen habe. Das unsichtbare Köfferchen verbreitet hier (dank der vegetarischen Rohkost vom buddhistischen Kloster) seine diabolische, olfaktorische Wirkung.

Köfferchen ist gut. Das war schon eher ein Schrankkoffer, es hat so dermaßen gestunken, dass die wahrscheinlich nach uns das Lokal evakuieren mussten.

Am nächsten Tag bin ich nach 11 Stunden Schlaf wieder fit. Das Wetter bleibt recht gut und ich beschließe, wieder eine Wanderung zu machen. Das Morgenjoggen fällt daher aus und beim Kaffee lese ich, dass es mittlerweile einen regen Medizin-Tourismus im Land gibt. In Japan gibt es fast keine Organspender. Das führt dazu, dass in einem japanischen Bezirk, in dem zum Beispiel 100 Patienten auf eine Spenderniere warten, nur fünf solche Operationen im ganzen Jahr gemacht werden. Die anderen 95 können sich dann von einer Agentur nach Shanghai vermitteln lassen. Dort bekommen sie um harte Devisen gesundes Gewebe von zum Tode Verurteilten implantiert. In China gibt es keine offiziellen Zahlen, aber es wird vermutet, dass 5.000 -10.000 Menschen jährlich exekutiert werden und dann als Organspender dienen. Die Regierung in Peking will das aber besser regulieren und hat ein neues Gesetz herausgebracht, das jeglichen Handel mit Organen verbietet.

In einem anderen Artikel lese ich, dass bereits 30 Millionen Chinesen jährlich als Touristen ins Ausland reisen. Und im Jahr 2005 sind bereits 120 Millionen ausländische Touristen nach China gereist. Diese Gäste gaben dabei 30 Milliarden Dollar aus. Und weil wir schon beim Geld und bei Chinas wirtschaftlichem Erfolgskurs sind, hier noch eine Nachricht, die Chinas unzweideutige Entwicklung zur wirtschaftlichen Supermacht unterstreicht:

Im Monat März hat China erstmals in der Geschichte die meisten Devisenreserven aller Länder dieser Welt. Mit 853 Milliarden Dollar auf der hohen Kante hat China damit Japan den ersten Rang abgenommen. Natürlich ist die Summe relativ klein, wenn man sie durch die Anzahl der Bevölkerung dividiert. Trotzdem halte ich es für ein eindeutiges Signal.

Im Inlandsteil lese ich, dass die Regierung in Peking dem tibetanischen Volk eine 12 Meter hohe und 35 Tonnen schwere Mao Statue geschenkt hat.

Sicherlich haben sich die Tibeter das seit Jahren vom Christkind gewünscht.

Am Nachmittag fahre ich mit dem Bus auf die Südseite der Insel und wandere von Aberdeen durch einen Park hinauf auf den Victoria Peak. Heute ist das Wetter besser als beim letzten Versuch und ich kann auch den Ausblick genießen. Mit der Tram fahre ich dann zurück und gehe früh ins Bett.

Abenteuer Schlafwagen

Heute geht es zum Bahnhof und es beginnt das Abenteuer Festlandchina. Ich spüre wieder diese angenehme, leichte Spannung und Vorfreude. Dieses Gefühl ist mir auf der Reise immer wieder begegnet, wenn ich mich von einem Ort zum nächsten begebe. Heute ist dieses Gefühl recht intensiv. Das liegt daran, dass ich noch nie in China war und mir die Kultur fremder ist als die Kulturen in den bisher bereisten Ländern. Kurz, mich hat das Reisefieber wieder gepackt. In der mächtigen Bahnhofshalle gibt es eine riesige Menschenschlange. Meine Befürchtung bestätigt sich leider: es handelt sich um die Warteschlange für Züge nach Festlandchina. Das ist ein erster Fahrkarten- und Sicherheitscheck. Ein buntes Durcheinander von Reisenden, Stimmen, Gerüchen. Dazwischen überall viele Koffer, Taschen und eine Menge prall gefüllter und verschnürter Kartons. Aus den Gepäcksstücken schließe ich, dass viele Hongkongchinesen ihre Verwandten auf dem Festland besuchen und Geschenke mitnehmen. Die Ausweisformalitäten sind schnell erledigt und bald sitze ich mit vielen Anderen im Wartesaal. Die großen Anschlagtafeln sind nur mit chinesischen Schriftzeichen versehen und ich fühle mich ein wenig verloren. Es gibt auch Lautsprecherdurchsagen wie am Flughafen und die sind glücklicherweise zweisprachig. Die Ansagen sind zuerst auf Chinesisch und dann kommt die englische Version. Leider klappt die Koordination nicht ganz gut. Jedes Mal, wenn die englische Stimme beginnt, schaltet sich gleichzeitig eine chinesische Synchronstimme ein und ich verstehe tatsächlich nur noch „Bahnhof“.

Mhm – Bahnhof, das gibt sicher ein paar tolle Lacher.

Weil ich also nichts verstehen kann, beschließe ich, mich einfach an die Mehrheit zu hängen. Als dann ein Großteil der anderen im Wartesaal aufsteht und durch eine Türe geht, tue ich dasselbe. Auf dem Bahnsteig finde ich nach kurzem Suchen meinen Wagon und das richtige Zugabteil. Ich hatte ja ein Bett im 4er Schlafwagen gebucht. Das war die mittlere von den drei Varianten: 6er (einfach), 4er (schon besser) und 2er (der volle Luxus) Schlafwagen. Obwohl es erst 3:00 Uhr nachmittags ist, sind die Betten schon gemacht. Alles ist mit sauberen, gebügelten und gestärkten weißen Leintüchern überzogen. Auf dem kleinen Tischchen in meinem 4er-Abteil ist auch ein weißes Tischtuch und in einer ebenfalls weißen Vase steckt eine rote Nelke. Ich bin als Erster im Abteil und stelle anhand der Nummer fest, dass mein Bett offensichtlich das rechts oben ist. Ich verstaue mein Gepäck und setze mich auf das untere Bett neben das Fenster.

Das kennen wir ja schon, Mister „Egozentrik“ blockiert einen Platz und spielt den freundlichen Ignoranten. Die höflichen Mitreisenden werde es nicht so leicht haben, an ihre Plätze zu kommen.

Später kommen noch zwei ältere Damen. Das sind zwei Chinesinnen um die 70. Plaudernd betreten sie unser Abteil und beginnen, ihre vielen Taschen zu verstauen. Nach meinem Begrüßungsversuch ist klar, dass wir keine gemeinsame Sprache finden werden. Die Kommunikation zwischen uns beschränkt sich in den kommenden 26 Stunden auf freundliches Lächeln, Nicken und kurze einfache Sätze. Gesprochen jeweils in der irren Hoffnung, dass ein Teil davon wie durch ein Wunder doch verstanden würde. Die etwas dominantere von den beiden hat offensichtlich das untere vis-à-vis Bett reserviert. Die andere setzt sich auf meine Seite, möglichst weit weg von mir. Mit nicken, unnützen Worten und deuten stecken wir die Reviere ab. Soweit ich verstehe, hat die zweite das Bett, auf dem ich sitze reserviert. Ich bedeute ihr, dass mein Bett oben ist, ich aber noch nicht schlafen will.

Es ist dasselbe peinliche Spiel wie schon im Bus in Alaska.

Die beiden Damen wirken sehr freundlich und ein wenig verwirrt, weil ich so gar nichts von dem verstehe, was sie sagen. Ihr Bemühen um Verständnis und Konversation ist eine angenehme Abwechslung. Die Menschen in Hongkong sind mir generell nicht sehr höflich vorgekommen. Wann immer ich in den letzten Tagen irgendeine, aus meiner Sicht höfliche Geste gesetzt habe, erntete ich … ja was eigentlich, nicht Zurückweisung, sondern völlige Ignoranz. Also z.B. eine Lifttüre aufhalten oder jemanden anlächeln stößt in der Metropole auf völliges Unverständnis. Dabei ist das aber anders als bei den „grantelnden" Wienern (granteln heißt soviel wie: schlecht gelaunt sein, mürrisch) meiner Heimat. Dieser sprichwörtliche Wiener Grant ist in gewisser Weise nach außen gerichtet. Die Menschen in Hongkong hingegen wirken, als würden sie alle mit einer unsichtbaren Panzerung herumlaufen, die sie vor allen Emotionen anderer (so eben auch vor Freundlichkeit) schützt. Dabei wirken sie eben nicht grantig, sondern einfach absolut gleichgültig und in sich gekehrt.

Hier im Zug sitze ich also am Fenster und vertreibe mir die Zeit bis zur Abfahrt des Zuges mit Lesen. Insgeheim hoffe ich, dass das vierte Bett leer bleibt. Meine Hoffnung wird erfüllt und wir bleiben tatsächlich während der ganzen Reise zu dritt. Die beiden Omas reden ununterbrochen während der ganzen „wach" verbrachten Reisezeit. Entgegen meiner sonstigen Sensibilität gegenüber verschiedenen Geräuschkulissen wirkt das ständig gleich laute, monotone Gespräch wie ein Plätschern oder leises Schnattern. Fast beruhigend, ähnlich dem monotonen Rattern der Räder auf den Schienen. Der Zug fährt durch ein Spalier von Hochhäusern unterschiedlichen Alters, bis wir die Grenze zu Festlandchina erreichen. Dahinter werden die Bauten einfacher und monotoner. Bald schon sehe ich fast nur noch ein dominierendes Hausmodell, mit wenigen Abweichungen. Sie stehen in Straßenzügen und Häuserzeilen von meist 2 bis 3 Stockwerken Höhe. Die äußere Form ist sehr simpel. Es sieht fast so aus, als hätte ein Riese entlang der Außengrenzen des jeweiligen Grundstückes, einfach seinen flachen Spaten an jeder Seite in den Boden getrieben und dann das so entstehende Rechteck aus dem Boden gezogen. Dieses Rechteck wird zum mehrstöckigen Haus. Das ganze aus rohen Ziegeln oder Beton und mit flachen Dächern. Wie die simplen Bauklötze eines Riesenbabys, zum Teil schön nebeneinander gereiht oder einzeln in der Landschaft herum liegend. Wenn man genauer hinsieht, oder näher vorbei fährt, sieht man, dass die Fenster und Balkone bis zum obersten Stockwerk vergittert sind. Dadurch wirken die Häuser auf diesen zweiten Blick wie Vogelkäfige.

Später fahren wir an riesigen Mülldeponien vorbei, an Fabriken mit hohen Schornsteinen, grau-braun in grau-braun. Es ist, als fahre man stundenlang durch einen riesigen Fabrikshinterhof, in dem die Arbeiter auch ein bisschen Gemüse anbauen und ihre Wäsche aufhängen. Das Wasser auf den Reisfeldern ist schlammfarben und es tummeln sich bunte Ölflecken darauf. Ich fahre durch die Fabrik der Welt! Hier wird produziert, was in der ersten Welt gekauft und konsumiert wird.

Gut, ich hatte schon Sorge, dass jetzt wieder so ein toller Vergleich kommt – puh!

Dann gehe ich noch ein bisschen durch den Wagon und sehe, dass in den anderen Abteilen die Menschen in ihren Stockbetten liegen. Keiner sitzt so wie ich auf dem Bett des anderen. Als ich zurückkomme, liegen meine zweite Reisegefährtin auch schon in ihrem Bett, das ich die ganze Zeit blockiert hatte.

Die Ärmste hat sich nicht getraut, unseren „Marco Polo“ einfach von ihrem Bett zu verjagen und musste die ganze Zeit auf diese Gelegenheit warten.

Ich klettere nach oben und setze mich auf meines. Weil ich nicht wusste, ob und was es im Zug zu essen gibt, habe ich mich mit Proviant eingedeckt. Jetzt, am späteren Nachmittag bin ich schon recht hungrig und esse Camenbert mit Brot und Tomaten. Die beiden Damen beobachten mich mit sichtbarer Skepsis. Erst später werde ich erfahren, dass es für Chinesen kaum etwas Grausigeres gibt, als die Vorstellung, Käse zu essen. Das erklärt im Nachhinein auch die irritierten Blicke, die ich ernte. Das erinnert mich an einen österreichischen Freund und ehemaligen Arbeitskollegen, der Käse hasst. Er empfindet es fast als persönliche Beleidigung, wenn jemand in seiner Gegenwart Käse isst. Nichts von alledem ahnend...

Ganz schön praktisch, so ein Schutzschild aus Ignoranz.

...sitze ich zufrieden im Schneidersitz und mampfe weiter. In jedem Schlafwagenabteil befindet sich eine große Thermoskanne mit Wasser, die uns die Schaffnerin kurz nach der Abfahrt gebracht hat. Meine Mädels trinken das heiße Wasser pur. Das nennen die Chinesen „weißer Tee“. In meinem kleinen Rucksack finde ich noch ein paar Teebeutel aus Chile,

Soso, er findet ein paar Teebeutel. Könnt Ihr Euch jetzt denken, weshalb er nie unter 20 Kilo Reisgepäck kommt?

deren Inhalt möglicherweise ohnehin aus China stammt. Damit mache ich mir einen Tee zu meiner Jause. Hier geht bereits um 6:00 Uhr die Sonne unter und ich stehe noch bis fast um 7:00 Uhr am Fenster im Gang. Das Schlafwagen-Klo ist eines von diesen in den Boden eingelassenen Löchern. Als ich mir dann die Hände wasche, erblicke ich ein nettes Detail. Auf der Innenseite der Klotüre ist eine kleine Halterung mit einem Handysymbol. Offensichtlich sind schon vielen Chinesen beim Hose-Runterlassen die Handies ins Loch gefallen. Später kommt die Schaffnerin noch mit einem Essenswagen durch den Gang. In einer einfachen, rechteckigen Plastikverpackung gibt es das heutige Menü zu kaufen. Um umgerechnet 1 Euro 50 bekomme ich eine große Portion Reis, Gemüse, irgendwelche schwer definierbaren, aber durchaus essbaren Fleischklößchen und ein kleines Stück paniertes Fleisch – wohl zur Erinnerung an Wien gedacht. Meine Reisegefährtinnen schlafen schon recht früh und ich mache das Licht aus. Noch lange liege ich wach und sehe draußen die Lichter vorbeiziehen. In den Fabriken wird gearbeitet – Tag und Nacht.

Irgendwann in der Nacht schlafe ich dann doch auch ein und am nächsten Morgen werde ich durch das Schnattern meiner Reisegefährtinnen geweckt. Das Frühstück, das die Schaffnerin verkauft, ist mir zu fremd und ich halte mich an das selbst mitgebrachte Obst.

Zum Glück für die leidgeplagten Chinesinnen hat er keinen Stinkkäse mehr übrig.

Wenn ich richtig informiert bin, dauert die Fahrt heute noch bis 5:00 Uhr nachmittags. Das zieht sich dann ein wenig. Die Damen haben es sich auf den unteren beiden Stockbetten sehr gemütlich gemacht. Dadurch ist klar, dass ich im Abteil nur oben bleiben kann.

Er hat es geschnallt – Hallelujah!

Vom vielen Herumsitzen tut mir schon der Rücken weh und ich stelle mich ein wenig in den Gang und sehe zum Fenster hinaus. Die verschmutzten Bäche und Flüsse erinnern mich daran, dass bei uns zu Hause der Umwelt- und Wasserschutzgedanke auch erst ein paar Jahrzehnte alt ist. Mir fällt ein, wie ich als Volksschüler auf meinem täglichen, 1-stündigen Fußweg in die Schule über die Brücke am Dorfbach ging. Die nahe gelegene, Kunststofffabrik hat damals alle Abfälle sorglos in den Bach geleitet und wir Kinder waren immer hoch erfreut, weil das Wasser fast jeden Tag eine andere Farbe hatte. Einmal war es giftgrün, ein anderes Mal senfgelb, dann wieder rot oder blau. Für uns Kinder war das ein Spaß und der Bach floss natürlich ungeklärt in den Bodensee. Die Zeiten haben sich geändert. Durch die Ringkläranlagen ist der Bodensee jetzt wieder so sauber, dass mehrere deutsche Städte heute daraus ihr Trinkwasser beziehen.

Hier steht dieser Schritt noch bevor. In der englischen Zeitung „Shanghai Daily“, die natürlich von der Regierung kontrolliert wird, stehen immer wieder Artikel über neue Bemühungen und Regierungsinitiativen zum aktiven Umweltschutz. Wie ernst das zu nehmen ist, kann ich nicht beurteilen und erinnere mich an Gespräche vor 20 Jahren. Als damals junger Erwachsener bei Diskussionen über Umweltproblematiken im Freundeskreis fiel dann die eher scherzhaft gemeinte Aussage: „Stell dir vor, jeder Chinese kann sich einen Toyota und Kühlschrank leisten – was dann wohl los ist.“ Dieser einstige Scherz ist hier bald Realität. Auf dem Gang steht noch eine junge Reisende, die offensichtlich keine Chinesin ist. Sie macht ein griesgrämiges Gesicht, dass ich erst gar nicht versuche, sie anzusprechen, obwohl mir der Sinn nach ein bisschen Konversation steht.

Konversation – aha.

Dann spricht mich ein Chinese an. Er ist in meinem Alter, spricht fließend Englisch und fragt mich, wo ich herkomme und warum ich denn mit dem Zug reise und nicht den zwei Stunden Flug von Hongkong nach Shanghai genommen habe. Ich sage, dass ich ein bisschen was vom Land sehen wollte und er meinte, dass ich hier nichts Interessantes sehen würde. Er nehme nur den Zug, weil er einmal im Jahr seine Mutter nach Shanghai begleiten muss und ihr den Wunsch nicht ausschlagen kann. Mama will offensichtlich nicht fliegen. Wir plaudern noch ein wenig und er erzählt mir von Geschäften und vom wirtschaftlichen Aufschwung. Dann verabschieden wir uns und er geht zu seiner Mama ins Abteil. Ich bleibe noch am Fenster.

Die Eisenbahntrasse von Hongkong nach Shanghai wird neu ausgebaut. Abschnittsweise befindet sich unser Zug auf den neuen Schienen und ich sehe die alten Geleise und teilweise schon zerfallenen Brücken. Das erinnert mich an den Anblick der verfallenen Eisenbahnlinie von Miami nach Key West, wenn man mit dem Auto auf dem Highway über die Inseln fährt. Etwas später ist unser Zug wieder auf dem alten Geleise und man sieht die Bauarbeiten in verschiedenen Stadien des Baufortschritts. Das frisch aufgeschüttete Bett aus rosarotem Schotter und darauf liegen bereits schön in Reih und Glied die Betonschwellen, die später einmal die Schienen halten sollen. So ohne Schienen sehen sie nackt aus. Wie die von einem Archäologenteam freigelegten, sorgfältig geputzten Wirbelknochen eines prähistorischen Riesentieres. Im Wirtschaftsteil der Zeitung las ich am Vortag, dass die chinesischen Konsumenten circa ein Viertel ihres Einkommens sparen. Sie legen das Geld zur Seite für Schule und Ausbildung ihrer Kinder, Arztrechnungen und als Altersvorsorge. Die Regierung verlautbart, dass sie, um den privaten Konsum zu stimulieren, bessere Gratisschulausbildung und medizinische Versorgung anbieten will. Das überrascht mich einigermaßen, weil ich Gratisbildung und medizinische Versorgung immer als Grundbestandteil eines sozialistischen Staates verstanden hatte. Mehr und mehr wird selbst mir klar, dass der Kommunismus hier nur noch ein Feigenblatt für die Parteidiktatur ist. Spätestens in Shanghai sehe ich planwirtschaftlich gesteuerten Turbokapitalismus, der sich offensichtlich ohne „lästige" demokratische Hindernisse noch viel schneller vorantreiben lässt. Während ich noch diesen Gedanken nachhänge, sehe ich einen Bauern, der barfuss und mit einem Ochsen sein Reisfeld pflügt. Dann wieder ein Stück „Eisenbahntrasse neu". Hier werden Bäume gepflanzt. Bei diesen Bauarbeiten sieht man relativ wenige Maschinen. Menschliche Arbeitskraft ist die nahezu unerschöpfliche Ressource dieses Landes.

Das heutige Zugmittagessen ähnelt sehr dem gestrigen. Das war ja nicht schlecht, aber ich bleibe heute bei Käse und Cracker.

Oje, ich dachte, der Käse wäre schon fertig und die Chinesinnen müssen das nicht mehr über sich ergehen lassen.

So circa vier Stunden vor Shanghai werden die Häuser langsam ein wenig abwechslungsreicher und gepflegter. Auf vielen Dächern steht so eine Art Mini-Eiffelturm. Vielleicht das hiesige Fernseh-Antennen-Design?

Kadek Suambara, mein Yogalehrer

Unser Bergführer auf 3.000 Meter

Irgendwo muß das Benzin für die ganzen Mopeds ja herkommen

Bambus meets High Tech in Hong Kong

Eine Balinesin beim morgendlichen Opfer

Kulturlandschaft auf Bali

Im Affenwald in Ubud

Deshalb heißen die hohen Häuser auch "Wolkenkratzer"

Die gute alte Star Ferry in Hong Kong

加工新潮服装
利康搬家货运

KAPITEL 9, APRIL

Wolfgang aus der Hauptschule

Am 31.3. um 17:00 Uhr komme ich nach 26 Stunden Zugfahrt pünktlich in Shanghai an. Jetzt heißt es erst einmal wieder anstehen bei der Passkontrolle und vor dem Immigrationsschalter. Die Abwicklung ist schnell und effizient. Ich trete aus dem Bahnhof. Am Vorplatz sind tausende Menschen und noch bevor ich mich nach einem Taxi umschauen kann, sehe ich einen Chinesen mit einem handgeschriebenen Schild auf dem mein Name steht. Das ist eine nette Überraschung. Ich hatte mich schon darauf eingestellt, mir ein Taxi ins Hotel zu nehmen. Der Fahrer ist ein junger, freundlicher Chinese, der kein Englisch spricht. Es ist klar, dass er von Wolfgang geschickt wurde. Wolfgang ist ein Schulfreund von mir, den ich seit circa 25 Jahren nicht mehr gesehen habe. Bei der Vorbereitung auf diese Reise machte ich seine Adresse ausfindig und schrieb ihn an.

Erraten, weil wir ja ein knappes Budget haben und auf's Geld schauen müssen, laden wir uns bei jedem ein, der sich nicht vehement dagegen zur Wehr setzt.

Daraufhin hat er mich eingeladen. Der Fahrer bringt mich zu dem Hotel, in dem mich Wolfgang einquartiert hat. Er besteht darauf, dass ich sein Gast bin und er die Hotelrechnung übernimmt. Ich habe mich nicht allzu lange gewehrt.

Ja wirklich?

Wir fahren eine knappe Stunde durch den Nachmittagsstoßverkehr und im Hotel wartet bereits Wolfgang auf uns. Ihn hatte ich als langhaarigen Hippie und Revoluzzer in

Erinnerung. Heute hat er die (teilweise schon angegrauten) Haare ganz kurz geschnitten, trägt Anzug und Krawatte. Er erinnert mich an den schon gesetzteren Robert De Niro, wie er in dem Boxerfilm von Martin Scorsese die Gäste in seinem Nachtclub unterhält. Wir haben aber kein Problem, uns wieder zu erkennen. Erstens hat mir Wolfgang schon ein Foto von sich und seiner Familie gemailt und zweitens steige ich ja aus seinem Firmenwagen aus. Die Begrüßung ist herzlich und wir plaudern an der Hotelbar ein wenig über alte Zeiten. Abends lerne ich noch Wolfgang`s Familie kennen. Er hat eine sehr sympathische Frau und zwei entzückende Kinder. Seine Frau stammt ursprünglich aus Malaysien und die beiden haben sich vor vielen Jahren in Hong Kong kennen gelernt. Die Tochter ist 13 und der Sohn 15, wobei erstere bereits mehr pubertiert als ihr älterer Bruder. Das schließe ich unter anderem daraus, dass beim anschließenden Abendessen in einem hippen Restaurant die Tochter darauf besteht, mit ihren beiden Freundinnen alleine an einem anderen Tisch zu sitzen. Die Eltern und ich schmunzeln und der Mutter fällt es schwer, so zu tun als würde sie ihre Tochter nicht kennen.

In den Gesprächen erzählen wir uns auszugsweise, was in den letzten 2½ Jahrzehnten in unserem Leben jeweils passierte. Wolfgang ging schon relativ früh, mit Anfang 20, nach Asien. Einige Jahre Hongkong, ein paar Jahre Bangkok und jetzt schon seit gut 8 Jahren in Shanghai. Er hat es in der Textilbranche zu etwas gebracht und leitet die chinesischen Aktivitäten einer führenden, deutschen Textilunternehmensgruppe.

Am nächsten Morgen nütze ich die Annehmlichkeiten eines modernen Geschäftshotels und mache meinen Frühsport im hoteleigenen Fitnesscenter. Mein Zimmer ist im 24. Stock und die Morgensonne hat Mühe durch das dichte Gemisch von Nebel und Smog zu dringen. Das Hotel selbst befindet sich im Stadtteil „Pudong“. Wolfgang hat mir erzählt, dass es diesen Stadtteil, der mittlerweile das Wirtschafts- und Finanzzentrum darstellt, vor 12 Jahren noch gar nicht gab. Wo es jetzt aussieht, wie in jeder anderen westlichen Großstadt waren vor etwas mehr als zehn Jahren Gemüsegärten und Reisfelder. Es ist Samstag und ich verbringe den Nachmittag und Abend im Haus meines Schulfreundes und Gastgebers.

Ausländer in Shanghai

Am Abend sind Freunde der Familie eingeladen und Wolfgang`s Frau ist mit den Vorbereitungen beschäftigt. Wolfgangs und mein Beitrag beschränkt sich darauf, dass wir ein paar Sachen einkaufen. Am späteren Nachmittag kommen die anderen Gäste. Eine illustre Runde, bestehend aus in Shanghai lebenden nicht-chinesischen Ehepaaren, die teilweise ihre Kinder mitbringen. Die Kinder gehen in den Swimmingpool der Wohnanlage und die Eltern unterhalten sich in kleinen Grüppchen, wie das auf Parties meist üblich ist. Wolfgang`s Frau hat sich ordentlich ins Zeug gelegt und das Buffet würde für die dreifache Gästemenge locker ausreichen. Die Anwesenden arbeiten für irgendwelche internationale Firmen oder Joint Ventures und leben ein, (nicht nur) für chinesische Verhältnisse, luxuriöses Leben. Die Mieten sind horrend und die Kinder gehen in teure Privatschulen, in die sie teilweise vom Chauffeur gebracht werden. Ich unterhalte mich gerade mit einem Wirtschaftsingenieur aus Deutschland. Er ist von Porsche hierher geschickt worden, um den Markt zu entwickeln. Da kommt plötzlich woanders das Thema auf, dass die Englischlehrerin in der deutschen Schule den 13-14 Jährigen ein Buch von Stephen King zum Lesen gegeben hat. In dem Buch kommen irgendwo die Wörter Schwanz, Möse und ficken vor. Zum Beweis wird das Buch herumgereicht, in dem die entsprechenden Stellen sicherheitshalber unterstrichen sind. Es entsteht eine hitzige Debatte. Alle sind sich einig, dass das eine unglaubliche Sauerei ist und man der Lehrerin das Handwerk legen muss. Ich sage vorsichtig, dass ich Stephen King ganz gut finde und die Lehrerin sich dabei sicher etwas gedacht hätte. Nein, so was geht natürlich gar nicht und überhaupt. Ich mache noch einen halbherzigen Verteidigungsversuch für Stephen King und die Lehrerin. Wolfgang bittet mich, hier nicht weiter zu sticheln, weil sich alle einig wären. Dabei liegt in seinem Blick etwas nachdrücklich Beschwörendes. Ich sage in scherzhaftem Ton, er soll sich daran erinnern, was wir mit 14 aufgeführt haben, aber das zählt nicht. Eine der jungen Mütter erzählt mir, was Literatur ist und was nicht. Dabei hat sie den ausgestreckten Zeigefinger auf mich gerichtet, der im Takt ihrer Worte wippt. In mir tobt ein Kampf zwischen Harmoniesucht und Verteidigung meines Standpunktes. Zuletzt biete ich den Kompromiss an, dass wir uns darauf einigen, dass wir uns in dem Punkt nicht einig sind („let us agree that we disagree“). Der Kompromiss wird angenommen und wir reden über was anderes.

Der Kämpfer für die Freiheit der Kunst hat sehr schnell den sprichwörtlichen Schwanz wieder eingezogen, aber es wären ihm eh bald die Argumente ausgegangen.

Am darauf folgenden Sonntag schlafe ich länger. Es ist gestern doch noch später geworden und der australische Shiraz, den Wolfgang für das Fest in ausreichender Menge eingekauft hatte, schmeckte mir ein wenig zu gut. Ich versuche mir den Restalkohol im Hotelfitnesscenter herauszuschwitzen, denn am Mittag bin ich schon wieder zum Brunch eingeladen. Wolfgang will mir die Schokoladenseiten von Shanghai zeigen und geht mit seiner Familie und mir ins luxuriöse Hotel Shangri-La. Der nagelneue Rolls Royce, der vor dem Hotel steht, gehört nicht irgendeinem neureichen Gast, sondern dem Hotel selbst. Damit werden die VIPs neuerdings vom Flughafen abgeholt. Im riesigen Restaurant ist ein Brunchbuffet aufgebaut, das keine Wünsche offen lässt. Ich weiß zwar nicht, was das kostet, weil ich wieder nicht zahlen darf,

So ein Jammer!

gehe aber davon aus, dass einer der 4 Millionen Bauarbeiter einen ganzen Monat dafür arbeiten müsste, um einmal hier zu essen. Trotzdem ist das Riesenlokal ausverkauft. Am Nachmittag reißt die Smog-Decke auf und wir können sogar am Flussufer spazieren. Bei frühlingshaftem Wetter und blühenden Kirsch- und Pfirsichbäumen. Am Nachmittag mache ich noch meine monatlichen Familientelefonate nach Hause. Meine Eltern erreiche ich noch in ihrem Winterdomizil auf den kanarischen Inseln und mein Sohn ist gerade dabei, die erste eigene Wohnung für sich und seine Freundin bezugsfertig zu machen. Mit dem guten Gefühl, dass zu Hause alles in Ordnung ist, mache ich mir einen faulen Abend in der Hotelsauna.

Wobei der weit gereiste Kosmopolit über die Geschlechtertrennung in der Sauna ein wenig enttäuscht war.

Massage für Masochisten

Einer der chinesischen Bademeister bietet mir pantomimisch eine Massage an. Nachdem ich trotz der Sprachbarriere den Preis herausfinde, willige ich ein und lege mich auf die Massageliege. Er beginnt damit, ein Handtuch im Wasser des Whirlpools anzufeuchten und mir damit den Rücken zu schrubben. Dabei muss ich unweigerlich daran denken, welches Universum an Lebewesen sich nachgewiesener Maßen im warmen Whirlpoolwasser tummelt. Ich füge mich in meinem Schicksal und vertraue auf meine Immunabwehr. Mir kommt der Verdacht, dass mein Masseur seine Ausbildung bei der Volksarmee gemacht hat. Als er nach dem Gewaltpeeling meinen Rücken durchknetet, bin ich sicher, dass ich unfreiwillig als Kandidat am „Langnasen-Weicheier-Test“ teilnehme und beiße die Zähne zusammen.

Ich glaube über seine Wehleidigkeit hatten wir schon ausgiebig gesprochen. Übrigens weiß „Marco Polo“ selbst erst seit ein paar Tagen, dass „Langnasen“ der chinesische Spitznamen für „Weiße“ ist (Europäer, Amerikaner etc.) und tut bereits so, als müsste das jeder wissen.

Nachdem das Martyrium beendet ist, fühlt sich mein Rücken erstaunlich entspannt an und ich schlafe in der Nacht wie ein Baby. Am nächsten Morgen falle ich über das Frühstücksbuffet her, wie ein ausgehungerter Firmling. Meine Auswahl ist bunt und international und bringt wahrscheinlich nicht nur Chinesen dazu, die Nase zu rümpfen: nach einer ordentlichen Obstschüssel mit Joghurt und Müsli gönne ich mir ein paar kleine Sushi. Dann kommt der „warme Gang“: Vegetable Hushbrowns (amerikanische Erdäpfelpuffer mit Gemüse), gedünstete Bohnen (Fisolen), ein vegetarisches Dim Sum (großes, chinesisches Ravioli), gebratener Reis mit Meeresfrüchten. Dann wieder in europäische Gefilde mit Brot und Käse und zum süßen Abschluss ein Plundergebäck mit Früchten und ein Croissant mit Marmelade. Die kleinen Marmeladebecherchen sind von Darbo aus Österreich und mir wird ganz heimelig dabei.

Also mir wurde eher schlecht beim Zusehen.

In der U-Bahn

Heute will ich endlich auf eigene Faust Shanghai erkunden und nehme mir von der Rezeption sicherheitshalber einen Stadtplan mit. Wolfgang hat mir die nächstgelegene U-Bahn-Station bereits am Vortag gezeigt und beim Versuch, eine Fahrkarte zu kaufen, bin ich bereist aufgeschmissen. Ein uniformierter Mitarbeiter der U-Bahngesellschaft merkt sofort meine Hilflosigkeit und bietet Unterstützung an. Er spricht Englisch und erklärt mir, auf welche Symbole bei dem riesigen, chinesisch beschrifteten „Touch Screen" drücken muss und welche Rolltreppe ich nehmen soll. Auf dem Bahnsteig angelangt, will ich mich noch einmal versichern, ob ich auch in die richtige Richtung unterwegs bin und finde beim besten Willen den Namen der U-Bahn Station nicht auf meinem Stadtplan. Ein anderer U-Bahn Mitarbeiter signalisiert pantomimisch Sprachprobleme und ruft per Handfunkgerät seine englischsprachige Kollegin. Bis die kommt, suche ich noch in dem Stadtplan meines Lonely Planets und komme genauso wenig weiter. Die englisch sprechende Unterstützung erklärt mir auf dem Plan einen völlig umständlichen Weg zu meinem angepeilten Reiseziel. Es vergehen weitere 10 Minuten bis bei mir der Groschen fällt. Ich bin in der U-Bahnlinie 4, die auf dem ein Jahr „alten" Stadtplan noch gar nicht eingezeichnet ist. Jetzt wird mir auch klar, warum das hier alles noch nach frischer Farbe und so „neu" riecht und blitzblank ist. So viel zum Thema „Dynamik" und Geschwindigkeit im Städtebau.

Glücklicherweise ist Mittagszeit und daher keine „rush hour". Im U-Bahn-Wagon gibt es viele Bildschirme, eine Klimaanlage und eine digitale Anzeige der Strecke. So komme ich dann doch, mit einmal Umsteigen, zum angepeilten „French Quarter". Hier mache ich einen Stadtbummel und Fotos und lande in einem so genannten „Copymarket". Das sind Märkte, auf denen es hauptsächlich Textilien, DVDs und CDs zu kaufen gibt. Der Name Copymarket kommt daher, weil das Warenangebot zum Großteil aus illegal kopierten Markenartikeln besteht. Ich nehme mir vor, nichts zu kaufen und nur „zu schauen". Und bei so was bin ich eisern.

Bis auf die insgesamt 48-te Mütze und 9-te Outdoorjacke, die unser Preisverhandlungsprofi hier zu völlig überzogenen Preisen einkauft.

Am Abend treffe ich Wolfgang noch auf 1-2 Drinks in der Longbar beim Ritz Carlton.

Und die vielen Drinks in den weiteren Bars und die Damen? Naja, wahrscheinlich ist hier wirklich das Tuch des Schweigens einfach für alle Beteiligten besser.

Am nächsten Abend gibt es einen ziemlich heftigen Sturm. Ich liege zu der Zeit schon im Bett und habe die Vorhänge geschlossen. Plötzlich höre ich, wie Regen gegen die versiegelten Hochhausfenster gepeitscht wird. Ich blicke nach draußen, das Ganze wirkt surreal. Durch die Regenwolken-, Nebel-, Smogmischung sehe ich die kräftigen Blitze nicht direkt, sondern lediglich das flackernde Hell-Dunkel um mich herum. Als wäre über der Nebel-Smogglocke eine riesige Neonröhre, deren Starter nicht richtig funktioniert. Am Morgen danach habe ich wieder einen seltsamen Traum:

Ich bin bei meinen Eltern zum Frühstück. Mein Bruder ist auch dabei. Ich will mir heiße Milch für den Kaffee machen. Irgendwie funktioniert das nicht, was ich nicht verstehe. Meine Mutter sitzt unbeteiligt im Stuhl, sie wirkt geistig abwesend. Mein Vater, mein Bruder und ich sind unbeholfen. Noch im Traum kommt mir die Erkenntnis, dass meine Mutter nicht ewig leben wird. Daraufhin werde ich von einer tiefen Trauer gepackt und mein ganzer Körper wird von meinen Schluchzern gerüttelt. Ich wehre mich nicht gegen die Trauer und es kommt wie eine Welle über mich. Wenige Augenblicke später bin ich ein Kleinkind, fast noch ein Baby und werde an Mama`s großem Busen geschaukelt und ich höre ihr beruhigendes „scht, scht", daraufhin geht's mir gleich wieder besser und ich wache leicht verstört auf.

Ihr müsst das verstehen. Der Ärmste ist schon so lange alleine unterwegs und jetzt glaubt er halt, dass das irgendwen interessiert, was sich sein „originelles" Unterbewusstsein zum Zeitvertreib für Träume „reinzieht".

500.000 Kinderschianzüge für Aldi und Tchibo

Heute will mir Wolfgang ein bisschen das Hinterland, und wie er es nennt, das „andere China", zeigen. Er nimmt mich auf eine Geschäftsreise zu einer „seiner" Produktionsfirmen mit. Wir treffen uns im Hotel und um 8:00 Uhr holt uns sein Chauffeur ab. Das ist der selbe, der mich schon vom Bahnhof abgeholt hat. Er heißt „Mister E" und kann noch immer kein Englisch. Wolfgang spricht ebenfalls „noch immer" kein Chinesisch, aber er kennt zumindest so viele Wörter, dass er mit dem Chauffeur kommunizieren kann. Vor der Abfahrt meint Wolfgang, ich solle hier noch tunlichst auf die Toilette, weil: „Auf der chinesischen Autobahnraststätte willst du das sicher nicht." Nach knapp zwei Stunden machen wir bei einer Autobahnraststätte Halt und Wolfgang ist ganz überrascht, dass hier alles neu und sauber und frisch geputzt ist. Die Toiletten sind appetitlicher als in den meisten mitteleuropäischen Autobahnraststätten.

Nach weiteren zwei Stunden sind wir in Hangzhou, einer mittleren Provinzstadt mit 6,2 Millionen Einwohnern. In einem Vorort besuchen wir die firmeneigene (das heißt die gehört dem Arbeitgeber von Wolfgang) Produktionsstätte und ich bin positiv überrascht. Man hört ja immer die Horrorgeschichten von irgendwelchen "Sweat-Shops" in der 3. Welt, wo die Leute (meist Frauen und Kinder) in muffigen, schlecht beleuchteten Nähsälen schuften wie die Sklaven, und die Schlafhäuser vergittert sind (sodass bei einem Feuer alle hilflos bei lebendigem Leib verbrennen) und die hygienischen Bedingungen schlechter sind, als für die Tiere im Moskauer Zoo.

Oh weh, nach den Amerikanern kommen jetzt auch noch die armen Russen dran – wer soll denn eigentlich noch das Buch kaufen?

Hier besuchen wir einen sauberen, gut organisierten Betrieb, in dem 500 Näherinnen in zwei großen, lichtdurchfluteten und gut gelüfteten Sälen gerade dabei sind, die 500.000 Kinder-Schianzüge zu fertigen, die wir im Winter bei Aldi, Hofer oder Tchibo um ca. 20 Euro kaufen können. Der Betriebsleiter ist ein Deutscher in unserem (also Wolfgangs und meinem) Alter, er zeigt uns stolz die letzten Neuerungen: besser aufgeteilte Arbeitsplätze, eine "Leselampe" bei jeder Nähmaschine, die neuen, 2-sprachigen Tafeln mit den Sicherheitshinweisen und Fluchtwegen und dann die Laufjacken, die in einer Auflage von knapp eine Million Stück zuletzt hier gemacht wurden. Er spricht mit seinen Mitarbeitern fließend Chinesisch, schläft unter der Woche selbst in der Fabrik und man merkt einfach, dass hier jemand am Werk ist, dem seine Aufgabe auch "Berufung" ist.

Wenn man das so liest, könnte man ja meinen, dass die Arbeiterinnen hier alle im Schlaraffenland leben. Sicher sind sie auch alle glücklich, dass sie hier arbeiten dürfen und jede ihre eigene kleine Lampe an der Nähmaschine hat – ich meine, wer kann das schon von sich behaupten?

Geschäftsessen in Hangzhou

Mittags führt er uns und vier seiner chinesischen Führungskräfte (alles Männer – soweit sind wir halt doch noch nicht) zum Essen aus. Das ist ein weiteres Erlebnis für sich. In dem Lokal gehen wir zuerst im Erdgeschoß "auswählen": Hier sind alle "Lebensmittel" ausgestellt. In großen Bassins schwimmen lebende Fische und allerlei Meeresgetier, das ich teils bisher nur aus Filmen kannte. Aber halt auch irgenwelche Tausendfüssler, Schlangen und so. Hier kommt Raul (so heißt der Fabriksleiter) beim "Aussuchen" so richtig in Fahrt und ich merke, dass er das öfter macht. Die Kellnerin schreibt alles mit und dann gehen wir in den 2. Stock in ein eigenes "Esszimmer" nur für uns. Das sieht aus wie ein Hotelzimmer, in dem das Bett durch einen großen Tisch ersetzt wurde und hat auch ein eigenes Klo. Der Tisch ist rund und hat in der Mitte die aus europäischen Chinarestaurants bereits bekannte "drehbare Glasplatte". Darauf kommt ein nicht enden wollender Strom von Gerichten. Nach ein paar Höflichkeiten, die Raul immer übersetzen muss, geht die Schlürferei und das genüssliche Schmatzen los. Ich bin mutig und nehme mir eines von diesen kleinen, rötlichen, gebratenen Dingern, die aussehen wie ein Meerestier mit zwei langen Fühlern dran. Wie ich gerade hinein beiße grinst Raul zu mir und sagt: "Sehr gut, Entenzunge!". Auf die Information hätte ich liebend gerne verzichtet, mache gute Miene und beende meinen sodomitischen Enten-Zungen-Kuss mit möglichst wenig Gesichtsverlust.

Gut, dass er so gar nichts von dem mitbekommt, was sich die Chinesen gerade denken.

Am Abend gehen wir in dieser geschichtsträchtigen Provinzstadt noch bummeln. Die Stadt hat einen kleinen See in der Mitte, den „Westsee". Die See-Promenade mit den

Geschäften und Restaurants dort erinnert eher an einen hippen Touristenort am Gardasee als an China.

Während der ganzen Rückfahrt am nächsten Tag kümmert Wolfgang sich telefonisch um diverse Problemchen in der Firma. Dabei erinnere ich mich an meine Zeit in einem multinationalen Konzern und bin froh, dass ich heute selbstständig bin.

Äh, ich dachte für dieses Buch gilt „Sex sells". Wieso erfahren die geduldigen LeserInnen dann nicht, was am Abend in der „geschichtsträchtigen" Provinzstadt in der Hotelbar und danach noch so alles passiert ist. Sonst müssen sie sich ja auch jedes noch so unwichtige Detail anhören.

Shanghai, das Paris des Ostens

Den Nachmittag und Abend verbringe ich mit Stadtbummel am „Bund", das ist die Promenade am Flussufer mit vielen historischen Gebäuden. Das stürmische Wetter hat den Smog weggeblasen und ich habe gutes Licht um zu fotografieren. Unter dem Fluss führt eine Standseilbahn durch den so genannten „Sight Seeing Tunnel". Findige Stadtplaner haben hier aus der Not eine Tugend gemacht und einen Fußgängertunnel mit einer Art „Geisterbahn ohne Geister" für Touristen gebaut. Wie in anderen Städten auf dieser Reise auch, genieße ich es hin und wieder, einfach einzutauchen in die Menschenmenge. Ich gehe durch die Straßen, verliere den Überblick, und lasse gedanklich den Stadtplan los. Als ich irgendwann doch wieder das Bedürfnis nach Orientierung bekomme, merke ich, dass hier mitten in der schicksten Fußgängerzone die Straßenschilder nur noch mit chinesischen Schriftzeichen beschriftet sind. Also beschließe ich weiter zu schwimmen mit dem Strom. Zuerst war ich noch mit drei jungen Touristen aus Deutschland unterwegs, die ich am Flussufer kennen gelernt habe. Als ich dann bereits nach Einbruch der Dunkelheit alleine durch besagte Fußgängerzone spaziere, werde ich wieder zum Köder für alle möglichen Glücksritter. Alle paar Minuten werde ich angesprochen. Mir ist das lästig und ich hänge mich an andere Gruppen an, und siehe da, die Akquisitionsversuche werden weniger. Irgendwann um 10:00 Uhr nachts falle ich erschöpft in ein Taxi und zeige dem Fahrer meine Jokerkarte. Das ist eine Art Visitenkarte vom Hotel, auf der die Hoteladresse mit einem kleinen Anfahrtsplan (zweisprachig beschriftet) abgedruckt ist.

Am nächsten Tag lese ich in der englischsprachigen Regierungszeitung von einem Resozialisierungsprojekt in einem hiesigen Gefängnis. Ein halbseitiger Artikel berichtet darüber, wie Häftlingen Musikunterricht erteilt wird. Auf einem schwarz-weiß Foto sieht man einen älteren gepflegten Herrn mit Krawatte am Klavier. Seitlich hinter dem „Herrn Professor" steht ein Häftling in Habt-Acht-Stellung beim Singen. Dabei muss ich an die Erzählungen denken, denen zufolge ganze Busladungen von Schulklassen als Zuschauer zu den Vollstreckungen der Todesstrafen angekarrt werden.

Und was soll uns das jetzt sagen?

Am Abend treffe ich mich mit Wolfgang in „Flanagans", das ist die Hotelbar im Holiday Inn in Pudong. Hier treffen wir auch einige seiner Kollegen. Andere „Expats" (gebräuchliche Abkürzung für „Expatriots" = Fremdarbeiter aus der 1. Welt) aus diversen Ländern, die in Shanghai leben. In dieser Riesenmetropole mit fast 20 Millionen Einwohnern, ist die Gruppe der Nicht-Chinesen, die hier leben, wie eine kleine Gemeinde. Jeder kennt irgendwie jeden und es wird auch über jeden getratscht. Kurioserweise kann man daher in dieser Stadt gar nicht wirklich so einfach in der Anonymität untertauchen. Nach ein paar Drinks sagt Wolfgang: „Komm, ich zeig dir was", und führt mich beim Seitenausgang aus dem Hotel. Dort gehen wir auf den leeren Parkplatz. Wolfgang steckt demonstrativ beide Hände in die Hosentaschen und blickt sich um. Ich schaue verdutzt und frage ihn, was er mir zeigen will. In dem Moment kommen zwei junge Chinesinnen auf uns zu und sprechen uns an: „Hello, where are you from". Mein Gastgeber wendet sich höflich an die beiden Damen und sagt entschuldigend: „Sorry, we have to go back into the bar", und zieht mich am Ärmel wieder in die Bar. Über die Schulter sehe ich, wie die beiden Frauen auch weiterziehen. Wieder auf unseren Barhockern angekommen, sieht mich Wolfgang an, grinst von einem Ohr bis zum anderen und sagt: „Das ist China – ein verrücktes Land!" Shanghai war ja vor hundert Jahren schon einmal das „Paris des Ostens" und die dekadente Lebensweise der, im Handel mit Opium und später Seide und Keramik, reich Gewordenen ist legendär. Shanghai scheint diesen Status derzeit wieder anzustreben.

Alkohol am Steuer

In der „Shanghai Daily" (das schon öfter erwähnte Regierungsblatt) lese ich am nächsten Morgen beim Frühstück, dass ein junger Mann wegen Alkohol am Steuer zu mehreren Jahren Haft verurteilt wurde. Die Hintergrundgeschichte – soweit sie in der Zeitung stand – scheint mir aufschlussreich:

Der Mann war schon einige Zeit mit einer jungen Frau vom Lande liiert. Die beiden leben und arbeiten in einer mittleren Provinzstadt, wo sie sich auch kennen lernten. Jetzt wollen die jungen Leute heiraten und wie es hier Brauch ist, fährt der Bräutigam in spe auf's Land zu der Familie seiner Angebeteten, um dort um die Hand seiner Zukünftigen anzuhalten. Die Familie freut sich und beim gemeinsamen Festmahl wird „der Neue" mehr oder weniger dazu gezwungen, einen halben Liter Reiswein zu trinken. Das ist angeblich auch Brauch und dadurch wird die Standhaftigkeit und Ernsthaftigkeit (?!) des zukünftigen Schwiegersohns getestet. Danach wollen noch einige Familienmitglieder in die nächste Stadt, um dort weiterzufeiern. Zu dem Zeitpunkt sind alle schon ordentlich illuminiert und einer aus dem Clan stürzt mit seinem Moped (eh klar ohne Helm) und verletzt sich schwer im Gesicht. Der Bräutigam ist so betrunken, dass er selber nicht mehr fahren will (dazu braucht es hier einiges), wird aber von den anderen dazu genötigt. Es kommt, wie es kommen muss. Der schwer Alkoholisierte verursacht einen Unfall und verletzt weitere Mitglieder seiner zukünftigen Verwandtschaft schwer. Die haben jetzt vor Gericht Kompensationszahlungen für die medizinischen Ausgaben eingeklagt und auch zugesprochen bekommen.

Zumindest ist der Unglücksrabe nicht zum Tode verurteilt worden, was anderen hier für das Anbohren und Abzapfen der staatlichen Ölpipeline bereits passiert ist.

Alexander

Heute mache ich noch einmal einen Ausflug ins Zentrum zum „Bund". Diese Prachtstraße entlang des Flusses (Huang Pu) beherbergt noch einige historische Gebäude. Im gleichnamigen Huang Pu Park spricht mich wieder einer der zahllosen chinesischen Tourismusglücksritter an: „Hello, my friend. Where are you from". Ich sage ihm: „Sorry, ich möchte nur ein paar Fotos machen und bin nicht interessiert." Er ist recht freundlich und kommt nicht gleich mit der aggressiven Copywatch-Nummer, sondern erzählt, dass er Geschichtsprofessor sei, und mir hier ein paar Sachen erklären kann. Er ist dabei sehr zuvorkommend und höflich und ich war es nicht. Ein paar Schritte später habe ich ein schlechtes Gewissen, gehe zurück und entschuldige mich bei ihm für mein barsches Verhalten und erkläre ihm, dass ich durchschnittlich alle 30 Sekunden angesprochen werde. Er meint, er verstehe das und will mir auch keine Uhren verkaufen, sondern ein bisschen Geschichtswissen. Die Gelegenheit nütze ich und wir stellen uns vor. Sein „englischer" Name ist Alexander (die meisten Chinesen geben sich auch einen englischen Namen für die leichtere Kommunikation mit Ausländern), er erklärt mir einiges über die Stadt und die Sehenswürdigkeiten am Bund, was ich großteils noch nicht wusste, und wir gehen dann auf einen Tee in eines der Hinterzimmer des kleinen Museums im Park. Dort serviert er mir Tee und zeigt mir Kalligraphien und Zeichnungen, die von verschiedenen Künstlern und Studenten gemacht wurden und schreibt mir ein paar Glückwünsche in alten Schriftzeichen mit einem Lammhaarpinsel auf Reispapier. Im Geiste überschlage ich kurz, was mich das insgesamt kosten wird und spreche das Thema an. Alexander meint, dass die Kalligraphie für mich ein Geschenk sei und ich könne ja eines der anderen Bilder kaufen. Bei den vielen Aquarellen gefällt mir eines recht gut. Es handelt sich um relativ grob und plump gemalte Kraniche auf einem orangen Hintergrund. Alexander erklärt mir die Symbolik: Kraniche stehen für langes Leben. Ich erkenne darin ein ideales Geschenk für Wolfgang, meinen großzügigen Gastgeber, und wir werden schnell handelseins. Dann lasse ich noch ein paar Glückwünsche für meinen Sohn auf ein Seidenpapier kalligraphieren, bezahle und nach dem Austausch von Glücks- und Segenswünschen gibt er mir noch die Handynummer einer seiner ehemaligen Studentinnen in Peking. Ich hatte ihm erzählt, dass ich als nächstes in seine Hauptstadt reisen werde und er meinte, seine Pan xue (so heißt die ehemalige Schülerin) könne für mich als Reiseführerin arbeiten.

Wobei unserem „Marco Polo" gleich wieder die Phantasie durchgeht.

Einen chinesischen Geschichtsprofessor in meinem Alter, der die letzten Jahrzehnte des Wandels erlebt hat, muss ich natürlich ein wenig aushorchen. Ich frage ihn, wie es denn für ihn sei, er der im Zentrum des riesigen Landes, in Xi´an, aufgewachsen ist und studiert hat und mit der Lehre des Kommunismus erzogen wurde. Wie geht es ihm also, wenn er in die Stadt des blanken Kapitalismus kommt? Er lächelt mich freundlich an und erklärt mir, ja Peking ist eine große Stadt, aber Xi´an ist auch sehr groß und hat viele Einwohner. Ich bin etwas verblüfft und mache noch einen Vorstoß. Nach dem dritten Versuch gebe ich aber auf.

Natürlich brennt jeder Chinese darauf, mit der ersten dahergelaufenen Langnase über seine regimekritischen Ansichten zu reden und dafür ein paar Jahrzehnte „Umerziehung" im Lager zu riskieren.

Beim Bund Nummer 18 gehe ich in die luxuriöseste Einkaufsgalerie, die ich in meinem Leben bis dato gesehen habe. Alles ist super edel und neben den bekannten Luxusmodelabels leistet sich die Schweizer Uhrenfirma Patek Philipp hier ein eigenes Geschäft. Im Inneren der Galerie ist auch ein Café, in dem ich einen Espresso Macchiato trinke und der Live-Musik des Streicherduos lausche. Auf einer Empore im ersten Stock der Galerie sitzen nämlich zwei junge chinesische Musikerinnen in langen, schwarzen Abendkleidern. Mit Cello und Geige spielen sie klassische Musik. Einmal mehr muss ich darüber schmunzeln, dass ich in der letzten Hochburg des Kommunismus ständig Kapitalismus in Reinkultur erlebe.

Taxi fahren ist erstaunlich günstig. Die 20 Minuten Fahrt vom Zentrum zu meinem Hotel kostet umgerechnet nicht einmal drei Euro. Allerdings erfahre ich, dass der Liter Benzin hier beinahe 50 Cent kostet und frage mich, wie die Taxler bei den Kosten überleben können. Vielleicht, so denke ich mir, leben sie nur noch von den Werbeeinnahmen. Wenn man in einem der (von mir) geschätzten 100.000 VW Santana Taxis hinten einsteigt, hat man die Werbung von einem Kosmetiksalon auf der Rückseite der vorderen Kopfstütze; hinter dem Fahrersitz hängt ein riesiges Display mit mehreren Fächern, wo man gleich die Visitenkarten der werbenden Firmen entnehmen kann. Um das Ganze noch zu überbieten und dem verweichlichten Westen endlich zu zeigen, wie es geht, befindet sich in der rechten oberen Ecke der Windschutzscheibe ein kleiner farbiger Flachbildschirm, auf dem ständig Werbespots zu sehen sind. Die Werbespots sind in Chinesisch und für den Fall, dass der Taxler den Ton abdreht, gibt es auch noch chinesische Untertitel dazu. Als überzeugter Fernsehabstinenzler und Querulant versuche ich nicht hinzusehen, sondern mich auf die Sehenswürdigkeiten außerhalb des Taxis zu konzentrieren. Wie ein Magnet ziehen die bewegten bunten Bilder immer wieder meinen Blick auf den Bildschirm. Ich frage mich, ob da eine spezielle DVD läuft, die nur Werbespots zeigt und wie die werbenden (und offensichtlich zahlenden) Unternehmen sicherstellen, dass die Taxler die DVDs auch wirklich laufen lassen. In dem Moment fahren wir in das lange Tunnel unter den Fluss. Jetzt fällt das Bild aus und mir wird klar, dass es sich um ein stadteigenes Taxiwerbefernsehen handeln muss.

Am Abend sind die Rolling Stones zum ersten Mal live in China zu hören. Bereits 2003 war ein Konzert geplant, das aber aufgrund der SARS-Epidemie abgesagt wurde. Wolfgang wollte mich zum Konzert einladen, aber ich habe mich diplomatisch herausgeredet. Erstens war ich nie ein wirklicher Rolling Stones-Fan und zweitens wirken diese Rockgreise einfach irgendwie komisch.

Unser Held macht sich gerade noch mehr Freunde.

Vier Lieder wurden von der Regierung verboten und die Stones spielen im vergleichbar kleinen Rahmen von 8.000 Zuhörern. Das Konzert zuvor in Japan hatte um die 30.000 zahlenden Gäste. Das Publikum beim Shanghai-Konzert rekrutiert sich zum überwiegenden Großteil aus in China lebenden Ausländern. Vielleicht liegt das auch daran, dass sich der durchschnittliche Chinese die Eintrittspreise von 30-300 Euro nur schwer leisten kann.

Am Sonntag regnet es wieder und der Himmel bietet das hier dominierende Grau in Grau. Ein trüber, regnerischer Tag mit grauem Himmel lädt nicht zu irgendwelchen Outdooraktivitäten ein. Und ich beschließe, in ein Museum oder eine Ausstellung zu gehen. Am frühen Nachmittag setze ich mich in ein Taxi. Das fährt mit mir durch das sonntägliche Shanghai. Im Straßenbild tummeln sich neben diversen asiatischen Autos, die vielen, vielen VW Santanas, die neueren Passatmodelle und einige elegante Audis. Der VW Santana war in Europa an sich ein Flop, keiner wollte ihn haben, außer dem Vater meiner Jugendliebe aus dem Bregenzerwald. Dafür musste er sich von seinen Kindern ständig hänseln lassen, dass er so ein uncooles Auto fährt. In einer Zeit, als nur die wenigsten Chinesen wagten, von einem eigenen Auto zu träumen, hat VW im Rahmen eines Joint Ventures begonnen, den Santana in China für den lokalen Markt zu fertigen. Die Kunden waren lange Zeit nur Regierungsstellen und staatliche Unternehmen. Wolfgang erzählte mir, dass das Stadtbild damals, neben vielen tausenden Fahrrädern, immer wieder einen schwarzen Santana mit getönten Scheiben zu bieten hatte. Zu dieser Zeit hatte VW einen Marktanteil von 50 Prozent erobert. Dieser ist mittlerweile auf 17 Prozent gesunken, was immer noch recht stattlich ist, wenn man berücksichtigt, dass hier jetzt schon hunderttausende von Fahrzeugen jedes Jahr verkauft werden.

An der roten Ampel sehe ich, wie der Fahrer nebenan ganz selbstverständlich die elektrische Scheibe runterlässt und seinen Müll auf die Straße wirft.

Sonntags nicht nur kulinarisch daneben gegriffen

Heute geht's in Shanghai-Museum. Es herrscht reger Betrieb und ich nehme an, dass viele Chinesen an einem verregneten Sonntag halt auch ganz gern ins Museum gehen. Hier lerne ich, dass bereits vor 10.000 Jahren erste Töpfer- und Tonwaren im heutigen China gefertigt wurden. Die Töpferkunst und später Porzellanmanufaktur der verschiedenen Dynastien hat das Reich der Mitte weltberühmt gemacht und in der englischen Sprache ist das Wort für Porzellan ja ohnehin „china". Um halb vier quält mich ein ziemlicher Hunger und ich erfahre, dass es im Museumsrestaurant nur bis 14:00 Uhr Küche gibt. Also spaziere ich durch einen Park und überquere die Xizang Lu, wo ich neben den vielen Geschäften auch Restaurants vermute. Nach kurzem Suchen setze ich mich in ein koreanisches Restaurant, das mit seiner nüchternen Einrichtung und den sauberen Tischen auf mich einladend wirkt.

Vielleicht sollten wir erwähnen, dass es das einzige war mit schönen Farbbildern in der Speisekarte, weil der große Weltenbummler hatte nämlich schon mit McDonalds oder Pizza Hut geliebäugelt.

Ich bestelle etwas mit Fisch, Pfeffer und Gemüse. Der flinke Kellner bringt nach kurzer Wartezeit ein ovales Teller mit einem grünen Stangengemüse, daneben ein etwas dunkelgrüneres Gemüse und ganz dunkle, fast schwarze Dinge. Bei genauerem Hinsehen, erkenne ich die Augen und stelle fest, dass die bleistiftgroßen, harten, mumifizierten schwarzen Dinger kleine Fische sind. Wahrscheinlich junge Aale oder Ähnliches. Nachdem ich mutig einen von den steifen kleinen Dingern gekaut habe, lege ich mit den Essstäbchen einen Happen von dem dunkelgrünen Gemüse nach. Ein jäh aufflammender Schmerz in meinem Mund lässt mich stocken. Fast gleichzeitig tritt Schweiß auf meine Stirn. Ich hätte eigentlich wissen müssen, dass das englische Wort Pepper auch für Pfefferoni steht. Das ganze dunkle Gemüse waren pure Pfefferoni der übelsten Sorte. Nachdem der schlimmste Schmerz etwas nachlässt, knabbere ich tapfer weiter an den Baby-Aalen und esse das hellgrüne Gemüse. Wobei ich davon mit meinen völlig betäubten Geschmackspapillen nicht mehr viel mitbekomme.

Da hättet Ihr ihn sehen sollen. Also mir hat er fast leid getan, wie er vor Schmerz schwitzend mit grünem Tee die Flammen im Mund zu löschen versucht hat. Wahrscheinlich ist es in seinem Fall doch besser, wenn er sich an McDonalds oder Pizza Hut hält.

Danach mache ich noch einen Bummel durch die große Einkaufsstraße Nanjing Donglu. Weiter unten in einer Seitenstraße will ich heute noch in einem Rahmengeschäft das Bild abholen, das ich gestern für Wolfgang und seine Family gekauft habe.

Auch heute sprechen mich wieder einige Fremde an, die mir irgendwas verkaufen wollen. Bald beginnt es heftig zu regnen. Es hatten sich schon seit Stunden dunkle Wolken zusammengebraut und jetzt regnet es, was das Zeug hält. Ich will einen guten Kaffee (Starbucks oder so) trinken und trotte tunlichst unter dem Schutz der Vordächer die Straße entlang. Da kommt eine junge Chinesin mit einem Schirm auf mich zu, lächelt mich an und bietet Schutz unter ihrem Schirm an. Da will/kann ich schwer etwas dagegen haben.

Soso

Wie ich denn heiße und was ich vorhabe, will meine "Beschirmerin" wissen. Ich sage ihr nach meinem Namen, dass ich nur einen guten Kaffee trinken will. Da stellt sie mir schon ihre Freundin vor, die wie von Zauber Hand aus dem Nichts materialisiert. Erstere meint, wir könnten ja gemeinsam auf einen Kaffee gehen und so bleibe ich auch trocken. Das leuchtet ein. Zum einen, weil sie offensichtlich nicht auf ein Massagegeschäft aus ist (wirkt eher wie eine Sekretärin als eine Masseurin) und ich mir zum anderen denke: „Den Kaffee zahle ich ihnen gerne und wenn es aufhört zu regnen, mache ich mich auf die Socken.“ Sie kennen auch ein nettes Kaffeehaus im obersten Stock eines Kaufhauses. Wir sitzen direkt an der großen Fensterfront und sehen dem bunten (und nassen) Treiben auf der Fußgängerzone zu. Die Frauen übernehmen das "Bestellen" weil die Kellnerin nur chinesisch spricht. Zum Kaffee kommen dann auch drei Gläser mit Whiskey.

So und jetzt kommt's: Ich habe nicht geschalten und sofort die Rechnung verlangt, was an der Stelle (retrospektiv gesehen) zu tun gewesen wäre oder (alternativ) den Mädels sagen, dass ich sie nicht zu Whiskey sondern zu einem Kaffee eingeladen habe und sie die harten Drinks gefälligst selber zahlen sollen.

Stattdessen halte ich den Mund und denke mir: "Was soll's, so teuer kann das nicht sein". Das war (wie sich noch herausstellen wird) der entscheidende Fehler. Wir unterhalten uns also weiter. Die Frauen erzählen mir, die eine arbeite im Holliday Inn in der Stadt und die andere ist Sekretärin in eine Anwaltsfirma. Es kommen noch mehr Whiskeys und als ich nach ca. einer Stunde die Rechnung verlange, denke ich zuerst, die haben sich in der Kommastelle geirrt. Die Whiskeys und der Kaffee für uns drei kosten umgerechnet 660,- (!) Euro. Mit dem Betrag muss ich normalerweise fast zwei Wochen auskommen. Ich "ärgere" mich und verlange nach dem Geschäftsführer. Es kommt eine Chinesin in meinem Alter, die mir die Getränkekarte bringt und mir zeigt, dass wir den "teuersten" Whiskey hatten und es immer "doppelte" gewesen wären. Daher auch die ganze Anzahl 2-fach auf der Rechnung war (meine Hoffnung, dass zumindest das ein Irrtum ist, löste sich somit in Luft auf). Den Mädels sage ich, dass ich das nicht sehr nett finde und diese äußern eine Art Betroffenheit und Unbehagen. Sie sagen, wir können ja noch woanders hin gehen und diesmal würden sie mich einladen. Mit einem bitteren Lächeln

Ja das stimmt - sehr bitter das Lächeln.

lehne ich ab und gehe, nachdem der Betrag, von meiner Kreditkarte abgebucht ist meines Weges. Ich bin ziemlich grantig und ärgere mich über meine eigene Naivität und darüber, dass meine Gutgläubigkeit derart schamlos ausgenützt wurde.

Und das schöne Geld erst!

Dann finde ich endlich das Rahmengeschäft wieder. Heute ist nur ein junger Chinese im Geschäft, der war gestern nicht da und weiß nichts von meinem Auftrag. Er fragt nach einem Beleg, aber ich habe gestern keinen Beleg bekommen, nur die Information, dass das Bild heute Nachmittag fertig gerahmt und abholbereit ist. Mir dämmert, dass das Bild jetzt wahrscheinlich auch verschwunden ist und ich werde so richtig grantig. Was mich noch mehr in Rage versetzt, ist, dass der junge Mann keine Anstalten macht, in diesem riesigen Saustall nach dem Bild zu suchen. Ich dringe in die Werkstatt ein und beginne, den Laden auf den Kopf zu stellen. Er versucht auf Chinesisch, mich immer wieder zu beschwichtigen. Ich verliere die letzten Hemmungen, und gehe alle Regale und Fächer durch.

Jaja, der viele Whiskey vorher.

Dann finde ich einen Rahmen, der genau dem entspricht, was ich am Vorabend bestellt habe. Aber der Rahmen ist leer. Jetzt suche ich noch nach dem Bild. Der Angestellte versucht mich immer wieder auf morgen zu vertrösten und ich sage, dass ich morgen nach Peking fahre und mein Bild hier heute mitnehme. Das sage ich nicht sehr freundlich. Er telefoniert mit seinem Handy und beginnt, an einer bestimmten Stelle zwischen vergrößerten Photos nach meinem Bild zu suchen. Er gibt schnell auf, aber ich suche an der Stelle weiter und finde in einem Kuvert endlich mein Bild. Ich hole mein Taschenmesser raus und baue das Bild selbst in den fertigen Rahmen ein, zahle und gehe.

Ihr hättet den armen Chinesen sehen sollen, dem eine durchgeknallte, fuchsteufelswilde Langnase das ganze Geschäft auf den Kopf gestellt hat. Der hat noch lange was zu erzählen.

Das Abendessen lasse ich ausfallen und gehe heute früh ins Bett. Montagmorgen kommt Wolfgang noch zum Frühstück ins Hotel. Es ist unser letztes Treffen und wir nehmen Abschied. Stolz überreiche ich ihm das Bild.

Großer Bahnhof

Am frühen Nachmittag setze ich mich in ein Taxi und fahre zum Bahnhof. Dort herrscht reges Chaos. Ein Chinese mit blauem Arbeitsoverall holt bei der Ankunft gleich meinen Rucksack aus dem Kofferraum. Er deutet auf seinen, um den Hals gehängten, Ausweis, der mir nichts sagt, und meint: „Beijing?“. Ich bejahe und er geht vor. Bei der offiziell wirkenden Kassiererin in einem Glashäuschen bezahle ich die 40 Renminbi, die sie auf das Taschenrechnerdisplay getippt hat. Mir kommt der Preis hoch vor, weil die 40 Minuten Taxifahrt auch nicht mehr gekostet hat.

Und weil Sparschweinchen und überhaupt.

Der Träger erklärt mir in gebrochenem Englisch, dass er mir das Gepäck bis zum Zug bringt und ich denke, das ist bei dem hier herrschenden Chaos vielleicht ganz hilfreich. Ich zahle und folge meinem Overallträger durch die Menschenmassen. Mein Ticket ebnet uns den Weg in einen großen Wartesaal mit vielen Sofas. Dort tummeln sich schon Hunderte Menschen. Mein Träger schnauzt ein paar einheimische Jugendliche an, die auf den Sofas lümmeln und (so nehme ich an) aus seiner Sicht zu viel Platz blockieren. Die so zurecht Gewiesenen rücken etwas zusammen. Ich soll hier Platz nehmen und warten. Auf den großen Digitalanzeigen an der Wand ist wieder einmal das Einzige, was ich lesen kann, die Uhrzeit. Alles andere sind ausschließlich chinesische Schriftzeichen. Jetzt wird es noch voller auf den Sofas, weil sich drei Frauen zu uns quetschen. Die, die neben mir sitzt, unterhält sich lautstark mit den Freundinnen vis à vis. Das heißt, sie brüllt mir regelrecht ins Ohr. Ich nehme demonstrativ meine Ohropax aus dem Rucksack und stecke sie mir in meine Ohren. Das wird nicht einmal ignoriert.

Wegen unserem Sensibelchen werden jetzt alle gleich zu flüstern beginnen oder was hat er sich erwartet?

Später begleitet mich der Träger direkt in mein Zugabteil und ich bin froh, dass ich die fünf Euro investiert habe. Das Abteil ist so ähnlich, wie das von Hongkong nach Shanghai. In der Vase auf dem Tisch steckt heute eine Rose. Zum Unterschied zu meiner Herfahrt ist das Abteil heute voll besetzt. Das heißt, wir sind zu viert. Zuerst kommen zwei Chinesen in meinem Alter und dann später noch ein einzelner, jüngerer. Die Fahrt verläuft unspektakulär und ich kann wieder lange nicht einschlafen. Die beiden Chinesen vis à vis schnarchen.

Wie wäre es mit einem Sägewerks-Joint-Venture?

Geschlafen habe ich dann letztlich aber gut und in der Früh weckt mich das wenig dezente Geräusch meines spuckenden Nachbarn. Obwohl ich weiß, dass Spucken und Schmatzen in China normal ist, kann ich mich noch immer nicht daran gewöhnen. Vor ein paar Jahren hatte ich mit Winnie, dem damals 6-jährigen Sohn meiner Freundin, einen rechten Spaß im Chinarestaurant in Wien. Ich hatte ihm nämlich erklärt, dass in China schmatzen zum guten Ton gehört und wir hatten eine riesen Hetz beim „um die Wette schmatzen“. Die Mutter fand das weniger lustig und drehte die Augen demonstrativ Richtung Himmel. Also Schmatzen geht ja noch, aber das ständige durch die Nase aufziehen, anschließend durch den Bronchialbaum und den Rachen „heraufkudern" und dann ausspucken (mkrrrrrrrrrrrrrrrrrrrrrrrr krrrrrchch flutsch) – da kommt mir noch immer das Grausen.

Durch das Fenster des Schlafwagenabteils sehe ich einen milchgrauen Himmel und darunter eine bräunliche Landschaft. Die Gegend wirkt bäuerlich und ärmlich, das Land teilweise nackt. Dann kommen die ersten Vorboten der Hauptstadt: Straßen, erste Ziegelhäuser, beschrankte Bahnübergänge mit wartenden Menschen, Autos, Eselkutschen, Fahrräder, Mopeds. Schon kommen die ersten Wohnhäuser – auch noch recht schäbig, aber schon alle mit Klimaanlagen. Diese sind wie Vogelnester an die schmuddlige Hausfassade geklebt. Die Straßen werden immer breiter, die Häuser teilweise schöner und neuer. Die nächste Straße ist bereits 8-spurig und in eine Fahrtrichtung staut sich der Frühverkehr bereits. Die Schaffnerin kann so viel Englisch, dass sie mir mitteilt, es sei nur mehr 15 Minuten bis zur Ankunft. Ich überlege kurz, wie ich sicher gehen kann, dass es sich auch um den Hauptbahnhof handelt und ich nicht zu früh aussteige. Das kann Wien-Reisenden passieren, die glauben, nach stundenlanger Fahrt in Wien anzukommen und steigen dann in Wien-Hütteldorf aus.

Peking im Olympiafieber

Als der Zug dann in den Bahnhof einfährt, sehe ich, dass es ein Kopfbahnhof ist – also kein Zweifel. Im Bahnhof herrscht ein unglaubliches Menschengewirr, wie in einem Ameisenhaufen. Eine der Zimmerverkäuferinnen spricht mich gleich am Bahnsteig an. Mit meinem Aufzug und dem Tramperrucksack bin ich leicht auszumachen. Die Hotelzimmer auf den Fotos in ihrer Verkaufsmappe sehen recht ordentlich aus, und der Preis von umgerechnet knapp 20 Euro erscheint mir wohlfeil. Mit Pantomime und „Pidgeonenglisch" stelle ich sicher, dass das Hotel nicht weit weg vom Zentrum ist und gehe mit ihr Richtung Ausgang. Im Vorbeigehen spricht sie noch mit anderen, die auch Ausschau nach Gästen halten. Sie wirkt stolz und erfreut, dass sie schon einen Kunden hat. Auf dem Bahnhofsvorplatz herrscht auch ein riesiges Tohuwabohu. Sie lotst mich durch die Menschenmassen zu einem Parkplatz, wo in einem, nicht mehr so neuen, Kleinbus schon andere warten. Ich steige ein und es geht los. Der Fahrer schlängelt sich durch den extremen Morgenverkehr. Bei roten Ampeln rechts abzubiegen, und überhaupt in Vorrangsstraßen rechts einzubiegen, geht hier sehr flott. Der Einbiegende verlässt sich offensichtlich darauf, dass die anderen auf ihn Acht geben. Fußgänger scheinen auch hier Freiwild zu sein. Wie berichtet, hat es mich schon in Buenos Aires geärgert, ständig auf dem Zebrastreifen von Taxlern gejagt zu werden. Das Hotel ist einfach, die Zimmer sind neu renoviert und simpelst möbliert. Auf fremdsprachige Ausländer ist man eher nicht eingestellt. Mein Zimmer ist noch nicht geputzt, aber ich bin froh, dass ich bereits um die Zeit (es ist erst kurz nach 8:00 Uhr) ein Zimmer beziehen kann, in dem eine Dusche mit heißem Wasser ist. Nach dem Duschen und einer kurzen Erholung mache ich den ersten Erkundungsspaziergang in die nähere Umgebung. Wie sich herausstellt, ist das Hotel in der Nähe des

Tiantan-Parks (Tempel des Himmels). Es ist schon Mittag und ich hatte nur mein Obst-Frühstück. Der Hunger treibt mich in ein einfaches Lokal, in dem es keine Touristen gibt und keine englischsprachige Speisekarte.

Nicht nur der Hunger, wohl auch die Sparsamkeit treibt unseren Helden ins Arbeiterbeisl.

Nachdem weder Wirt noch einer der Gäste englische Brocken versteht, bin ich wieder einmal auf meine Körpersprache angewiesen. Der Wirt versteht bald, dass ich etwas zu essen will, hätte aber gerne genauer gewusst was. In der Schüssel einer der anderen Gäste sehe ich etwas, das nach Reis mit verschiedenem Gemüse aussieht und deute darauf. Das war einfach. Die Getränkebestellung gestaltet sich schwieriger. Ich möchte nur etwas Tee und der Wirt zeigt mir allerlei Getränkeflaschen (Bier, Coca Cola etc.). Bis einer der anderen Gäste auf die Idee kommt, und dem Wirt sagt, er soll mir doch den Tee zeigen. Das Essen ist sehr gut und kostet circa ein Drittel von einem Cappuccino im Starbucks.

Frisch gestärkt geht die Erkundung dann weiter. Peking ist eine riesen Stadt mit circa 15 Millionen Einwohnern. Die Straßen sind sehr breit und es gibt fast überall Radwege. Besser gesagt, breite Radspuren, die als solche gekennzeichnet sind. Das hindert die anderen Verkehrsteilnehmer natürlich nicht daran, notfalls auf diese Spur auszuweichen und das hier im Verkehr herrschende Faustrecht mittels Hupe durchzusetzen. Neben Autos, LKWs, Bussen und Fahrrädern gibt es noch einige Gefährte, die man nicht in jeder Stadt findet: dreirädrige Mopeds, die aussehen wie Rollstühle für in die Jahre gekommenen Rocker. Eine Sondervariante dieser Mopeds hat einen Passagiersitz, der gegen die Fahrtrichtung zeigt. Einige davon sind mit einer kleinen Karosserie überbaut. Das sieht dann aus wie Spielzeug-LKWs für Kinder. Dann gibt es noch Fahrradrikschas und Lastenräder (Rikschas mit Ladefläche), Mopeds, Roller und schon relativ viele Elektrofahrräder. Ich biege in eine der Seitenstraßen ein und finde mich in einem Hútòng (die bei Touristen und alt eingesessenen Pekingern gleichermaßen beliebten, alten Wohnvierteln mit engen, labyrinthartigen Gassen und meist nur ebenerdigen, einfachen Häusern) wieder. In diesem Hútòng bleibt kein Zweifel, dass der noch vor der Olympiade 2008 geschliffen wird. Einige Häuser sind schon abgerissen und manche sind schon leer und warten auf die Bulldozer.

Ich bin überrascht über die vielen, öffentlichen WCs. Erst nach geraumer Zeit dämmert mir, dass das offensichtlich die „einzigen" WCs im Viertel sind, und erfahre später, dass es nicht nur Toiletten, sondern auch Gemeinschaftsduschen und –waschräume sind. Was ebenfalls auffällt, ist, dass der ganze Lebensrhythmus ruhiger und entspannter wird, sobald man von den „normalen" Straßen in einen Hútòng biegt. Es ist, als würde man durch eine Zeitmaschinenschleuse gehen. Wären da nicht die vereinzelten neuen Passats und Toyotas.

Pekingoper beim Internetcafe

Etwas später finde ich auch ein Internetcafé. Das ist hier offensichtlich leichter als in Hongkong und Shanghai. Das Internetcafé befindet sich in der dritten Etage eines Geschäftshauses. Auf derselben Ebene ist auch ein kleines Theater. Schon beim Hineingehen sind mir die Menschen aufgefallen, die sich gerade schminken und in bunten Kostümen auf ihren Auftritt vorbereiten. Während ich noch meine E-Mails beantworte, höre ich schon den, für die chinesische Oper typischen, Sound – diese chinesische Geige und das Percussion-Instrument, das den Takt angibt. Dazu die hohen Stimmen. Ich folge der Musik und komme durch den Seiteneingang in das Theater. Nachdem keiner nach einer Karte fragt und es erst früher Nachmittag ist, nehme ich an, es handelt sich um eine Generalprobe.

Ja klar, ich würde eher sagen: Durch den Hintereingang am Kassier vorbeigeschlichen.

Die Zuschauerreihen sind zu drei Viertel gefüllt. Hauptsächlich einheimische Pensionisten. Auf der Bühne bewegen sich sehr formell und steif die Akteure in ihren bunten Kostümen. Die meisten Männer tragen künstliche Bärte, die mit einer Vorrichtung vor das Gesicht gespannt sind, die aussieht wie der Unterteil eines Vollvisierhelms. Die Bärte gehen bis zur Gürtellinie. Als völliger Ignorant, was diese Kunstform anlangt, drängt sich mir bei den jaulenden hohen Frauenstimmen der Gedanke von Tierquälerei an Katzen auf.

Bitte den Herrn „Kunstkritiker“ nicht ernst nehmen – danke!

Nach einer Stunde und dem zweiten Wechsel an Darstellern verlasse ich das Theater wieder.

Peking mit dem Fahrrad

In einem der Straßenmärkte frage ich ein paar Verkäufer nach einer Fahrradmietmöglichkeit. Radfahren lässt sich ja pantomimisch leicht darstellen, nur mit dem Mieten ist es noch etwas schwieriger. Eine junge Verkäuferin packt die Gelegenheit beim Schopf und mich beim Ärmel. Sie zieht mich in eine ruhigere Ecke des Geschäfts und holt ihre Englischaufzeichnungen hervor. Offensichtlich ist sie fleißig am Lernen und ihre Mitschriften sind auf der Rückseite von alten Computerausdrucken. Ich muss mit ihr die Aussprache verschiedener englischer Wörter üben und als Gegenleistung schickt sie später ihren Kollegen mit mir zum Fahrradverleih. Das halte ich für ein faires Geschäft und der Kollege dient gleich als Vermittler beim Verleiher, der für meine Pantomime nicht sehr zugänglich ist. Stolz radle ich durch die Stadt und komme mir schon wie ein Einheimischer vor. Dabei lasse ich mich mit dem Verkehrsstrom mittragen und versuche nicht nach den Autos zu treten, die mir den Weg abschneiden.

Gott oder wem immer sei Dank! Ich musste in Buenos Aires schon ziemlich tricksen, dass die von unserem Helden zurechtgewiesenen Taxler, ihn nicht verprügelten.

Am Abend nehme ich ein Taxi und fahre ins Hotel Grand Hyatt. Die dortige „Red Moon Bar“ wurde mir als heißer Tipp empfohlen. Die Bar ist tatsächlich sehr schön und gestylt und die Preise sind es auch. Obendrein spielt dieselbe fünfköpfige chinesische Frauenband, die ich schon im Hyatt in Hangzhou gehört hatte.

Werbeverkaufsfahrt zur chinesischen Mauer

Vor dem Schlafengehen in meinem Hotel hat mich noch der einzige (teilweise) englischsprachige Angestelle gefragt, ob ich jetzt am nächsten Morgen an der Tour zur Chinesischen Mauer teilnehmen will. Der Preis erscheint mir sehr günstig und ich sage zu.

Könnt Ihr Euch denken, weshalb dieser Ausflug so „günstig“ ist?

Pünktlich um 6:00 Uhr bin ich am nächsten Morgen an der Rezeption und komme in einen ziemlichen Tumult. Circa 40 Leute, alles chinesische Senioren, tummeln sich an der Rezeption. Sie gehören alle zu einer Reisegruppe, das erkennt man an den roten Schirmmützen, die sie tragen. Ein wildes Durcheinander an Stimmen und Geschrei. Neben mir zündet sich ein älterer Chinese mit sonnengegärbter Haut eine von den unglaublich stinkenden Zigaretten an und bläst mir den Rauch ins Gesicht. Nach dem ersten Zug beginnt er wild zu husten und würgt geräuschvoll 1/8 Liter Schleim aus den Atemwegen, sucht mit vollem Mund offensichtlich einen Spucknapf oder Papierkorb, findet einen Aschenbecher und flutsch! Mir kommt der schreckliche Verdacht, dass ich jetzt auch so eine rote Mütze bekomme und die alle meine Reisegefährten zur Chinesischen Mauer sind. Bei der Gelegenheit schießt mir auch der Gedanke ein, dass es möglicherweise gut gewesen wäre zu fragen, ob die Führung zur Chinesischen Mauer auch in Englisch stattfindet. Nachdem ich schon gezahlt habe, beschließe ich, „es“ auf mich zukommen zu lassen. Mittlerweile ist es ¼ nach 6:00 Uhr, der Geräuschpegel ist enorm, wie auf einem Viehmarkt oder so. Jetzt kommt eine jüngere chinesische Frau auf die Bühne. Sie trägt einen Morgenrock, hochhakige Schlapfen und ist offensichtlich gerade erst aus dem Bett gestiegen. Sie beginnt in die Gruppe zu schreien und die Leute zu beschimpfen. Der Lärmpegel ist wohl auch ihr zu hoch. Die Angesprochenen bleiben völlig ungerührt, ignorieren die Klägerin und führen ihre lautstarken Unterhaltungen weiter. Gegen 6:20 Uhr ist von einem Bus noch immer weit und breit nichts zu sehen, aber der Rezeptionist, der mir gestern den Ausflug verkauft hat, erscheint. Ich werfe ihm einen fragenden Blick zu und deute auf mein Handgelenk, um ihn an die Zeit zu gemahnen. Ebenso pantomimisch gibt er mir zu verstehen, dass es nicht mehr lange dauern kann. Jetzt kommt Bewegung in die Meute und schreiend und stoßend und rempelnd, quetschen sie sich durch die Tür. Der Rezeptionist versteht meinen fragenden Blick und er deutet mir, dass das noch nicht mein Aufbruch ist. Ich bin etwas erleichtert und setze mich in einen der jetzt frei gewordenen Stühle. Ein paar andere Leute (auch ohne rote Kappen) sind ebenfalls zurückgeblieben.

Um 6:30 Uhr geht der Hotelangestellte mit uns auf die Straße und wir finden den Bus geparkt. Wie lange er dort schon steht, weiß ich nicht. Es handelt sich um einen klapprigen, mittelgroßen, alten Bus, der von einem mürrischen, wortkargen Chinesen chauffiert wird. Jetzt geht die Reise los. Ich blicke mich um und stelle fest, dass ich der einzige Nicht-Chinese an Bord bin. Allerdings ist der Bus erst zu einem Drittel voll. Meine Vermutung bestätigt sich und wir fahren noch circa eine Stunde in Peking auf und ab und klappern kreuz und quer Hotels ab und nehmen weitere Gäste auf. Das sind auch alles Chinesen und als wir um 7:30 Uhr endlich aus Peking herausfahren, ist der Bus bis auf den letzten, im Mittelgang herunter geklappten, Notsitz voll. Eine junge Chinesin, deren adrettes Äußeres und ihre manikürten Finger sie eindeutig von den eher ländlichen Gästen unterscheiden, stellt sich als Führerin heraus. Ich frage sie: „Do you speak English?" Sie schenkt mir einen, nicht unfreundlichen, aber auch nicht sonderlich interessierten Blick und wiederholt nur das Wort „English" – so als würde sie es für sich selbst noch einmal hören wollen. Das wird die einzige englische Konversation bleiben, die ich mit ihr während dieses Tages haben werde. Danach nimmt sie das Mikrophon in die Hand und plaudert circa 1½ Stunden mit monotoner Stimme und einer Sprachmelodie, die jeweils am Satzanfang kurz in die Höhe geht und dann immer weiter runter. Wahrscheinlich ist sie in ihrem Nebenberuf Hypnotherapeutin, weil spätestens nach 10 Minuten ist der ganze Bus in einer tiefen Trance. Ich bin schon früher weggekippt, weil ich ja den Inhalt nicht verstehe und dadurch noch schneller in Phantasiewelten abdriften kann. Mir fällt auf, dass unser Bus auf den verstopften Nebenstraßen nur langsam vorwärts kommt und parallel zu uns auf Stelzen eine Mautautobahn läuft. Offensichtlich will der Fahrer die Maut sparen oder Zeit schinden und ich wundere mich, dass das offensichtlich niemanden von den anderen Gästen stört. Als wir endlich, nach ewigen 1½ Stunden bei der Mauer ankommen, ist mein Harndrang schon unerträglich. Ich versuche pantomimisch aus der Führerin herauszukitzeln, wann ich wieder beim Bus sein soll und sie bedeutet mir mit Fingern die Uhrzeit. Dann nimmt sie mich plötzlich bei der Hand und schleppt mich hinter den Bus. Sie ist eine sehr attraktive Frau und ich verfalle für Sekunden in die Phantasie, dass sie eine geheime Passion für nicht-chinesische Männer mittleren Alters hegt.

Oha

Das stellt sich jedoch nur allzu schnell als Irrtum heraus. Sie deutet auf die Nummerntafel des Busses und gibt mir zu verstehen, dass ich mir diese einprägen soll, damit ich nicht verloren gehe und wieder zurückfinde.

Jetzt aber schnell auf die öffentliche Toilette. Die Klofrau kann meinen Schein nicht wechseln und noch bevor ich mir aus Verzweiflung in die Hosen machen kann, bezahlt eine junge Chinesin für mich und lächelt mich an.

Tja, so ein Glück.

Der Abschnitt der Chinesischen Mauer, bei dem wir uns jetzt befinden, ist der wahrscheinlich touristischste und am besten besuchte. Jetzt finde ich auch heraus, dass drei von den Chinesinnen im Bus aus Hongkong sind und Englisch können. Das erleichtert den Rest des Tages und die Drei sind rührend um mich bemüht. Der Mauerabschnitt ist trotz Seilbahn und Sommerrodelbahn interessant und ich mache viele Photos. Nach dem Wintereinbruch von gestern Abend habe ich heute alle meine noch verfügbaren Klamotten mit und in mehreren Schichten an. Es geht noch ein sehr kalter Wind und ich kaufe mir beim Souvenirstand einen Wollschal. Auf der Mauer treffe ich unter anderem auf eine koreanische Reisegruppe. Lauter junge Leute, wahrscheinlich irgendein Sportverein oder eine Studentengruppe, die alle dieselben roten Trainingsjacken tragen. Aus irgendeinem Grund behandeln sie mich wie einen Filmstar und alle wollen mit mir photographiert werden. Eitel bin ich ja und im Mittelpunkt stehe ich auch gerne,

Aber hallo!

und daher lasse ich mir das gerne gefallen. Gegen Mittag treffen wir uns wieder am Bus und ich frage mich, wieso das eine Ganztagestour sein soll. Die Antwort ist ganz einfach: es handelt sich um eine kombinierte Mauerbesichtigung und chinesische Werbeverkaufsfahrt! Es werden keine Wolldecken zu horrend überhöhten Preisen verscherbelt, sondern wir fahren zuerst zu einer Jade-Fabrik, was sich einfach als riesige Verkaufsausstellung herausstellt. Dort werden wir wie eine Schafherde durch die Ausstellung getrieben. Der Führer hat ein Mikrofon umgehängt und die Batterie mit Verstärker und Lautsprecher trägt er direkt auf dem Körper: somit ist er ein wandelndes Megaphon und hat trotzdem beide Hände frei. Die drei Hongkongchinesinnen und ich (die einzigen Nicht-Pensionisten) werden von der Führerin gleich als Querulanten erkannt und sie bietet uns an, dass wir die Ausstellung spritzen können und gleich zum Mittagessen gehen. Langsam dämmert mir,

Na ja, der Schnellste ist er halt nicht, aber er ist mir trotzdem irgendwie ans Herz gewachsen.

dass das Mittagessen, welches im Tourpreis inkludiert war, offensichtlich von den Jadeverkaufsbetreibern finanziert wird, im Gegenzug dafür, dass die Kunden hier angeschleppt werden. Später werde ich erfahren, dass die Reiseführer bei solchen Veranstaltungen ordentliche Provisionen mitschneiden. Meine drei Hongkongchinesinnen erzählen mir auch, dass die Trance induzierende Ansprache der Führerin in dem Bus wenig mit den Sehenswürdigkeiten zu tun hatte und mehr eine Vorbereitung war auf die tollen Möglichkeiten, hier Jadeschmuck einzukaufen.

Das Essen ist auch eine riesige Massenabfertigung. Kellnerin und Kellner in billigen Uniformen wuseln herum und sehen zu, dass die Touristenfütterung möglichst schnell und problemlos abläuft. Ein junger Oberkellner trägt auch ein Mikrofonheadset und Verstärker mit Lautsprecher umgebunden. Wenn man auf ihn zugeht und etwas fragt, ergibt das die absurde Situation, dass er einen durch seinen Lautsprecher anbrüllt. Bis ich von der Toilette zurückkomme, ist unser Tisch auch voll mit den Jadeeinkäufern. Nacheinander werden mehrere Schüsseln mit verschiedenen Speisen herangetragen, über die sich die 10 Leute am Tisch hermachen. Ein wildes Schmatzen, Schlürfen und Stäbchen-Geklappere geht los. Am wildesten treibt es der Nachbar zu meiner Rechten. Offensichtlich an ein schnelles, effizientes Essen gewöhnt, rückt er seinen Stuhl etwas zurück und spreizt die Beine, sodass er die Bissen, die ihm nicht schmecken oder die Knochenteile aus dem Fleisch gleich ausspucken und fallen lassen kann, ohne dabei viel Zeit zu verlieren beim Nachlegen des nächsten Bissens. Das ist offensichtlich auch meinen, sicherlich einiges gewöhnten, Hongkongchinesinnen zuviel und sie schauen entrüstet in seine Richtung. Der, offensichtlich stolz darauf, als Erster fertig zu sein, zündet sich zufrieden eine Zigarette an. Ein Geruch von brennenden Fingernägeln und Gras macht sich breit und schnürt mir den Hals zu.

Plötzlich so geruchsensibel – und die Hundertschaften, die sich in den letzten 15 Jahren den Zigarrengestank unseres „Kubafreundes" antun mussten?

Nach der tollen Jadefabrik gehen wir noch in eine so genannte Pekingentenfabrik. Dort werden gebratene und (ich weiß nicht wie) haltbar gemachte Entenhälften in bunt bedruckten Folien eingepackt und bei Zimmertemperatur gelagert und verkauft. Diese bunten Säckchen habe ich schon im Hotelshop gesehen und mich gewundert, was da drin ist. Wie viele andere habe ich diese Ware im Hotel schon befingert und mich mit Grausen gefragt, ob das wohl ein Entenkadaver ist, der da wochenlang eingeschweißt bleibt. Danach fahren wir noch zu einem Zentrum für traditionelle chinesische Medizin. Dort ist man auch auf Massentouristen eingestellt. Wichtig gestikulierende Chinesen in weißen Mänteln fühlen den Puls und stellen Diagnosen aus. Die schrecklichen Krankheiten, die plötzlich am Horizont des eigenen Lebens auftauchen, können glücklicherweise geheilt werden, mit den nicht ganz billigen Präparaten, die man hier auch direkt kaufen kann. Zum Abschluss geht es noch in die chinesische Version eines Disneylands am Rande eines Stausees. Dort gibt es die toll angekündigte Aquariumsfahrt. Mich erinnert das an die Geisterbahnen meiner Kindheit auf dem Jahrmarkt in der Provinz, wo sich irgendwelche angeleuchteten Pappfiguren mechanisch bewegen. In diesem Fall sind es irgendwelche Pappfische.

Als wir endlich wieder in Peking zurück sind (dauert lange auf den verstopften Nebenstraßen) gehe ich mit meinen drei Hongkongchinesinnen noch in eine typisches „Hot Pot" Restaurant: das ist eine Art chinesisches Fondue. Auf jedem Tisch befindet sich ein Topf, der aussieht wie eine umgekehrt daliegende Gugelhupfbackform. In dem so gebildeten Metallring schwimmt heiße Suppe, wie in einem Burggraben um das Zentrum. Die Hitze kommt von glühenden Kohlen, die im innersten Ring liegen. In der Suppe kocht man die verschiedensten Zutaten, die man sich dazubestellen kann. Nach einem Verdauungsspaziergang durch einen Markt, bei dem es unter anderem lebend aufgespießte Skorpione gibt, die dem Gourmetkenner das Wasser im Mund zusammen laufen lassen und für wenig Geld hier gleich gegrillt werden. Ich mache mir nicht viel aus Skorpionspieß und hätte nur gerne ein Foto. Das will der Standbetreiber nicht und ich will auch keinen Ärger machen.

Danke!

Heute werde ich trotz des ziemlichen Lärms im Hotel recht gut schlafen.

Geweckt werde ich relativ unsanft um 5:30 Uhr in der Früh. Es hört sich an, als verschaffe sich die Geheimpolizei eines blutrünstigen Diktators gewaltsam Zugang zur Wohnung eines Unseligen, den die Nachbarn verpfiffen haben. In Wirklichkeit wird nur mein Zimmernachbar von Arbeitskollegen geweckt. Danach schlafe ich noch mal ein und in meinem Traum übernimmt die ehemalige Mitarbeiterin eines Geschäftspartners eine unzweifelhaft sexuelle und sehr dominante Rolle.

Geht das schon wieder los.

Pan xue

Um 8:20 Uhr liege ich noch unschlüssig im Bett und spüre ein leichtes Zittern. Dabei handelt es sich nicht um die körperlichen Nachwehen meines Traumes, sondern es fühlt sich wirklich an wie ein Erdbeben. Vielleicht wird ja gerade wieder ein Stadtviertel weggesprengt und damit Platz für ein olympisches Sportstadion geschaffen. Nach dem Obstfrühstück setze ich mich aufs Fahrrad und suche nach dem großen grünen Flecken in der Nähe, den ich auf dem Stadtplan gesehen habe. Ich finde einen relativ neu gestalteten Park und mache meinen Morgenlauf. Um halb 2:00 Uhr hab ich mich mit Pan xue verabredet. Sie ist die früher erwähnte ehemalige Studentin von Alexander aus Shanghai (der Geschichtsprofessor, den ich vorige Woche kennen lernte). Als wir unser Treffen jetzt telefonisch vereinbarten, habe ich ihr vorgeschlagen, gleich mit dem Fahrrad zu kommen, da ich auch eines habe. Sie ist recht verdutzt und kommt ohne Fahrrad. Sie wollte sich aber eh schon ein neues kaufen und um den Preis, um den man in Mitteleuropa zwei neue CDs ersteht, kauft sie sich ein nagelneues Mini-Klapprad und wir machen uns auf, die Stadt zu erobern. Wir strampeln vorbei am Platz des Himmlischen Friedens, wo ich etliche Photos von Pan xue auf ihrem neuen Fahrrad machen muss, weil sie sich selber auf keinem Photo gefällt. Wir besichtigen die Verbotene Stadt und lassen den Tag bei einem gemütlichen Drink in einem Barviertel an einem künstlichen See ausklingen. Beim Zurückradeln, es ist schon dunkel, kommen wir an einer Stelle vorbei, wo einheimische Paare mittleren Alters auf einem öffentlichen Platz miteinander tanzen. Es handelt sich offensichtlich um eine Art „Walk-In-Tanzschule“, in der neben Walzer auch Tango unterrichtet wird.

Am Abend sehe ich im chinesischen Staatsfernsehen den kuwaitischen Konsul mit seiner Gattin in einer Talkshow. Offensichtlich ist er auf „Charmeattacke“ und die ganze Sendung ist eine Superwerbung für Kuwait.

In den nächsten Tagen mache ich mit Pan xue noch einige Besichtigungen und mein persönliches Highlight ist weder die Verbotene Stadt, noch die Chinesische Mauer, sondern der Tiantan-Park. Tiantan übersetzt sich mit „Tempel des Himmels“ und der gleichnamige Park ist die Quintessenz der urbanen Lebensqualität im planwirtschaftlich geführten China. In der Größe irgendwo zwischen dem Englischen Garten in München und dem Wiener Prater angesiedelt, bietet diese Grünoase in mitten dieser quirligen 14 Millionen Metropole Raum zur Besinnung, zum Spielen und zur Kontemplation. Fortan mache ich meinen Morgensport nur noch hier. Bereits im Morgengrauen laufe ich hier an schattenboxenden Chinesen aller Altersgruppen vorbei, dort ist eine Gruppe, die Aerobic tanzt, wieder wo anders sind Schwertkämpfer am Üben, dort wird Frisbee gespielt, woanders Badminton, es gibt sogar Tennisplätze, eine Stepptanzgruppe, ein ganzer Bereich der übenden Musikanten zur Verfügung steht, sowie ein komplettes Freiluftfitnessstudio mit allen möglichen Trainingsgeräten. Ich mache kurz Pause, um mir das Solo eines Jazzsaxophonisten beim Üben anzuhören. Wenn man auf den Park zugeht, sieht man oft von weitem schon die Raubvögel darüber kreisen. Was aussieht, als hätten sich mehrere Adler aus den Bergen hier verflogen, sind in Wirklichkeit High-Tech Drachen in Vogelgestalt. Die Chinesen lieben das Drachen- fliegen-lassen und sind wahre Meister darin. Die Drachenschnur haben sie auf einem Speichenrad mit dem Durchmesser eines Frisbees, wo bis zu 1.000 m Nylonschnur Platz findet. Daher sieht man auch manche Drachen sehr hoch über der Stadt kreisen.

Pan xue ist eine geniale Reiseführerin und besorgt mir unter anderem um dasselbe Geld, das ich in meinem jetzigen Hotel zahle, ein um zwei Klassen besseres Zimmer in einem anderen Hotel. Sie hat mir von ihren Geschäftsplänen erzählt. Ihre „One-Woman-Firma“ möchte sie in eine Agentur ausbauen, damit will sie sowohl Geschäftsreisenden als auch professionellen Chinabesuchern gut ausgebildete Assistenten gegen teures Geld zur Verfügung stellen. Ich erkenne das Potential und biete ihr, unter bestimmten Bedingungen, ein Joint-Venture an. Die Idee ist, dass ich das Geschäfts- und MarketingKnow-how einbringe und ein wenig Startkapital und sie ihr lokales Know-how und die Arbeitskraft. Nach längeren Erörterungen sind wir beide von der Idee recht begeistert und ich ändere meine Chinapläne, um mit ihr noch soviel wie möglich an Vorbereitungsarbeiten durchzubringen.

Dabei merke ich, wie mir das Arbeiten schon abgeht und blühe richtig auf, wenn wir mit ihrem Laptop im Kaffeehaus sitzen und Strategien entwickeln. Mein präferierter Platz dafür ist das Café Bookworm. Eine Mischung aus Buchgeschäft, Kaffeehaus und Restaurant. Im vorderen Bereich gibt es einen großen Tisch, der die Höhe einer Bartheke hat und mit vielen Steckdosen für die Laptops versehen ist. Es gibt guten Kaffee und die Küche ist auch nicht schlecht. So habe ich meinen Plan, in China noch nach Xi´an und zu den 3-Schluchten-Dämmen zu fahren, geändert und bleibe zwei ganze Wochen in Peking.

Diese, an sich ungeplante, Einlage von geschäftlichen Angelegenheiten, stellt mich vor ein kleines Problem: bei den Terminen mit Handelsdelegiertem, Rechtsanwälten, Steuerberatern, potentiellen Vermietern und Kunden kann ich schlecht mit meiner ausgewaschenen Tramperklamotte auftauchen. Kurzerhand kaufe ich mir daher einen einfachen, dunkelblauen Nadelstreifanzug samt Hemd, Gürtel und Schuhe um umgerechnet 100 Euro.

In den letzten 9 Monaten hat die Bein-Bekleidungsauswahl zwischen meiner 501er Levi's und der jeweils aktuellen Trekkinghose stattgefunden. Die Abwechslung tut mir richtig gut und ich finde, dass der Anzug auch gut zu meinen knallroten Brooks-Laufschuhen passt.

Ein bisschen Sightseeing geht sich trotzdem noch aus und wir radeln an einem Tag zum Lamatempel, der am anderen Ende Pekings ist und über eine Fahrradstunde von meinem Hotel entfernt liegt. Dabei handelt es sich um einen wichtigen buddhistischen Tempel, darin befinden sich Photos von Besuchen des Pancha Lama in den letzten Jahren. Beim Anblick der Photos und der Szenen, auf denen sich erwachsenen Männer vor einem Kind niederknien, bekomme ich einen starken, inneren Widerwillen, den ich grundsätzlich gegen jeden Personenkult hege.

Das Wetter ist mittlerweile auch besser geworden und Peking zeigt sich im Frühling. Überall blühen Bäume und die Menschen verbringen viel Zeit im Freien. Kurz vor meiner Abreise lädt mich Pan xue noch in eine neue Kung-Fu Show ein. Was ich dort zu sehen bekomme, ist eine atemberaubende Mischung aus Kampfstunts, Ballet und Akrobatik. Das Ganze untermauert mit modernster Bühnentechnik und inszeniert und choreographiert mit einem sehr schnellen Tempo. Die Akteure überschreiten mehrfach das, was ich bisher für das Limit des menschlichen Körpers hielt.

Während dieser Zeit lese ich das recht gut recherchierte und interessant geschriebene Buch „One Billion Customers“ von James McGregor. Der Autor ist schon vor 20 Jahren als Journalist nach China gekommen und war später Chef von Dow Jones in China. Er berichtet mit viel Hintergrundwissen aus Wirtschaft und Politik. Mir wird klar, dass ich in Zukunft keine Zeit haben werde, mich um ein Geschäft (und sei es nur als Investor) in China zu kümmern und sage Pan xue, dass aus dem Joint Venture leider nichts wird. Aber ich gebe ihr noch so viel an Tipps und Infos mit, wie mir möglich ist. Sicher wird sie eine sehr erfolgreiche Unternehmerin und ich kann dann stolz berichten: Ich war ganz am Anfang dabei.

Ja ja und in 10 Jahren hier gratis wohnen und Dich von der Ärmsten durchfüttern lassen, weil sie sich irgendwie verpflichtet fühlt.

Als ich am 25. April Peking Richtung Hongkong wieder verlasse, kaufe ich mir am Flughafen noch einen Chinesischsprachkurs. Das Ganze sind 3,5 kg Papier, bestehend aus vielen Karten mit chinesischen Schriftzeichen, einer CD mit den Aussprachen und einer CD-Rom mit irgendwelchen Übungen.

In Hongkong habe ich nur einen Tag Aufenthalt und dann geht es bereits weiter nach Bangkok. War Hongkong vor drei Wochen noch exotisch und überwältigend, so wirkt es nach Shanghai und speziell Peking wie Zürich im Vergleich zu Wien und Berlin – sauberer, besser organisiert und damit auch eine Spur langweiliger.

Somit könnten wir die Schweizer ebenfalls von der Kundenliste für das Buch streichen.

Die chinesische Mauer als Touristenmagnet

Der Countdown bis Olympia in Peking

Wolfgang mit Familie

Koreanische Studenten besuchen die chinesische Mauer

Abendlicher Einkaufsbummel in der Fußgängerzone

Das Auge des Gesetzes in Shanghai

Der Rolls Royce als Gästetaxi

Meine Reiseführerin zur chinesischen Mauer

Shanghai wächst

Der Fernsehturm als Wahrzeichen von Shanghai

Pan xue, die empfehlenswerte Privatführerin durch Peking

KAPITEL 10, MAI

Thomas in Thailand

Der Flug von Hongkong nach Bangkok verläuft ohne Zwischenfälle. In Thailand treffe ich Thomas wieder. Kennen gelernt haben wir uns vor 20 Jahren in Südafrika. Ich habe damals in Kapstadt gelebt, weil ich mich bei einem Urlaub in die Traumfrau verliebt hatte, die zufälligerweise Südafrikanerin war. Mittellos, naiv, ohne Englischkenntnisse, aber bis über beide Ohren verliebt, bin ich damals ausgewandert. Um genau zu sein hatte ich nicht nur kein Geld, sondern in Österreich sogar noch Schulden von meiner ersten Selbstständigkeit, die in einem finanziellen Debakel geendet hatte. Im Nachhinein gesehen hat mich das Fiasko ungefähr soviel gekostet, wie ein MBA an einer Eliteuniversität und mindestens soviel gebracht.

Selbstbewusstsein hat er ja, das müsst Ihr ihm lassen ;-))

Entgegen aller Unkenrufe fand ich innerhalb von 11 Tagen einen Job und begann als Junioraußendienstverkäufer einer südafrikanischen Textilfabrik. Der Deal mit der Firmenleitung bestand darin, dass ich innerhalb von drei Monaten ausreichend Englisch spreche und die Firma und die Produkte kenne (ich hatte Anfangs keine Ahnung von Textilien). Das hat geklappt und nach drei Monaten hatte ich erste kleine Verkaufserfolge. In dieser Firma wurden Trikotagen (Wirkwaren) hergestellt, gefärbt und bedruckt und an die Bekleidungsindustrie verkauft. Eines Tages kam der Druckereileiter (ein Deutscher namens Detlef) zu mir und fragte mich, ob ich in meiner Wohnung nicht ein Zimmer für drei Monate vermieten will. Es käme nämlich der Sohn eines deutschen Lieferanten für drei Monate zum Hospitieren. Chronisch knapp bei Kasse und ständig auf der

Suche nach Zusatzeinkunftsmöglichkeiten stimmte ich freudig zu. Thomas, mein Untermieter und ich freundeten uns schnell an. Diese Freundschaft haben wir nach meiner Rückkehr aus Südafrika auch weiter gepflegt. 10 Jahre später ist Thomas dann nach Thailand ausgewandert. Jetzt freue ich mich schon sehr, ihn gleich wieder zu sehen.

Am Flughafenausgang wartet er auch schon auf mich. Wir begrüßen uns, eine herzliche Umarmung und schon sitzen wir in seinem klimatisierten japanischen Edelschlitten. In Bangkok ist es noch heißer als in Hongkong und während Thomas durch den mörderischen Verkehrsdschungel manövriert, reden wir von alten Zeiten. Seine Firma ist circa 30 km außerhalb von Bangkok in Nakhon Pathom. Dort lebt er auch unter der Woche und ich kann die nächsten Tage auch bei ihm wohnen – so lange ich will, sagt er.

Der gastfreundliche Thomas weiß hoffentlich, dass unser Weltreisender keinerlei Hemmungen hat, auch tatsächlich länger zu bleiben.

Am Wochenende ist er immer bei Frau und Kindern am Meer. Seine Frau Tukta ist Thai und mit ihr ist er seit 9 Jahren zusammen. Die beiden haben zwei Kinder. Das Haus in Hua Hin, dem alten Königsbadeort, hat Thomas auf Tuktas Namen gekauft. Weil er als Ausländer gar kein Haus kaufen kann und weil er so für den „Fall der Fälle“ für seine Frau und die Kinder vorgesorgt hat. Jetzt fahren wir aber direkt in eines seiner Lieblingsrestaurants. Es liegt an einem Fluss zwischen Bangkok und Nakhon Pathom. Makong, Thomas` Geschäftspartner erwartet uns dort bereits. Ihn habe ich schon einmal kennen gelernt, als Thomas mit seinem erstgeborenen Sohn und eben seinem Geschäftspartner Makong in Europa auf Besuch war. Makong ist Thai mit chinesischen Wurzeln und in der gemeinsamen Firma für Verkauf und Marketing zuständig. Seinen linken Arm, der seit einem Motorradunfall vor circa 15 Jahren gelähmt ist, trägt er in einer Schlinge. Darin liegt er leblos und wirkt wie ein toter Fisch, den man aus skurrilen Gründen ständig mit sich herumträgt. Verkaufen heißt auch in Thailand, unter anderem mit Kunden Essen gehen und daher kennt sich Makong in kulinarischer Hinsicht bestens aus. Wir überlassen ihm das Bestellen und schon bald beginnt eine nicht enden wollende Abfolge von köstlichen Fischgerichten in allen nur erdenklichen Varianten. Weil ich kein Bier trinke, bitte ich Thomas mir ein Whiskey Soda zu bestellen. Ich wusste nicht, dass man Whiskey hier nur flaschenweise bekommt und so trinken wir alle Whiskey Soda und nehmen am Schluss die noch halb volle Flasche mit nach Hause.

Peinlich war es ihm übrigens nicht, dass alle wegen ihm das selbe trinken mussten.

Am nächsten Morgen gehen wir trotz Kater laufen und Thomas zeigt mir anschließend seine Firma. Ich bin beeindruckt, weil ich weiß, wie schwer die Anfänge auch für ihn waren. Am besten gefällt mir der Portier, der den Schranken öffnet und salutiert, als wir einfahren.

Eh klar, als ehemaligem Zivildiener gefällt einem so was natürlich.

In der Firma werden Schablonen für den Textildruck hergestellt und Thomas handelt auch mit Textildruckmaschinen. Am meisten beeindruckt mich ein speziell umweltfreundliches Verfahren zur Wiederaufbereitung bereits verwendeter Druckschablonen. Dabei wird die alte Beschichtung mit einem Ultra-Hochdruck-Wasserstrahl (statt mit sehr giftigen Chemikalien) entfernt.

Nach dieser detaillierten Führung durch die Firma und Einweisung in die technischen Details, lerne ich auch noch den dritten Geschäftspartner kennen. Er heißt Chang, stammt aus Korea und ist 62. Er sieht aus wie Anfang 50 und ich kann es kaum fassen, dass er vor wenigen Monaten erst einen Schlaganfall hatte. Davon hat er sich offensichtlich gut erholt und macht mir, in seinem gebrochenen Englisch, einige Routenvorschläge für meine weitere Reise in den Norden Thailands.

Barbara und Andreas wurden Eltern

Am selben Abend gibt es noch ein Wiedersehen mit lieben Freunden. Barbara und Andreas aus Wien sind gerade auf der Rückreise aus Kambodscha, wo sie ihr erstes Kind adoptiert haben. Tharo ist erst wenige Monate alt und ein aufgeweckter Bursche. In seinem ungestümen Bewegungsdrang hat er am Vorabend seinem neuen Vater ohne Vorwarnung mit ausgestreckten Fingern tief ins Auge gegriffen. Papa trägt seither eine Augenbinde und sieht nur noch zweidimensional. Thomas und ich haben ja schon „größere" Kinder. Und so diskutieren wir über die Freuden und Leiden der Elternschaft in verschiedensten Stadien.

Wo der König badet

Am Wochenende fahren Thomas und ich nach Hua Hin. Dort lebt bekanntlich Tukta mit den Kindern und Thomas pendelt am Wochenende hin. Die Autofahrt von Bangkok dauert, je nach Verkehr, zwischen 2½ und 4 Stunden. Es ist Freitagnachmittag und wir sind nicht die Einzigen, die übers Wochenende ans Meer wollen. Bei der Gelegenheit bekomme ich auch gleich einen Eindruck davon, wie es ist in einer Monarchie zu leben. Der König hat ja in Thailand gottesähnlichen Status und erfreut sich höchster Beliebtheit in allen Gesellschaftsschichten. Als Reisender und Tourist sollte man sich daher tunlichst abfällige Scherze sparen. Ich behalte also meine antiroyalistischen Thesen für mich und bin echt erstaunt, als wir alle von der Autobahn runter müssen und der komplette Verkehr zum Stillstand kommt, weil der König in seinem Rolls Royce mit Leibwächterkonvoi, bestehend aus mehreren Mercedes und schnellen SUVs, an uns vorbeibraust. Wieso kann der König nicht mit dem Helikopter baden gehen, frage ich mich (aber sonst Niemanden).

Ist auch besser so.

Tukta habe ich vor 9 Jahren bei meiner ersten Thailandreise kennen gelernt. Das Wiedersehen ist seltsam und sie ist ausgesprochen reserviert. Jetzt erst wird mir klar, dass die Ehekrise, von der mir Thomas erzählt hat, wirklich sehr ernst ist.

Seit meinem ersten und einzigen Besuch vor 9 Jahren hat sich in Hua Hin einiges getan. Damals war der Ort hauptsächlich von innerthailändischen Badetouristen besucht. Heute gibt es auch sehr viel internationalen Tourismus. Nachdem wir mit den Kindern essen waren (Thomas führt mich von einem super Lokal ins andere und verwöhnt mich hoffnungslos), gehen wir noch in 1-2 Bars. Dort tummeln sich viele thailändische Frauen, die auf der Suche nach spendierfreudigen Touristen sind. Thomas und ich genießen die Aufmerksamkeit und wir spendieren auch ein paar Drinks.

Was heißt hier „wir“? Der arme Thomas musste immer in die Tasche greifen.

Dabei lassen wir's dann auch bewenden und niemand ist böse deswegen.

Aha, wieso jetzt diese spießige Zensur?

Samstag und Sonntag unternehmen wir einiges mit den Kindern und das Wochenende vergeht wie im Flug. Zurzeit lese ich „Von den fortschreitenden Übertretungen des Major Aebi“ von Gianluigi Melega (Fischer Taschenbuchverlag). Das Buch handelt von einem braven, eher spießigen Schweizer, der nach dem Tod seiner sehr reichen Gattin plötzlich Millionen schwer ist. Jetzt kann er endlich das tun, was er sich vielleicht insgeheim immer schon gewünscht hat und driftet mehr und mehr in sexuelle Ausschweifungen ab. Dabei überschreitet er nicht nur die Grenze des guten Geschmacks, sondern auch die vom Gesetzgeber vorgegebene. Am Sonntag mache ich noch meine monatlichen Familientelefonate (Eltern, Sohn und Bruder).

Keine Sorge, die dauern nicht allzu lange.

Am Montag ist 1. Mai und auch in Thailand Feiertag. Das verlängert unser Wochenende und wir verbringen den Nachmittag mit den Kindern an einem Pool. Zum Abschluss lädt mich Thomas noch in das beste Lokal in Hua Hin ein und wir essen im „Café Brasserie Paris“. Romantisch direkt am Strand gelegen, kann man beim Abendessen den Sonnenuntergang betrachten und den Fischern zusehen, die von ihrer Arbeit zurückkommen. Geführt wird das Lokal von einem Franzosen mit seiner Tochter. Wir essen Krebse zur Vorspeise, danach einen schmackhaften Fischteller und das Ganze begleitet von einem spritzigen Sauvignon Blanc aus Südafrika. Zum Abschluss gönne ich mir noch eine Crème Brulée und sinniere über den Aufwand, das Ganze durch viel Frühsport wieder los zu werden. Danach fahren wir zurück zu Thomas' Arbeiterwohnstätte in der Nähe von Bangkok.

In Bangkok ist es so heiß und schwül, sodass man tagsüber nicht aus den klimatisierten Räumen kann. Die Temperatur steigt auf 40 Grad im Schatten und selbst in der Nacht bleibt das Thermometer über 30 Grad. Thomas und ich machen gemeinsamen Frühsport wie in alten Zeiten in Südafrika. Bei den Wahnsinnstemperaturen muss man allerdings spätestens um 6:30 Uhr mit dem Lauf beginnen, sonst grillt einem die Morgensonne bereits das Hirn heraus. Mir kommt die Wetterlage sehr gelegen, weil ich dann ohne schlechtes Gewissen in Thomas' klimatisiertem Büro sitzen kann und meine E-Mails und Internetrecherchen betreibe.

Recherche ist wirklich gut. Stundenlang korrespondiert er mit irgendwelchen armen, ahnungslosen Wienerinnen, die dummerweise auf der internetgestützten Partnersuche über unseren Helden gestolpert sind.

Chiang Mai ist genauso heiß

Am Mittwoch nehme ich dann den Bus nach Chiang Mai im Norden Thailands. Bepackt mit vielen Tipps von Thomas' koreanischem Geschäftspartner und der Traveller Bibel Lonely Planet geht es zuerst mit einem lokalen Minibus von Nakon Prathom nach Bangkok hinein. Als mich Thomas zum Busbahnhof bringt und wir in sein im Schatten geparktes Auto steigen, zeigt das Außenthermometer 44 Grad an. Wie ich dann bereits am späteren Nachmittag auf dem riesigen Busbahnsteig in Bangkok sitze hat es immer noch geschätzte 40 Grad. Dazu ein Höllenlärm von tausenden, im Standgas laufenden Dieselmotoren und ebenso abertausenden wartenden, umsteigenden, aussteigenden und schwitzenden Fahrgästen. Die Atemluft ist ungefähr so, wie wenn man in einer stickigen, überhitzten Küche noch die Abgase von 10 LKWs einleiten würde. Als der Bus endlich los fährt ist die Sonne bereits untergegangen. Es dauert knappe 2½ Stunden um im „Stop-and-go-Abendverkehr“ aus dem Stadtgebiet Bangkoks herauszukommen. Jetzt verstehe ich, warum Thomas nicht mehr in der Stadt wohnen will. Das Busfahren an sich ist mir während dieser Reise schon sehr lieb geworden. Ich sitze einfach gerne am Fenster und lasse die Landschaft vorbei gleiten, ohne dabei auf den Verkehr achten zu müssen, kann ich meinen Gedanken nachhängen. Ich kann sogar ein bisschen schlafen und wir kommen viel zu früh um 4:30 Uhr in Chiang Mai an.

Makong hat mir ein günstiges Hotelzimmer gebucht. Glücklicherweise haben die einen Nachtportier und ich darf sogar mein Zimmer gleich beziehen. Es scheint hier nicht viel kühler zu sein als in Bangkok und ich nütze die Gelegenheit, noch vor Sonnenaufgang meinen Frühsport zu erledigen. Das Hotel ist eines der höchsten Gebäude im Ort und hat 22 Stockwerke. Probeweise fahre ich mit dem Lift bis ganz nach oben und sehe, dass der Zugang zur Dachterrasse abgesperrt ist. Durch ein kaputtes Fenster komme ich aber trotzdem ins Freie und klettere auf das Dach des Aufzugtriebwerkraumes. Dessen flaches Betondach ist ein Quadrat von circa vier Meter Seitenlänge ohne Geländer und der Blick ist spektakulär. Ich beschließe hier meine Yogaübungen zu machen und mein Obstfrühstück einzunehmen. Später miete ich mir ein Fahrrad und erkunde den Ort. Das Thermometer klettert aber auch hier bis auf 40 Grad und ich stelle alle Freiluftaktivitäten wieder ein. Im Endeffekt pendle ich den ganzen Tag zwischen klimatisiertem Hotelzimmer, klimatisiertem Starbucks, klimatisiertem Internetcafé und klimatisiertem Restaurant hin und her. Mir dämmert die Erkenntnis, dass ich das in Wien auch könnte und dazu nicht auf Weltreise gehen müsste.

Jawohl!

Beim Kaffeetrinken beobachte ich eine Australierin und einen jungen Deutschen beim Flirten. Die Zwei haben sich offensichtlich erst hier kennen gelernt und sind sichtlich aneinander interessiert. Das Englisch meines Geschlechtsgenossen ist dermaßen hanebüchen, dass ich innerhalb von 10 Minuten schon die tollsten Missverständnisse mitbekomme. Ich frage mich wie lange es dauert, bis das zu ernsten Komplikationen führt.

Ihm ist „offensichtlich" fad.

Am Abend irre ich am Nachtmarkt herum und gönne mir später eine angenehme Fußmassage. In den kommenden Tagen bleibt es genauso erbarmungslos heiß. Ich irre wie ein Zombie in der Stadt herum und versuche mich durch meine Rituale (Frühsport, Frühstück, Tagebuch schreiben, Kaffee und Zeitung, E-Mail an Freunde) durch den Tag zu bringen und kippe mehr und mehr in eine melancholische Stimmung. Ich fühle mich wieder einmal gestrandet, langweile mich und stelle mir die Sinnfrage: was mache ich hier überhaupt? Dazu kommt noch ein drückendes Gefühl von Einsamkeit. Am Abend schlendere ich durch diverse Bars am Fluss. Sehr idyllisch gelegen, meist mit Live-Musik, aber ich habe keine Lust irgendwo alleine zu sitzen. Später gehe ich noch in einen Club, bezahle Eintritt und stelle dann fest, dass ich der erste Gast bin.

Tja die Frühschläfer.

Nach einer Stunde sind vier weitere Gäste da, die sich als Personal herausstellen - ich gebe auf und gehe ins Bett. Beim Zeitung lesen stolpere ich in der asiatischen Herold Tribune über einen Artikel, der von einem Arbeitskampf in Frankreich handelt. Sinngemäß geht es darum, dass die Fabrikarbeiter die Arbeitszeit verkürzen wollen und die Arbeitgeber argumentieren, dass das auf Grund von internationalem Konkurrenzdruck nicht ginge (das klassische Globalisierungsargument). Interessant ist aber, dass der Artikel nicht vom 5. Mai 2006 stammt, sondern vom 5. Mai 1906. Die Kutschenbauergewerkschaft wollte die Durchschnittsarbeitszeit auf 8 Stunden täglich reduzieren. Interessant, wie sich die Geschichte wiederholt und wie immer dieselben Argumente und Ausreden (in dem Fall Globalisierungsdruck) herhalten müssen.

Am Samstag kann ich mich endlich aufraffen und fahre mit einem Sammeltaxi zum angeblich wichtigsten Tempel in der Gegend: zum Wat Phra That Doi Suthep. Der Tempel befindet sich auf 1.600 Metern und wurde bereits 1383 erbaut. Hier ist es auch um ein paar Grad kühler und ich mache ein Nickerchen im Freien. Zurück in Chiang Mai gönne ich mir am Abend ein tolles Essen in der Riverside Bar und spiele anschließend Billard mit einem „Ladyboy" in einer Girlie Bar.

Aha, und weiter?

Am Sonntag mache ich dann noch einen Ausflug zum Maesa Elephant Park. Hier leben um die 70 Stück der Dickhäuter und einer Broschüre entnehme ich, dass diese Institution auch Pionier bei künstlicher Befruchtung von Elefanten ist. Es gibt eine Show, bei der die Elefanten allerlei Kunststücke machen und dann Fußball spielen. Die Tiere scheinen Spaß daran zu haben und schießen auch einige Tore. Als die Elefantentrainer dann mehrere große Flipcharts heranschleppen, wird's interessant. Die Elefanten malen vor dem erstaunten Publikum Blumen, Bäume und einer malt sogar einen Elefantenkopf im Profil. Das Ganze machen sie mit ihrem Rüssel und bekommen vom jeweiligen Trainer nur den Pinsel gereicht. Ich bin dermaßen fasziniert und in meiner Naivität völlig fassungslos über den künstlerischen Ausdruck der Tiere. Erst langsam dämmert mir, dass natürlich jeder Pinselstrich lange Jahre einstudiert ist. Dennoch eine recht beachtliche Leistung.

Pai

Am Montag nehme ich dann den nächsten Bus weiter Richtung Nordwesten nach Pai. Der Busbahnhof von Chiang Mai ist natürlich viel kleiner als in Bangkok. Aber es ist mindestens genauso heiß und die Luft ist auch nicht viel besser. Es gibt nirgends in der Nähe ein Café mit Klimaanlage und so treibe ich mich zum Abkühlen in einem klimatisierten Lebensmittelgeschäft herum und tue so, als würde ich einkaufen wollen. Am Schluss kaufe ich eine Dose kalten, löslichen Kaffee und denke mir: wie tief kann man sinken?

Ja unser Ritter für den guten Kaffeegeschmack gibt es auch schon billiger.

Die Busfahrt dauert circa 3½ Stunden und ich lerne einen netten Kanadier mit chinesischen Wurzeln kennen. Er heißt Colin, ist Anfang 30 und arbeitet in der Schweiz. In Pai angekommen finden wir schöne, günstige Bungalows im „Rhin Pai Bungalow". Pai ist ein Travellerort mit Hippiecharakter und hat nur 3.000 Einwohner.

Die Temperaturen sind endlich milder, hin und wieder regnet es und relativ oft fällt der Strom aus. Colin und ich mieten uns je ein Moped und wir erkunden die Gegend. Colin nimmt einmal Mae mit, eine Thailänderin in meinem Alter, die die Reiseführung übernimmt. Später lernen wir noch Tracy kennen. Tracy ist 26, Amerikanerin und lebt in Chicago. Sie arbeitet bei McKinsey, einer der großen Unternehmensberatungsfirmen. Colin, Tracy und ich beschließen gemeinsam nach Laos zu reisen. Mae reist mit ihren Freunden weiter in eine andere Richtung. In Laos wollen wir eine Dschungeltour zum so genannten„Gibbon Experience“ machen. Genaueres darüber werde ich noch berichten. Ich beginne ein Buch zu lesen, das mir Thomas geliehen hat: Stunde null in Phnom Pen von Christopher G. Moore (von Heavenlake Press). Es handelt sich um einen Krimi vor dem Hintergrund der UNO-Friedensmission in Kambodscha in den 80er Jahren und ist sehr spannend.

Die meisten Traveller in Pai legen verständlicherweise wenig Wert auf guten Wein und daher gibt es in den Bars auch keinen. Ich kaufe mir im Supermarkt einen australischen Cabernet Sauvignon, von dem ich am Abend vor der Weiterreise zu viel trinke. Am Donnerstag, den 11. Mai reisen wir zu dritt (Colin, Tracy und ich) von Pai nach Chiang Mai, wo wir eine Nacht verbringen und dann am nächsten Tag mit einem privat gecharterten Minivan bis zur laotischen Grenze nach Chiang Kong fahren. An dem Abend in Chiang Mai kauft Tracy am Nightmarket mehr Souvenirs ein, als ich im ganzen Jahr meiner Reise

Das hat an sich nichts zu bedeuten.

und zahlt für die DHL-Fracht circa das Doppelte des Warenwerts. Für die eine Nacht in Chiang Mai haben wir uns ein billiges Guesthouse ausgesucht, das sauber und okay ist.

Die Fahrt mit dem Van ist recht holprig und der Fahrstil ist mir bei weitem zu offensiv und riskant. Meine beiden Mitreisenden teilen meine Bedenken nicht so und daher lasse ich den Fahrer unbehelligt.

Zum Glück.

Trinkgeld kriegt er aber von mir auch keines.

Eh klar.

Tarzan im laotischen Dschungel

Wir kommen noch rechtzeitig (das heißt vor 6:00 Uhr abends) in Chiang Kong an. Die Grenze schließt nämlich um 18:00 Uhr. Der Mekong-Fluss, der in Südchina entspringt, hier einen Teil der Grenze zwischen Thailand und Laos bildet, fließt dann weiter durch Kambodscha und in Vietnam ins Meer. Allein der Name Mekong löst bei mir viele (wahrscheinlich falsche) Assoziationen aus und ich bin aufgeregt wie ein kleines Kind als uns die schmale kanuartige Motorfähre nach den Visaformalitäten über den Fluss bringt. Der Ort auf der laotischen Seite heißt Huay Xai und ist ein kleines Grenzkaff. Hier melden wir uns beim „Gibbon Experience“ Büro und erfahren, wie das Programm für die nächsten drei Tage aussieht. Mir hat in Chiang Mai schon eine Kanadierin von diesem Abenteuer vorgeschwärmt und daher mussten Colin und Tracy mich nicht lange überzeugen, damit ich mitgehe. Es handelt sich um ein modernes Ökotourismusprojekt, das von einem Franzosen namens Jean Piere ausgedacht und gemeinsam mit der hiesigen Bevölkerung umgesetzt wurde. Laos ist eines der ärmsten Länder in Südostasien und hat keine Mittel, um ihre Naturschutzparks auch wirklich zu schützen. Hier befindet sich einer der schöneren Primärurwälder, der eben auch Naturschutzgebiet ist. Die illegalen Holzfäller und Wilderer haben sich nie groß darum gekümmert, weil die Regierung sich keine Förster und Wächter leisten kann. Daher hatte Jean Piere die Idee, gemeinsam mit den Einheimischen einige spektakuläre Baumhäuser zu bauen und Trekkingtouren dahin anzubieten. Wir buchen die 3-tägige Variante mit „anspruchsvollen" Wanderungen. Teilweise zu Fuß im Dschungel und teilweise mit einer Art Klettergeschirr auf Stahlseilen rollend, bewegt man sich wie einst Tarzan durch den Dschungel. Eine weitere Attraktion sind die Namen gebenden Affen. Die spezielle Spezies der Gibbons wurde bereits für ausgestorben erklärt und vor einigen Jahren hier wieder entdeckt. Wenn man Glück hat, kann man auf dem Trip die scheuen Cousins hören und mit ganz besonders viel Glück sogar sehen. Am Abend vor dem Start essen wir auf einer tollen riesigen Holz-Terrasse mit Blick über den Mekong River und erleben einen spektakulären Sonnenuntergang.

Am nächsten Morgen geht es los mit einer circa 3 ½ stündigen Jeep-Fahrt über Stock und Stein zum Basislager des 3-tägigen Tracks. Wir sind zu neunt und sollen in zwei Gruppen aufgeteilt werden. Tracy ist ganz hysterisch, weil ich ihr erzählt habe, dass ich schnarche und will auf jeden Fall in eine andere Gruppe, was sich auch bewerkstelligen lässt. Später werde ich erfahren, dass sie alle anderen in ihrer Gruppe mit ihrer Schnarcherei wach gehalten hat.

Ich bin in der kleineren Vierergruppe mit zwei deutschen Studenten und einem jungen kanadischen Künstler. Die Seilbahnfahrten und Baumhäuser sind wirklich spektakulär. Dabei werden alte Kindheitsphantasien geweckt und wenn man abends im Baumhaus 30 Meter über dem Erdboden sitzt und die vielen Leuchtkäfer sieht, kommt man sich vor wie in einer Fabelwelt. Interessant jedenfalls, dass es auch in dieser Fabelwelt Ratten gibt. Unsere hat den Weg über den kerzengeraden Stamm nach oben nicht gescheut, um an Proviant heranzukommen. Neben dem Baumhaus der ersten Nacht befindet sich auch ein Wasserfall und in den Becken lässt es sich herrlich plantschen und vom herabstürzenden Wasser die Schultern und den Rücken massieren. In der Nacht kommt ein ziemlicher Sturm auf und Andi (einer der beiden Deutschen) will das Baumhaus evakuieren. Wir hatten nämlich bei der Einführung gelernt, wenn die Blitze und Donner weniger als 10 Sekunden auseinander liegen, sollen wir das Baumhaus verlassen und Schutz suchen. Ist der Abstand zwischen Blitz und Donner jedoch bereits unter zwei Sekunden, sollen wir besser gleich im Baumhaus bleiben. Es regnet heftigst und ich habe überhaupt keine Lust aus dem Bett zu kriechen und mir eine Lungenentzündung zu holen. Mir scheint auch die Gefahr an letzterer zu sterben wahrscheinlicher, als hier vom Blitz getroffen zu werden. Daher erkläre ich dem völlig verdutzten Andi, dass ich nicht gewillt bin an seiner Evakuierung teilzunehmen und er mich gefälligst schlafen lassen soll und er im Übrigen beim Sterben nicht so einen Lärm zu machen braucht.

Mir war das echt peinlich, ihm offensichtlich nicht.

Das verunsichert die anderen Kollegen und letztendlich bleiben alle im Baumhaus. Wenn der Blitz eingeschlagen hätte, wäre ich wahrscheinlich für uns alle moralisch verantwortlich gewesen. Am nächsten Tag regnet es noch immer und wir waten durch die teilweise aufgeschwemmten Bäche. Die Blutegel sind ziemlich aggressiv und saugen sich sogar durch meine Socken am Fuß fest. In der zweiten Nacht schlafen wir in einem anderen Baumhaus und die örtliche Ratte besucht Aron (den Kanadier) und mich unterm Moskitonetz. Andi will in der Nacht im Bad (ja so was gibt es auch im Baumhaus) die Schlange gesehen haben, vor der uns die Guides gewarnt hatten. Am dritten Tag wandern wir zurück zur Ausgangsstation. Dort spielen wir noch mit dem jungen Bären. Es handelt sich um ein circa 4-6 Monate altes Findelkind. Ich vermute, es ist eine Art Braunbär. Jedenfalls ist er angeblich Vollwaise und wird von den Projektverantwortlichen hier in der Basisstation aufgezogen. Der Bursche hat bereits die Größe eines ausgewachsenen Schäferhundes und ist sehr verspielt. Meister Petz probiert seine Zähne aus und das kann unangenehm werden, wenn er das am Fußgelenk macht. Von einer der freiwilligen Projektmitarbeiterinnen erfahre ich, dass Jean Piere vor hat, das Projekt den Einheimischen zur Selbstverwaltung zu geben. Ich hoffe er wartet noch ein bisschen damit. Die einheimischen Führer, die ich kennen lerne, erscheinen mir alle wie verspielte Kinder, die viel mehr mit sich selbst, als den Gästen beschäftigt sind und abenteuerlich schlecht Englisch sprechen.

Ja ja, da kommt der sonst gut versteckte Kolonialist zum Vorschein, der den Einheimischen nichts zutraut.

Die Rückfahrt mit den Allrad Pickups verzögert sich, weil durch die heftigen Regenfälle die Straße fast unpassierbar wurde. Mit circa 3 Stunden Verspätung geht es aber dann doch los und unser Fahrer ist ein echter Künstler, der sich durch diese „cameltrophyartige“ Matschralley durchkämpft. Am Abend kann ich endlich wieder duschen und plane die nächsten Schritte. Colin und Tracy wollen zurück nach Chiang Mai und dann in den Süden Thailands. Ich beschließe in Laos zu bleiben und mit einem Boot den Mekongfluss hinunter zu fahren.

Auf dem Mekong nach Süden

Meine Zimmer-Vermieterin hat mir am Abend gesagt, dass das Boot, mit dem ich den Mekong hinunter fahren kann, um 9:00 Uhr Früh abfährt. Als ich um halb 9:00 Uhr auschecke, meint sie, dass das Boot wahrscheinlich erst um 10:00 Uhr abfährt und ich noch ein Frühstück bei ihr einnehmen kann.

So geschäftstüchtig wie unser Herr Verkaufstrainer sind die Einheimischen hier allemal.

Dann nehme ich mir ein Tuk tuk (dreirädriges Mopedtaxi) und fahre zur Bootsanlegestelle. Dort frage ich mich durch bis zum Ticketverkauf. Ein kleines quadratisches Häuschen, dessen fehlende vierte Wand als Eingang dient. Ich erfahre, es gibt zwei Optionen, um mit einem Boot flussabwärts zu fahren: das „Slow Boat" braucht zwei Tage bis Luang Prabang und das „Fast Boat" schafft die Strecke in einem Tag. Ohne zu wissen, dass ich mir dadurch wahrscheinlich einen schweren Gehörschaden und eine mehrwöchige Genickstarre erspare, greife ich intuitiv zum Slow Boat.

Nicht etwa wegen des niedrigeren Preises hat er das „Slow Boat" gewählt - oh nein, die Intuition muss herhalten!

Irgendwie passt das besser zu meinem Reisegefühl und obendrein bin ich wieder in einer leichten melancholischen Stimmung. Dazu passt die Idee des langsamen Dahinschipperns einfach besser. Die Zwei-Tagesschiffsreise (ohne Übernachtung) kommt auf umgerechnet ungefähr 14 Euro. Es ist ein langer, flacher Kahn von circa 20-25 Meter Länge und 3 bis 3½ Meter Breite mit ganz wenig Tiefgang. Der schwere Dieselmotor (wahrscheinlich aus einem LKW, der seine 800.000 Kilometer hinter sich hatte) befindet sich im Heck des Bootes. Der Aufbau besteht aus einem halbwegs geschlossenen Raum für Motor und Gepäck und einem Dach über den Passagieren. Das Dach dient in Doppelfunktion noch als Laderaum für allerlei Frachtgut. Es gibt keine reservierten Sitze und so bekommen nur die ganz Glücklichen, die sich rechtzeitig anstellen, einen der circa 30 bequemen Stoffsitze, die offensichtlich aus einem fast neuen Bus ausgebaut wurden. Die restlichen, circa 100, Passagiere zwängen sich auf die schmalen Holzbänke und dem kahlen Boden dahinter. Obwohl an sich schon zu spät dran, bekomme ich noch einen bequemen Sitz neben Sherly.

So ein Zufall!

Sherly ist eine 30-jährige Schwedin mit chinesischen Wurzeln, die die letzten drei Jahre in Shanghai gearbeitet und gelebt hat. Sie war in einer Marketingagentur und erzählt von dem mörderischen Arbeitsrhythmus und den sehr hohen Anforderungen. 6, manchmal 7-Tage-Woche und selten vor 10:00 Uhr abends aus dem Büro. Nach den ersten drei Monaten musste sie ins Spital, weil sie völlig ausgepowert war. Jetzt geht sie für eine Zeit zurück nach Schweden um sich in einem „normalen" Job wieder zu erholen. Sie reist gemeinsam mit ihrer Schwester (die gerade ein Auslandssemester in Hongkong studiert hat) und einer gemeinsamen Freundin. Das Boot schippert langsam flussabwärts auf dem in diesem Bereich noch relativ schmalen Mekong. Der Fluss hat die Farbe von Schwarztee mit einem kräftigen Schuss Milch. Wir kommen vorbei an Fischer in schmalen Kanus, die ihre Netze am Flussrand mit Stangen ausgesteckt haben und uns zuwinken. Plötzlich höre ich von hinten einen kreissägeartigen Höllenlärm, der schnell näher kommt. Und im nächsten Augenblick sehe ich auch schon, was mir beim „Fast Boat" erspart blieb: in einem bunt bemalten, offenen Motorboot von circa 4-5 Metern Länge befindet sich in der hinteren Hälfte ein riesiger offen aufgebauter Motor ohne Auspuff und in die vordere Hälfte gezwängt sind 8 Passagiere, die mit Schwimmwesten und Sturzhelmen hineingepfercht sitzen und durchgerüttelt werden wie die Insassen einer modernen Achterbahn in Disneyland. Nur dauert die Achterbahnfahrt im Disneyland 1 Minute 40 und diese Fahrt dauert 8 Stunden. Ich atme tief durch und halte die Hand ins langsam vorbeiströmende, lauwarme Wasser.

Gegen 17:00 Uhr sind wir in dem kleinen Ort, in dem wir über Nacht bleiben. Der Ort besteht aus einem kurzen asphaltierten Straßenstück am Flussufer. An der Straße sind einige Herbergen, offene Läden und improvisierte Restaurants. Nach Sonnenuntergang hört man hinter vielen Häusern Generatoren surren und tuckern. Manche verzichten darauf und haben nur Kerzenlicht. Beim Verlassen des Boots ließ ich mich gleich vom erstbesten Herbergsanbieter verschleppen und habe ein Zimmer für umgerechnet zwei Euro genommen. Die Einrichtung ist entsprechend spartanisch und das gemeinsame Klo ebenfalls. Mit den drei Schwedenchinesinnen habe ich mich zum Abendessen verabredet und gehe davor noch in ein Dampfbad mit anschließender Massage. Auch dieses Etablissement ist sehr einfach gehalten und in dem Dampfbad dampft es zwar wirklich, aber es riecht penetrant beißend nach Rauch und daher gehe ich schon nach wenigen Minuten zur Massage. Als ich ins Bett gehe, werfe ich einen genaueren Blick auf die Bettwäsche und beschließe lieber meinen, extra für diese Situationen gekauften Seidenschlafsack auszupacken. In diesem 170 Gramm leichten Kokon fühlt man sich irgendwie von den Bakterien und Hautschuppen der Vorgänger geschützt.

Mitten in der Nacht werde ich von einem Rascheln geweckt und finde deren Ursache erst beim zweiten Anlauf. Ich hatte meinen Reiseproviant leichtsinnigerweise einfach auf das Nebenbett gelegt und eine clevere Ratte hat die Gelegenheit beim Schopf und die leckeren Kekse beim Plastikbeutel gepackt.

Selber schuld, übrigens ist die Ratte auch erschrocken als plötzlich das Licht anging.

In der Früh bin ich einer der ersten im Boot und trotzdem sind schon alle bequemen Sitze besetzt. Mich wundert, dass die Holzbänke hinten fehlen und frage die Bootsjungen, ob sie die nicht einbauen wollen, weil gleich die anderen Fahrgäste kommen. Die winken ab und aufgrund der Sprachbarriere lasse ich es vorerst dabei. Ich sitze auf einer Pritsche und lese in meinem Buch. Nach 20 Minuten sehe ich mir die anderen Fahrgäste etwas genauer an und mich wundert, dass ich mich an keinen der anderen vom Vortag erinnern kann. Sicherheitshalber frage ich einen, ob sie eh auch nach Luang Prabang fahren und der erklärt mir, dass sie von dort gerade herkommen. Glücklicherweise haben wir noch nicht abgelegt und ich kann noch in das richtige Boot einsteigen. Das ist heute eines, das ausschließlich mit Holzbänken bestückt ist und daher gibt es keine Streiterei um die guten Plätze. Die Fahrt dauert länger und gegen Mittag tut mir schon das Kreuz und alles andere weh und ich weiß schon nicht mehr, wie ich sitzen soll. Meinen Phnom Pen Krimi habe ich auch fertig gelesen und tausche mit zwei deutschen Mädels gegen eine englische Version des Da Vinci Codes von Dan Brown. Obwohl ich mich jetzt bei vielen von Ihnen unbeliebt machen werde, muss ich gestehen, dass ich den gar nicht lesen will. Mir ist nämlich der ganze Werbeaufwand, den der Vatikan betreibt, zu suspekt. Ich bin nämlich ...

Bitte erspar uns das jetzt!

...schon vor 20 Jahren in die Falle getappt und habe mir einen Film angesehen, gegen den die katholische Kirche protestierte. Der Film war so furchtbar schlecht und ich hab den Namen sicherheitshalber schon verdrängt.

Siehst Du, hättest Du halt auf den Rat der freundlichen Gottesmänner gehört.

Kurz vor Sonnenuntergang kommen wir in Luang Prabang an. Das ist ein etwas größerer Ort mit Stromversorgung und guter Infrastruktur. Luang Prabang hat auch einen, von der UNESCO zum Weltkulturerbe erklärten schönen alten Stadtkern mit vielen kleinen Häuschen. Obwohl ich mir nach dem Intermezzo mit der Ratte letzte Nacht vorgenommen habe, keine 2-Euro-Zimmer mehr zu nehmen, habe ich heute wieder so eines.

Eh klar, das schöne um 30 schien uns ja viel zu egozentrisch!

Nach dem Duschen schlendere ich durch den Nachtmarkt, wo in offenen Ständen allerlei Kunsthandwerk feilgeboten wird. Im „Lemon grass“, einer trendigen Weinbar, bekomme ich einen recht guten Espresso und ein Glas australischen Cabernet. Dafür zahle ich zweimal so viel, wie für mein Zimmer und beschließe am nächsten Tag ein besseres Zimmer zu finden.

Am nächsten Morgen sehe ich mich beim Joggen bereits nach einer neuen Unterkunft um. Ich finde eines im „Nam Souk-Guesthouse“. Dort bekomme ich ein sauberes Zimmer mit eigenem Bad und Klimaanlage um circa 10 Euro. An der laotischen Währung ist hier übrigens niemand interessiert, die Preise werden alle in Dollar oder thailändischen Baht angeschrieben. Der Tuk Tuk-Fahrer, mit dem ich die drei Minuten Fahrt mit meinem schweren Rucksack vom alten Zimmer zum neuen mache, sieht in mir offensichtlich einen naiven Touristen, von dem er einen umgerechneten Wochenlohn verlangen kann. Ich diskutiere eine Weile und biete ihm zuletzt das doppelte des ortsüblichen Tarifes (ca. 2 Euro – er wollte 10). Er steigt nicht darauf ein und bleibt bei seiner horrenden Forderung. Da schalte ich auf stur und schlage einen gemeinsamen Gang zur Polizei vor. Nachdem er merkt, dass mir damit ernst ist, akzeptiert er mein letztes Angebot und wir sind quitt.

Horror im Hostel

Später finde ich einen netten kleinen Buchladen der auch ein Café ist und so was wie das Intellektuellentreff des Ortes. Der Laden heißt „L'étrangère", ich tausche dort den Dan Brown ungelesen gegen „The Quiet American" von Graham Greene. Das Buch hat mir schon vor mehreren Monaten jemand wärmstens ans Herz gelegt und als Vorbereitung für einen eventuellen Besuch in Vietnam erscheint es mir ideal geeignet. Im oberen Stock ist der Kaffeehausteil. Die Stimmung ist besonders entspannt. Ich liege auf einer Matratze am Boden mit vielen Polstern, trinke einen Fruchtcocktail, höre guten Jazz und lese alte „National Geographic"-Ausgaben, die in einer großen Auswahl zur Verfügung stehen. Einem kleinen Flyer entnehme ich, dass jeden Abend hier auch ein Film gezeigt wird. Der Buchladen/Café und die Buchtauschbörse entpuppt sich obendrein noch als örtliches improvisiertes Programmkino. Es wird Zeit meine nächsten Schritte zu planen und so buche ich im örtlichen kleinen Büro der Bangkok Airways einen Flug von hier über Bangkok nach Sien Reap in Kambodscha für morgen. Beim dritten Versuch finde ich auch ein Kaffeehaus, das ausgezeichneten Espresso und Capuccino macht (Jo Ma Bakery). Abends gehe ich wieder in den Buchladen und sehe mir den heutigen Film an. Gezeigt wird „Hostel", der angeblich von Quentin Tarantino ist (im Nachspann finde ich aber seinen Namen nicht). Der Film passt zur Travellerszene. Er handelt von drei jungen Männern (zwei Amerikaner und ein Isländer), die als Backpacker durch Europa reisen. In Amsterdam werden sie von einem anderen jungen Mann nach Bratislava gelockt, wo es angeblich von hübschen jungen Frauen wimmelt, die nur darauf warten, mit hübschen jungen Amerikanern ins Bett zu gehen. Das ist dann auch so und so dümpelt der Film durch die ersten 20 Minuten als seichter Softporno.

Dann beginnt der wahre Horror! Das Hostel und die willigen Mädels sind eine Falle um ahnungslose Reisende heranzuschaffen, die in einem Geheimclub gegen teures Geld an insolvente Freizeitfolterknechte verkauft werden. Die Szenen sind sehr realistisch und grausig und erinnern mich an die Geschichten, die ich gerade über die Roten Khmer und deren Horrorregime gelesen habe. Mir gehen solche Filme immer zu lange nach und ich fürchte mit Recht, dass ich die nächsten Nächte nicht gut schlafen werde.

Unser Sensibelchen hat dann in der Tat schlecht geträumt, aber da kann selbst ich nichts machen. Er muss sich halt vorher informieren, was er sich ansieht.

Um mich jetzt auch noch bei den restlichen Lesern unbeliebt zu machen (diejenigen, die mir meinen Dan Brown Verzicht nachgesehen haben), muss ich gestehen, dass mir Tarantinos Filme insgesamt nicht besonders gefallen. Ich konnte die Riesenbegeisterung für Pulp Fiction nicht wirklich nachempfinden. Im Kino fanden es damals alle lustig und lachten, als die beiden Gangster aus Versehen den Taxifahrer erschossen haben und dessen Hirn innen an der Taxidecke geklebt hat. Ich weiß nicht, was daran lustig sein soll – vielleicht hat der Taxifahrer Familie und Kinder. Er kam nur durch einen glücklichen Zufall in diese Situation mit den kaputten Protagonisten (die angeblich auch so cool und lustig sind).

Wenn er sich das Moralisieren und die Kulturkritiken nicht bald spart, wird er wirklich noch die letzten Leser verlieren.

Der nächste Tag war einer von denen, wo man hofft, dass sie schnell vorbeigehen, ohne dass noch mehr unvorhergesehenes Unheil passiert. In der Früh habe ich bemerkt, dass ich meine dreckteure Hightech-Outdoorjacke am Vortag irgendwo habe liegen lassen. Ich klapperte alle Lokalitäten ab, aber meine Jacke war nicht mehr zu finden.

Per Email erreicht mich die Horrornachricht, dass es in meiner Wohnung in Österreich gebrannt hat und so ganz nebenbei werde ich darüber in Kenntnis gesetzt, dass die anderen Hausbewohner ohnehin bereits eine Räumungsklage gegen meinen Mieter anzetteln. Zu guter Letzt ist mir in meinem kleinen Rucksack auf dem Weg zum Flughafen noch die Wasserflasche ausgeronnen.

Na, da war er schon wirklich arm.

Der Flug mit der Propellermaschine von Bangkok Airways nach Bangkok verlief dagegen wider Erwarten unproblematisch und der Weiterflug nach Siem Reap in Kambodscha war nur um 1½ Stunden verspätet.

Im Wartesaal des einfachen kleinen laotischen Flughafens habe ich beim Einchecken gleich den dort befindlichen Fernseher leise gedreht, damit er nicht zu sehr mit der Kaufhausmusik konkurriert, die über die anderen Lautsprecher in den Raum dringt. Eine jämmerliche Instrumentalversion von „Don't cry for me Argentina" wird in einer extended Version von circa 15 Minuten dargeboten. Der Sadist in meinem Hinterkopf kann sich an jede Textzeile erinnern und singt mit.

Ich bin unschuldig - ehrlich.

Die Einreiseformalitäten in Kambodscha sind für ein kommunistisches Land relativ simpel

Gut, dass er jetzt nicht auch noch erwähnt, dass das Ganze in Amerika viel länger dauert.

und ich teile mir ein Taxi mit einem Kanadier namens Mark, den ich gerade erst in der Warteschlange kennen lernte. Der Taxifahrer kennt auch ein Hotel,

No na.

in dem wir nach längeren Preisverhandlungen beide ein Zimmer nehmen. Mark und ich bilden eine Zweckgemeinschaft und engagieren den Taxler morgen gleich für den ganzen Tag, damit er uns zu den diversen Tempeln fährt. Siem Reap ist der Ort bei Ankor, wo es die höchste Dichte an imposanten Tempeln in der Gegend gibt. Zur Vorbereitung habe ich bereits beim Herflug ein Buch über Angkorwat gelesen, das ich am Flughafen in Bangkok erstanden hatte. Es ist schon 10:00 Uhr Abends und ich mache noch einen kleinen Rundgang durch den Ort. Relativ viele Hotels und Bars und wenig Touristen. Kein Wunder, die Saison ist vorbei und die Regenzeit hat begonnen. Hier tummeln sich viele Kinder, die irgendwas verkaufen: handgemachten Schmuck, Kleidungsstücke und illegal kopierte Lonely Planet-Ausgaben, die neu um 5 Dollar angeboten werden (meine Glaubensgenossen wissen, dass die Bibel sonst zwischen 20 und 30 Dollar pro Land kostet).

Unser Moralist konnte übrigens nicht widerstehen.

Angkorwat

Am nächsten Morgen holt uns unser Fahrer pünktlich um 10:00 Uhr ab und bringt uns zu den diversen Tempeln. Aus meinem Büchlein gestern habe ich gelernt, dass die Tempel zwischen 9./10. und 13. Jahrhundert erbaut wurden, zu einer Zeit als die Khmer einen Großteil Südostasiens beherrschten. Die Tempel wurden im 15. Jahrhundert verlassen und gerieten in Vergessenheit und erst Mitte des 19. Jahrhunderts wurden sie wieder entdeckt. Zu dem Zeitpunkt der Wiederentdeckung war von dem ehemals stolzen Khmer-Königreich nicht mehr viel übrig, was sich offensichtlich auch auf das Selbstbewusstsein der Bevölkerung niederschlug. Diese konnten nämlich nicht glauben, dass ihr Volk oder ihre Vorfahren solche Tempel erbaut haben und beschlossen, dass diese imposanten Bauten nur von Göttern erbaut worden sein können.

Mir gefällt gar nicht Angkor Wat am besten, sondern Ta Prohm, eine Tempelanlage die verfallener und verwilderter aussieht, mit vielen riesigen Bäumen überwachsen und überwuchert ist und wo auch, so erfahre ich später, der Film Tomb Raider mit Lara

Croft gedreht wurde. Den habe ich zwar nicht gesehen, aber ich weiß, dass mein Sohn nächtelang am Computerspiel mit Lara die diversen Abenteuer durchlebt hat, ohne dass ihr jemals das T-Shirt verrutscht wäre.

Das arme Kind.

Geld oder Blut für die Kinder Kambodschas

Am Abend gehe ich zu einer interessanten Veranstaltung. Ein Schweizer Arzt namens Beat Richner hat zu Beginn der 90er Jahre ein von den Roten Khmer zerstörtes Kinderkrankenhaus wieder aufgebaut und betreibt mittlerweile drei Kinderkrankenhäuser in Kambodscha (zwei in Phnom Penh, eines in Siem Réap). Dr. Richner ist ein echter Renaissancemensch, nicht nur Kinderarzt und Krankenhausmanager, sondern auch professioneller Cellist und begabter Spendensammler. Und in letzteren zwei Funktionen war er an diesem Abend tätig. Er gibt gratis Cellokonzerte (Musik von Bach und auch zeitgenössischere Werke) und zwischen den Liedern erzählt er von seiner Arbeit und macht die diversen Spendenaufrufe. Das Ergebnis seiner Arbeit ist imposant: er behandelt an die 70.000 Kinder jährlich und das alles gratis. Er erklärt auch, warum in Kambodscha 65% der Bevölkerung mit Tuberkulose infiziert sind und dass daher die Kinder alle ein geschwächtes Immunsystem haben und bei Krankheiten wie Malaria, Denguefieber etc. relativ schnell sterben. Daher braucht er viele Blutkonserven und betreibt eine eigene, professionelle Blutbank. Mit dem hohen Qualitätslevel seiner Krankenhäuser hat er sich nicht nur Freunde gemacht. Auf Prinzessin Anne vom englischen Königshaus ist er besonders schlecht zu sprechen. Diese hat irgendein Ehrenamt bei einer internationalen Kinderhilfsorganisation und hat Dr. Richner in dieser Funktion besucht. Nachdem sie in ihrem 300 Dollar Hotelzimmer genächtigt hat, ist sie in ihrem Chanelkostüm hereingestöckelt und hat ihm erklärt, dass 170 Dollar pro Kind und Hospitalisierung (circa 5½ Tage) viel zu teuer sind und er den Standard seiner Dienstleistungen an die wirtschaftlichen Gegebenheiten des Landes anpassen (absenken) muss. Beim Erzählen dieser Geschichte kommt der sonst zurückhaltend wirkende Schweizer richtig in Fahrt und man merkt seine Frustration der vielen Jahre. Er erklärt, dass auch das UNICEF dieselbe Meinung vertritt und er ohne die aufwendigen (und teuren) Tests 17% der Kinder automatisch mit HIV und über 20% mit Hepatitis infizieren würde, weil das Spenderblut ohne die teuren Geräte nicht untersucht werden kann. Mir leuchten die Argumente ein und ich folge seinem Aufruf: „Geld oder Blut“.

Damit meint er, dass er von jungen Reisenden Blutspenden möchte, von älteren Reisenden Geld und von den Mittelalterlichen beides. In letztgenannter Gruppe bin ich angesiedelt und daher spende ich ein wenig Geld und lege mich am nächsten Tag in seiner Blutbank auf die Pritsche und lasse einen knappen halben Liter meines (hoffentlich gesunden) Saftes im Lande. Infos unter (und Spenden an):
www.beat-richner.ch

Und so geht es am nächsten Tag bereits wieder zurück mit der Bangkok Airways nach Bangkok, wo mich Thomas bereits am Flughafen erwartet. Er erzählt mir, dass er gerade einen geschäftlichen Besucher für mehrere Tage im Land hatte, den er hofieren musste und jetzt wieder Zeit hat, mich zu verwöhnen.

Der Ärmste muss die ganze Zeit irgendwelche Schmarotzer aus Europa durchfüttern und auch noch unterhalten.

Ich wehre mich wieder nicht und so wohne ich bei ihm, nütze die Infrastruktur seines Büros für meine E-Mails und andere Aktivitäten und gehe am Abend mit Thomas in die tollen Restaurants der Gegend. Aus Laos habe ich eine DVD mit dem Film „Erinnerungen einer Geisha" mitgebracht. Ich dachte, das wäre eine gute Einstimmung auf die demnächst bevorstehende Japanreise. Thomas und ich haben uns den Film angesehen und ich fand ihn peinlich schlecht mit extrem flachen Charakteren und sagte zu Thomas, dass Aschenputtel dagegen intellektuell verstiegenes Zeug ist. Thomas war leicht beleidigt, weil ihm der Film gefallen hat. Ich glaube er ist ein noch hoffnungsloserer Romantiker als ich. Wenn wir schwul wären, wären wir wahrscheinlich ein ideales Paar.

Der arme Thomas, hoffentlich liest niemand aus seinem Freundeskreis dieses Buch. Die Wahrscheinlichkeit sinkt allerdings eh mit jedem „Rundumschlag" unseres Titelhelden gegen jede nur erdenkliche Zielgruppe.

Thomas wird angefahren

Am nächsten Morgen gehen wir wieder unsere Runde um den Golfplatz joggen. Dabei wird Thomas von einem Moped angefahren. Im letzten Viertel unserer Laufstrecke ist immer recht viel Morgenverkehr, weil die Arbeiter einer nahe gelegenen Fabrik diesen Weg als Abkürzung zur Arbeit verwenden. Wir laufen plaudernd auf eine Linkskurve zu, als im selben Moment der Mopedfahrer viel zu schnell aus der Kurve herauskommt und auf uns zurast. In meinem grenzenlosen Sendungsbewusstsein, was die Verkehrserziehung in meinen Gastgeberländern anlangt, deute ich ihm mit der linken Hand, er soll langsamer fahren. Was ziemlich idiotisch ist,

Das kannst Du laut sagen!

weil er bereits verzweifelt versucht zu bremsen und wie hypnotisiert auf uns beide zusteuert. Wie oft bei solchen Ereignissen hat man im nachhinein das Gefühl, dass alles wie in Zeitlupe ablief, aber ich konnte gerade noch im letzten Moment zur Seite springen. Thomas hat es nicht mehr geschafft und wurde mit voller Wucht von dem schlingernden Moped zu Boden gerissen. Der Mopedfahrer und sein Fahrzeug stürzen ebenfalls. Der Lenker, ein junger Thai, ist gleich wieder auf den Beinen und entschuldigt sich tausendmal in einem weinerlichen Ton begleitet von vielen devoten

Verbeugungen. In meinem Schrecken schnauze ich ihn gleich an und Thomas steht nur langsam taumelnd auf. Er blutet am Ellbogen und an der Hand, scheint aber sonst mit dem Schrecken davon gekommen zu sein. Der Mopedfahrer hat's auch überlebt und Thomas schickt ihn wieder weiter. Zurück in Thomas Haus kann ich endlich mein Verbandszeug und die Wunddesinfektion einsetzen, die ich schon seit fast 10 Monaten ungebraucht mit mir herumschleppe.

Später stellt sich heraus, dass Thomas Knie auch leicht lädiert ist, aber nach wenigen Tagen ist alles wieder in Butter.

In der Zeit muss sich Thomas ständig meine Schwärmerei über meinen Internetflirt anhören. Ich hatte mich bekanntlich bereits im Januar in Rio de Janeiro bei Parship, einer Internetkontaktbörse eingetragen. In einer Phase, in der ich mich ziemlich einsam fühlte war es angenehm, mit interessierten Frauen von zu Hause übers Internet zu flirten. Nachdem ich allen immer gleich reinen Wein einschenkte und schrieb, dass ich noch ein halbes Jahr auf Weltreise bin, hat sich natürlich nichts Konkretes ergeben. Nach ein paar Emails und ein paar Reisebeschreibungen meinerseits ist das Interesse meistens abgeflaut. Nur bei Sabine nicht. Bei ihr war es von Anfang an irgendwie anders. Sie ist mir gleich bei der ersten Mail sehr offen und verständnisvoll begegnet. Auch ihre Fotos haben mir gut gefallen. Sie ist Psychologin und Therapeutin und sucht nach einer längerfristigen Partnerschaft. Wir schrieben uns also sehr regelmäßig und schon nach wenigen Wochen wussten wir mehr voneinander als so manches Paar nach 1-2 Jahren. Obwohl uns beiden klar war, dass wir Gefahr laufen uns in die jeweils eigene Projektion zu verlieben, entwickelten wir eine starke Zuneigung und konnten es kaum noch erwarten, bis wir uns endlich persönlich treffen würden. Nach dem zweiten Monat begannen wir auch zu telefonieren. Dabei erschien mir ihre Stimme völlig unpassend. Ich hatte sie mir ganz anders imaginiert. Und irgendwann kam sie mit der Idee, wir könnten uns ja vor meiner Rückkehr irgendwo auf der Welt – so auf halbem Wege – treffen. Nach Asien wollte sie nicht kommen und daher schlug ich San Francisco vor. Das ist ungefähr auf halbem Weg zwischen Bangkok und Wien. Gesagt - getan, wir vereinbarten eine gemeinsame Woche und fieberten dem Termin entgegen. Der stand jetzt kurz bevor und Thomas musste sich jeden Tag meine Schwärmereien über die Frau Doktor anhören.

Auf Amors Pfeil nach San Francisco

Am Freitag, den 26. Mai ist es dann so weit. Thomas bestand darauf, mich persönlich zum Flughafen zu bringen, obwohl das bedeutet, dass auch er bereits um halb 4:00 Uhr in der Früh aufstehen muss. Ich bin so aufgeregt, dass ich kaum geschlafen hatte und meinen Rucksack habe ich schon am Vorabend fertig gepackt. Dabei ließ ich so viel wie möglich bei Thomas, um nur mit ganz leichtem Gepäck zu reisen. In Bali hatte ich bei dem alten Professor, der mir sein Privatatelier gezeigt hatte, ein kleines Bild für die Unbekannte gekauft. In traditionell balinesischem Stil mit ganz feinem Pinsel gemalt zeigt es einen Mann und eine Frau die sich zugewandt sind. Damit es den Transport überlebt, habe ich es ungerahmt in meinen Schreibblock eingelegt.

Rührend, unser pubertierender Romantiker fliegt wegen eines Internetflirts noch einmal um die halbe Welt.

Mein Flug führt zuerst von Bangkok nach Tokio. Diese 6 Stunden sitze ich im mittleren Sitz einer 3er Bank, jedoch glücklicherweise in der Reihe mit dem Notausgang. So kann ich wenigstens die Beine ausstrecken. Schon bald komme ich mit dem neben mir sitzenden Japaner ins Gespräch. Er ist Anfang 50 und auf der Rückreise mit Frau und erwachsener Tochter vom Wochenendtrip in Bangkok. Ich erzähle ihm, dass ich aus Österreich bin und eine Weltreise mache. Beides fasziniert ihn. Er war schon zwei Mal in Österreich, wie er sagt und er findet die Österreicher (Wien und Salzburg) extrem sympathisch und freundlich. Ich muss schmunzeln und frage mich, wo während seines Aufenthalts denn meine vielen grantelnden („schlecht gelaunten") Landsleute waren. Jedenfalls besteht er drauf, dass ich ihn anrufe, wenn ich nach Japan komme und gibt mir seine Karte.

Der Zwischenstopp in Tokio ist kurz und dann geht es mit derselben Fluglinie weiter nach San Francisco. Auch dieser Flug ist rammelvoll und ich sitze in einer 4er Sitzbank in die Mitte eingezwängt. Das Alles stört mich aber nicht, weil mich Amors Liebespfeil antreibt. Und weil wir über die Datumsgrenze fliegen, komme ich nach 18 Stunden Flug, immer noch Freitag früh, um 9:30 Uhr Ortszeit in San Francisco an. Die heiß Ersehnte kommt erst um 2:00 Uhr am Nachmittag und wir hatten verabredet, dass wir uns am Schalter bei der Autovermietung treffen. Mir bleibt also sehr viel Zeit, um mich zu rasieren und ein wenig frisch zu machen. Ich beschließe, dass die Autovermietung doch zu wenig romantisch ist und ich sie daher trotzdem am Flughafen erwarte. Bisher habe ich nur drei Fotos von ihr gesehen – alle nicht besonders hoch auflösend – und hoffe, dass ich sie auch erkenne. Es dauert eine Ewigkeit und ich erkenne sie tatsächlich gleich.

Sie kommt ohne Koffer (der ist beim Umsteigen in Paris hängen geblieben) und nach einem zaghaften Begrüßungsküsschen sind wir beide ein wenig unsicher und mit der Situation sichtlich überfordert. Wir gehen das Auto holen, welches Sabine reserviert hatte, und sie will auch fahren, weil sie eine schlechte Beifahrerin sei. Ich übernehme also den Job des Co-Piloten und Navigators und wir finden das Hotel auf Anhieb.

Na bravo!

Sabine hatte ein Doppelzimmer für uns gebucht und jetzt gehen wir uns erst einmal jeder (einzeln natürlich) duschen.

Es hat nicht gefunkt

Obwohl Sabine auch in Natura so aussieht wie auf den Fotos und eine durchaus attraktive Frau ist, verspüre ich keinerlei körperliche Anziehung. Das verwirrt mich. Nach ein paar zaghaften Küssen dämmerte mir, dass es ihr genauso geht. Wir sind in die Falle getappt, alle beide. Obwohl wir natürlich damit rechnen mussten und uns in den Monaten davor auch schriftlich darüber mehr als ein Mal ausgetauscht haben, trifft es mich doch wie ein Keulenschlag. Es hat nicht gefunkt! Durch die vielen Emails und Telefonate sind wir uns geistig und auch seelisch sehr nahe gekommen. Daher benehmen wir uns wie ein altes Ehepaar oder wie Bruder und Schwester. Wir „können" gut miteinander, es gibt keinerlei Streit über Reiseroute, Sightseeingaktivität, Fahrstil des jeweils anderen, etc.

Mich nimmt das schrecklich mit.

Also die beiden Trottel haben mir echt den Nerv gezogen. Was haben die sich denn bitte erwartet?

Ich leide und hadere mit dem Schicksal. Am nächsten Morgen gehe ich alleine joggen, weil Sabine auf Grund einer Sportverletzung nicht laufen kann. Es ist atemberaubend schön, den Sonnenaufgang über Alcatraz zu sehen und Richtung Golden Gate Brücke zu laufen. Ich kann aber ständig nur an eines denken: Warum hat es bei uns nicht gefunkt? Ich bin enttäuscht, frustriert, verzweifelt und auch irgendwie zornig. Ich habe das Gefühl, vom Schicksal ungerecht behandelt zu werden, wie ich es sonst nur habe, wenn ich schwer krank bin. Sabine hingegen scheint es nicht viel auszumachen. Sie wirkt stoisch ruhig und ausgeglichen. Für mein Gefühl fast zu ausgeglichen und ich beginne innerlich, es ihr vorzuwerfen. Nach einem Tag Sightseeing in San Francisco fahren wir dann auf dem legendären Highway Number One entlang der Küste Richtung Süden. San Francisco zeigt sich von der Sonnen-, respektive Schokoladenseite und wir haben eine tolle Fahrt.

Wir kommen an dem Tag bis Monterey. Das ist eine kleine Stadt an der Küste mit in etwa der Größe meiner alten Heimat Bregenz (also circa 30.000 Einwohner). Hier hat einst John Steinbeck gelebt und hier war auch sein Roman „Cannary Row" angesiedelt. Das Buch hat mir vor Jahren sehr gut gefallen und sein noch bekannteres „Of Mice and Men" (Von Mäusen und Menschen) hat mich noch mehr berührt. Kurz vor Monterey machen wir Rast in einem tollen Fischlokal direkt am Meer. Nach dem Essen schlage ich Sabine vor, was ich mir schon seit dem Joggen in der Früh überlegt hatte. Nämlich, dass wir uns getrennte Zimmer nehmen, um so wieder ein bisschen Abstand zu gewinnen. Sie bleibt ganz cool und fragt nur weshalb. Ich erkläre ihr, dass mir die Situation sehr zusetzt und ich hoffe, dass wir so vielleicht einen neuen Zugang zueinander finden können. Sie willigt ein, ohne viel dazu zu sagen. In Monterey müssen wir aber feststellen, dass gerade Memorial Day-Wochenende ist. Das heißt ein langes Wochenende und viele einheimische Touristen. Das schlägt sich natürlich in dem ohnehin schon beliebten Urlaubsort noch einmal ordentlich auf die Zimmerpreise und wir nehmen, der Not gehorchend, wieder gemeinsam eines.

Am Abend sitzen wir auf einen Drink in einem tollen Lokal mit Live-Jazz und Blick auf das Meer bei einem wunderschönen Sonnenuntergang. Aber selbst vor diesem Hintergrund schaffen wir nicht mehr als ein geschwisterliches Gute-Nacht-Küsschen und ich kann fast die ganze Nacht kein Auge zu tun. Zum Teil wegen des Jetlags und zum Teil, wegen der für mich so belastenden Situation. Am nächsten Tag öffnet sich Sabine endlich ein wenig und erzählt mir, dass sie auch enttäuscht ist und wir besprechen das Ganze zum ersten Mal offen. Wir beschließen trotzdem, die Reise gemeinsam weiterzumachen und mir geht es nach der Aussprache schon um einiges besser. In den nächsten Tagen machen wir eine wunderschöne Tour durch Kalifornien. Die Route führt uns ins Death Valley auf „minus" 80 Meter Meereshöhe und „plus" 50 Grad Celsius (!) im Schatten. Im Auto hat es wahrscheinlich 70, weil die Klimaanlage nicht funktioniert. Am Tag danach fahren wir nach Norden auf fast 4.000 Meter Höhe und sehen Schnee. Wir übernachten in Mammoth Lakes, einem Schiort, in dem sogar jetzt im kalifornischen Frühsommer die Kids Snowboarden gehen. Wir mieten uns im Holiday Inn ein und nehmen wieder ein gemeinsames Zimmer mit zwei großen, getrennten Betten. Seit der Aussprache geht es mir viel besser und ich beginne langsam, Sabine mit anderen Augen zu sehen. Erschien sie mir am Anfang zu maskulin und zu introvertiert, so entdeckte ich jetzt ihre durchaus charmanten Seiten. Mit anderen Worten: bei mir beginnt es langsam leicht zu funken.

Bei ihr aber gar nicht und als wir am Donnerstagabend wieder in San Francisco ankommen, hat sie es besonders eilig sich zu verabschieden und schon zwei Tage früher als geplant getrennte Wege zu gehen. Ich bin gekränkt und hadere wieder mit meinem Schicksal.

Es ist nicht zum Aushalten – ehrlich.

Am nächsten Morgen gehe ich wieder laufen. Jetzt habe ich plötzlich 1½ Tage alleine Zeit in San Francisco und eine gewisse Katerstimmung stellte sich ein. Am Vorabend – Sabine hatte es ja ziemlich eilig sich zu verabschieden – waren wir in einer netten Bar. Dabei konnte ich mich des Gefühls nicht erwehren, als befände ich mich im Ausstiegsgespräch mit der Personalchefin einer Firma, in der ich die Probezeit nicht überlebt habe. Damit ich doch noch einen gewissen Nutzen aus dieser Reise für mich generieren kann, habe ich Sabine genötigt, mir ein detailliertes Feedback zu geben. Mir ging es darum, wie ich auf sie wirke, was ihr gut gefällt und was weniger. Sie wollte sich zuerst drücken und meinte, es wäre doch müßig, dass ich mich so verkrampft auf die Wirkung auf andere konzentriere. Darum ging es mir aber nicht. Mir ist meistens ziemlich egal was andere über mich denken, aber ich möchte mich nun mal weiterentwickeln in meinem Leben und nicht auf demselben Stand hängen bleiben. Dazu ist das Feedback einer professionellen Analytikerin, die sich zufällig auch via Internet in die eigenen Projektionen verliebt hatte, sicher hilfreich. Und es waren einige wichtige Erkenntnisse für mich dabei. Mein Feedback wollte sie nicht haben und ich habe es ihr nicht aufgedrängt.

Na ja, sie geht ja selbst dreimal die Woche zum Analytiker und wahrscheinlich legt sie auf dessen Feedback mehr Wert als auf Deines. Was soll denn der ganze Zirkus? Gekränkt ist er halt und in seinem Ego verletzt. Ihm wäre halt lieber, sie würde ihm wenigstens ein wenig nachtrauern.

So nun habe ich einen ganzen Tag und einen halben für mich. Das heißt, ich kann ein wenig faulenzen, meine Sachen in Ordnung bringen und die Wäsche waschen.

Das ist doch auch schon was.

Zu dem Zweck gehe ich in eine große Münzwäscherei und steckte meine roten Brooks Laufschuhe gleich mit in die Wäsche. Die Maschine legt zwar drei ungeplante Stopps ein, weil die Ladung zu „unwuchtig" wurde, aber meine „Treter" sehen danach wieder aus wie neu. In meiner leichten Benommenheit steckte ich einen 20 Dollar Schein in den Münzwechsler (ich hätte auch kleinere Scheine in der Tasche gehabt) und gehe den Rest des Tages mit einem halben Kilo Quarters (Vierteldollarmünzen) in der Hosentasche herum. Das ergibt eine beträchtliche Beule und hat den schwulen Verkäufer bei Macy's, wo ich noch zwei T-Shirts nachkaufe, sichtlich irritiert.

Den hat nur Dein Proletenaufzug irritiert, mein Lieber und nicht die lächerliche Münzbeule in der Hose.

Den Teufel mit dem Belzebub austreiben

Der Umstand, dass mir Sabine am Ende unserer gemeinsamen Reise doch immer besser gefiel, ärgerte mich jetzt selbst. Die Aussicht, mit Liebeskummer und gebrochenem Herzen die letzten Wochen meines Ruhejahrs zu verbringen und im schlimmsten Fall auch noch den ganzen Sommer in Österreich zu leiden, erscheint mir ein Gräuel. Vor über 10 Jahren war ich auch einmal im Sommer unglücklich verliebt und die ganze schöne Jahreszeit ist wie in einem Fiebertraum an mir vorbeigezogen. Es war schrecklich. Daher beschließe ich, den Teufel mit dem Belzebub (oder besser „Bübin") auszutreiben und mache sofort eine Großoffensive bei Parship, wo ich Sabine vor 5 Monaten kennen lernte. Also sitze ich gleich zwei Stunden im Internetzcafé und checke alle knapp 140 Interessentinnen, die mir die Datenbank aufgrund meiner Kriterien vorschlägt. Davon kommen fast 40 in die engere Auswahl, die ich auch alle anschreibe.

Toll, wenn man über so mächtige Verdrängungsmechanismen verfügt.

Am Abend gehe ich ins Kino und sehe mir den soeben erschienenen „Da Vinci Code“ (Das Sakrileg) an. Nachdem ich das Buch in Laos ungelesen weitergetauscht habe sehe ich mich fast gezwungen, die 10 Dollar zu investieren. Leider (wieder einmal) umsonst.

Manche lernen es halt nie.

Ich muss gestehen, dass ich den Film für eine ziemlich fade Schnitzeljagd halte und nicht einmal Jean Reno, den ich sonst sehr schätze, hat mir besonders gefallen. Danach wieder alleine in eine Bar bei einem Glas Wein und relativ früh ins Bett.

Nichts wie weg von hier – ehrlich.

Thomas mit seinen Kindern

Tempel bei Pai

Barbara und Andreas mit Söhnchen Tharo

Thomas Tochter und ich beim Blödeln

Blutspenden bei Dr. Beat Richner

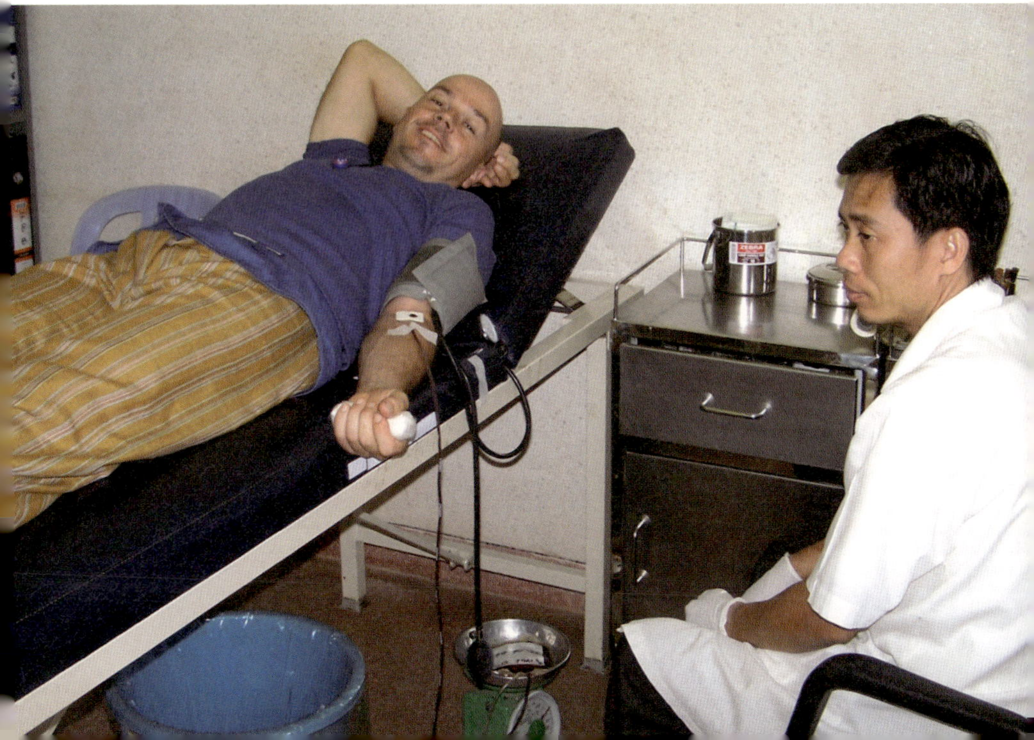

Übernachten wie Tarzan im Baumhaus im laotischen Dschungel

Laotische Familie am Ufer des Mekong

Golden Gate Bridge in San Francisco

Auf dem Weg zum tiefsten Punkt von Kalifornien

type F
VAIO

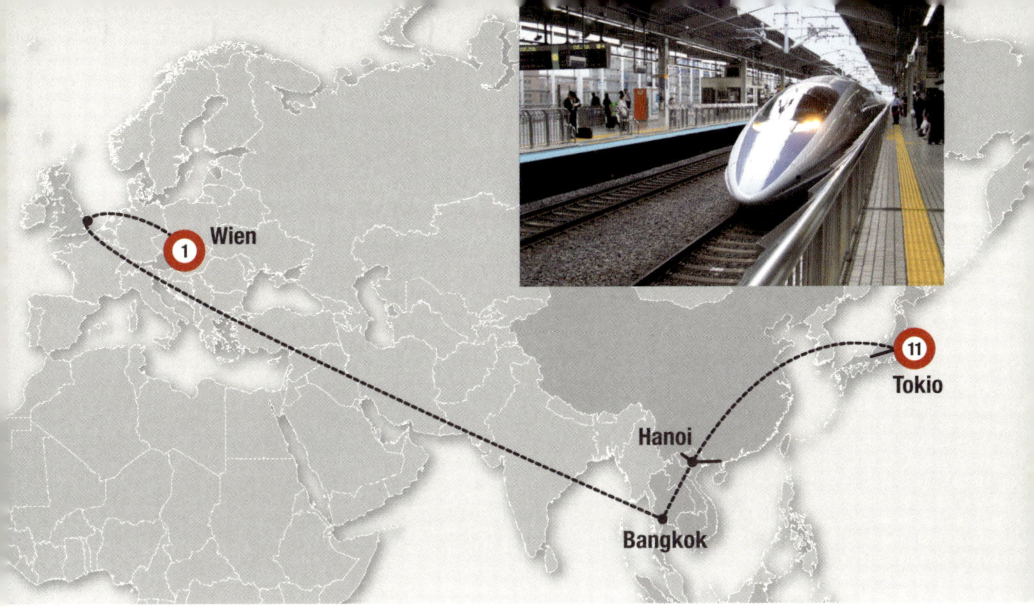

KAPITEL 11, JUNI

Made in Japan

Am Sonntag, den 4. Juni komme ich nach einem langen Flug (wieder über die Datumslinie) am frühen Nachmittag in Tokio an. Japan hat mich schon seit meiner frühesten Jugend beeindruckt und interessiert. Mit 15 Jahren war ich Verkäuferlehrling in einem Elektrogeschäft in Vorarlberg. Damals wurde ich zum „Hi-Fi Fan" und habe gemeinsam mit meinem Vorgesetzten jedes neu auf den Markt kommende Hi-Fi Gerät in einer ruhigen Minute aufgeschraubt und die Innereien bestaunt. Spulentonbandgeräte von Akai, neue Verstärker von Technics, Videorecorder von JVC, der erste Digitalsynthesizer-Tuner von Pioneer. Sie alle hatten eines gemeinsam. Sie waren „Made in Japan". Die europäischen Marken (Phillips, Grundig und Konsorten) hatten zwar, vor mittlerweile fast 30 Jahren, in der breiten Bevölkerung noch ein recht gutes Image. Wir Profis hielten sie aber für völlig uncool. Das Einzige was wir noch gelten ließen waren Plattenspieler von Dual. Und heute ist es soweit: ich setze meinen Fuß auf japanischen Boden, heute bin ich zum ersten Mal selbst da.

Die Einreiseformalitäten sind schnell erledigt und im Handumdrehen stehe ich mitten in einem Gewirr von Menschen, Hinweisschildern, Lautsprecheransagen und fremden Eindrücken. Im Flugzeug habe ich mich in der passenden Travellerbibel (Lonely Planet) etwas vorinformiert. Zuerst werde ich nach Shinjuku gehen. Das ist ein Stadtteil von Tokio, in dem es angeblich viel zu sehen und zu erleben gibt. Also kaufe ich mir eine Fahrkarte und nehme den Zug nach Shinjuku. Die Fahrt dauert fast 1½ Stunden und mir wird langsam die Dimension dieser Stadt klar, die 1½ mal so viel Einwohner hat wie ganz Österreich.

Na ja, auch nicht gerade das bevölkerungsreichste Land Europas.

Wohnen im Sarkophag

In Shinjuku angekommen mache ich mich auf die Suche nach dem Green Plaza Capsule Hotel. Das ist eine von diesen japanischen Eigentümlichkeiten. Nämlich ein Hotel in dem man kein ganzes Zimmer hat, sondern eine Kapsel von einem Meter Breite, zwei Meter Tiefe und knapp 1 Meter Höhe. In einer Stadt, wo 1 m^2 Grund in guter Lage mitunter so viel kostet wie ein durchschnittliches Bürohaus in Europa,

Na na na, jetzt übertreib mal nicht so.

ist das eine logische Entwicklung. Beim Einchecken trete ich schon (nicht nur bildlich gesprochen, sondern ganz konkret) ins erste Fettnäpfchen, indem ich meine Schuhe anbehalte. Die muss man nämlich gleich nach dem Verlassen des Lifts ausziehen, jedenfalls noch bevor man auf das leicht erhöhte Podest steigt, das zur Rezeption führt. Ein älterer Japaner macht mich zuerst etwas rüde darauf aufmerksam, erkennt dann aber an meiner Verwirrung, dass ich hier neu bin. Das rührt offensichtlich sein väterliches Herz und er erklärt mir das ganze Prozedere. Es handelt sich um ein reines Männerhotel und wirkt wie eine Mischung aus Jugendherberge, Mönchskloster, Internat und Fitnessclub mit Männersauna. Beim Einchecken bezahlt man jeweils für eine Nacht im Voraus (länger kann man nicht einchecken), dafür bekomme ich einen Schlüssel an einem Gummiarmband wie im Hallenbad meiner Kindheit. Dieser Schlüssel öffnet auch den Spind, der genau halb so breit ist wie der normale Spind eines europäischen Fitnessclubs. Mein Tramperrucksack passt natürlich nicht einmal ansatzweise hinein. Ich erfahre, dass es auch eine Großgepäcksaufbewahrung für solche sperrigen Sachen wie meine gibt. Mehr und mehr durchblicke ich den Hausbrauch. Nach dem Einchecken zieht sich ausnahmslos jeder die Anstandskleidung an. Das ist so eine Art Häftlingspyjama, nur in diesem darf man sich hier bewegen. Es wimmelt von Männern aller Altersgruppen, Nichtjapaner sind nur ganz wenige darunter. Ich sehe mir die verschiedenen Stockwerke an und finde den Waschbereich. Das ist ein großer Raum, auf zwei Seiten sind Fenster, in der Mitte steht ein riesiges Heißwasserbecken. Darin liegen einige Kollegen und dampfen vor sich hin. Um das Becken herum sind lauter Duschplätze. Dabei lerne ich, dass die Japaner im Sitzen duschen. Nach einer anfänglichen Umgewöhnung erscheint mir das viel praktischer. Man sitzt auf einem kleinen Plastikhocker, den Duschschlauch und die Armatur sowie einen großen Spiegel vor sich. Jeder hat eine kleine Plastikschüssel, außerdem befindet sich ausreichend Duschgel, Shampoo und Rasierschaum am Platz. Dann bemerke ich, dass es auch Einmalzahnbürsten und Einmalrasierer für alle gibt. Man muss also überhaupt nichts mitbringen.

Glücklicherweise sind die wichtigsten Beschilderungen zweisprachig (japanisch und englisch). So erfahre ich beim Eintreten zum Beispiel, dass Tätowierungen verboten sind. Das heißt, jeder der eine Tätowierung (auch eine Modetätowierung) trägt, hat hier Hausverbot. Nicht nur in der Dusche sondern im ganzen Hotel. Ich denke das hängt damit zusammen, dass in Japan Tätowierungen traditionellerweise Erkennungszeichen der verschiedenen Mafiaclans sind. Dummerweise habe ich selbst ein kleines Souvenir von einer Israelreise auf meiner rechten Pobacke.

Aha!!

Das führt dazu, dass ich mir ein Handtuch um die Lenden binde und meinen Duschplatz immer so wähle, dass man meinen Hintern – speziell rechts – nie gut zu sehen bekommt. Die anderen sind alle nackt, aber das scheint keinen zu stören. Wahrscheinlich glauben die Japaner um mich herum, dass ich einfach eine schüchterne Langnase bin. Apropos Langnase: das Gerücht bezüglich der kleinen Schniedel bei den Japanern kann ich aufgrund meiner Beobachtungen eher bestätigen.

Chauvinist!

Mir fällt auf, dass nicht nur ich mich hier völlig schweigend bewege, sondern auch unter den anderen Männern kaum Kommunikation herrscht. Neben dem großen Waschraum mit dem Heißwasserbecken gibt es noch eine Massagestation, dahinter eine Sauna, zwei Dampfkammern und ein Heißwasserbecken im Freien auf dem Balkon. Ich fühle mich recht wohl in dieser seltsamen Bruderschaft der schweigenden Männer und als ich mit Saunieren und Faulenzen nach fast 2 Stunden fertig bin, sehe ich, dass es sogar richtige Ankleide- und Schminkplätze gibt - mit Fön, Rasierwasser, Ohrenstäbchen und allem, was das metrosexuelle Männerherz begehrt.

Und ewig lockt das Weib

Am frühen Abend schlendere ich durch die Gegend und lande offensichtlich im Rotlichtbezirk.

Total unbeabsichtigt natürlich.

Mir ist allerdings schon vorher aufgefallen, dass die japanischen Frauen generell sehr modisch und auch betont sexy gekleidet sind. Oft auch sehr „jugendlich“, besser gesagt: „jungmädchenhaft“. Erwachsene Frauen mit weißen Kniestrümpfchen, karierten Mini-Faltenröckchen und die Haare in zwei seitlich abstehenden Schwänzchen gebunden. Diese Kombination in verschiedensten Varianten sehe ich am meisten. Für unsereiner ein seltsames Bild. Nach einer Weile des Herumstreunens verziehe mich in eine der Internetkabinen und merke bald, dass hier nicht nur Internet gesurft wird. Ich überprüfe meine „normalen“ Mails und dann die Nachrichten bei Parship. Da kommt gleich der nächste Tiefschlag. Von den circa 40 Frauen die ich angemailt hatte, haben mich 8 sofort aus ihrer Datenbank gelöscht. Sechs davon übrigens ohne jeden Kommentar! Das finde ich so was von unhöflich! Wenn ich von Frauen kontaktiert werde die mich nicht interessieren, dann schreibe ich ihnen eine nette Mail, in der mich bedanke und aus irgendeinem Grund bedauernd verabschiede.

Er ist so leicht angerührt, es wird wirklich Zeit, dass er nach Hause kommt – mir geht das schon voll auf die Nerven.

Aber es sind natürlich auch ein paar interessante Zuschriften dabei und ich beginne, mit 2-3 Interessentinnen zu korrespondieren.

Na Gott sei´s gedankt.

Tokio ist wirklich in vielerlei Hinsicht beeindruckend und überwältigend. Nach der ersten Nacht im Kapselhotel muss ich meine ganzen Sachen wieder umpacken. Das heißt: überlegen, welche Sachen ich tagsüber brauche, diese in meinen kleinen Rucksack packen sowie alles andere in den Großen den ich dann bei der Gepäckaufbewahrung abgebe. Dabei merke ich, dass diese logistische Übung gar nicht so einfach ist und ich erinnere mich auch wie mein Sohn damals im Internat damit überfordert war. Als er vor meiner Abreise noch beim Militär war, habe ich ihn einmal in der Kaserne besucht. Stolz zeigte er mir damals seinen Spind mit dem Gewehr darin. Der Spind war ein derartiger Saustall, dass ich schmunzeln musste und mich fragte, was er wohl bei der nächsten Spindinspektion machen wird. Nicht einmal sein Gewehr konnte er zusammenbauen, einfach weil in seiner Unordnung irgendwelche Teile unter die Schmutzwäsche geraten waren.

Lost in translation

Ich hatsche durch diese Stadt und bin völlig überfordert von ihrer schieren Größe, den neuen Eindrücken und den Menschenmassen. Mit der Kamera in der Hand mache ich wieder aus der Hüfte meine Paparazzifotos von Passantinnen und Passanten. Mein zweites Frühstück besteht aus kalten Nudeln und einem Kaffee. Dabei fühle ich mich wie in einem Film vom Jim Jarmusch. Das Café ist leicht schmuddelig, hat 24 Stunden offen und zu dieser Morgenstunde sitzen noch ein paar übrig gebliebene Nachtschwärmer herum. An einem Nachbartisch sitzt, den Kopf in die Hand gestützt, eine junge hübsche Frau die lustlos mit ihrem Handy spielt. Dann legt sie den Kopf auf den Tisch und schläft ein. Ich halte mich mit Tagebuchschreiben bei Laune und sinniere über meine zukünftigen Beziehungswünsche. Wie meistens in den großen Städten fühle ich mich einsam und versuche deshalb mit anderen Menschen in Kontakt zu kommen. Das erscheint mir hier schwieriger als anderswo. Ein kleines Highlight sind die Zuschriften bei Parship. Das klingt wirklich seltsam: Die persönlichen Kontakte die man beim Alleinreisen macht, sind immer nur von kurzer Dauer. Wenn man aber mit Leuten übers Internet flirtet, dann warten deren Nachrichten auf einen, egal wohin man reist. Und das hilft mir über den Kummer mit San Francisco hinweg. Am Nachmittag lese ich in einem kleinen Park. Am Abend sitze ich in der New York Bar in Park Hyatt Hotel im 41. Stock wie Bill Murray in „Lost in Translation“ und genieße den super Blick durch die riesige Glasfront auf die nächtliche Skyline von Tokio. Wenn ich schon die Filmszene hier nachstelle, denke ich mir, muss ich auch einen Whiskey trinken und so bestelle ich einen japanische „Hokaido“-Whiskey, der auch nicht ganz billig ist.

Heute sind wir aber spendabel und großzügig mit uns

Alltag in Tokyo?

In der zweiten Nacht im Kapselhotel bin ich schon recht routiniert. Was beim Frühstück auffällt und mir richtig unter die Haut geht ist, dass der Frühstücksraum oder das Restaurant aus vielen kleinen Tischen mit nur je einem Stuhl besteht. Und die Stühle sind alle so gestellt, dass die Gäste alle in eine Richtung blicken. Erraten – in der Richtung ist ein großer Flachbildschirm und alle blicken stumm kauend auf den Fernseher. Mich erinnert das an Szenen aus irgendwelchen unerquicklichen Science-Fiction-Visionen und ich setze meinen Stuhl bewusst auf die andere Seite des Tisches, sodass ich nicht in den Fernseher starren muss. Das löst aber keinen Tumult aus, im Gegenteil - es wird einfach ignoriert.

Wofür hält er sich?

Ich bestelle mir ein japanisches Frühstück, ohne zu wissen, was das bedeutet. Was dann kommt ist eine für europäische Mägen seltsame Frühstückskombination: gekochter Reis, die Hälfte einer geräucherten kalten Makrele, ein rohes Ei (ich sehe bei den Nachbarn, dass sie das einfach über den gekochten Reis schlagen und tue dasselbe), sauer eingelegtes Gemüse, eine Misosuppe und Tee. Irgendwie schmeckt das Ganze aber recht gut und ist wahrscheinlich auch gesund. Nun sitzen hier alle wie auf Schulbänken und lassen sich bedienen. Meinem Nachbar fallen seine Essstäbchen auf den Boden. Er lässt sie liegen, ruft mit grimmigem Gesicht den Kellner und schnauzt diesen an. Der Angesprochene bückt sich, gibt dem Gast die Essstäbchen und geht nach einer entschuldigenden Verbeugung wieder.

Insgesamt wirken die Japaner extrem diszipliniert. Selbst die Obdachlosen, die im Park in improvisierten Zelten und Pappkartonhütten hausen, waschen ihre Klamotten sorgfältig im Brunnen und spannen eine Leine zum Trocknen. Daneben sitzt ein asiatischer Mönch, trommelt einen tranceartigen Rhythmus und singt dazu. Am zweiten Tag gehe ich in ein anderes Viertel in der Nähe des Tokioter Hauptbahnhofes. Der Hauptbahnhof ist eine Stadt für sich und ich habe Mühe, mich zurechtzufinden. Die Menschen sind sehr hilfsbereit und zuvorkommend, wenn man sie anspricht. Nachdem ich mich im unterirdischen Bauch und mehrstöckigen Shoppingcenter des Bahnhofes verirrt habe, frage ich ein junges Paar nach einem Internetcafé. Die wissen zwar auch nicht wo eines ist, gehen aber extra mit mir auf Suche und investieren

10 Minuten ihrer sicher kostbaren und hektischen Zeit für mich, einen Fremden.

Mit über 300 Sachen durch die Reisfelder

Am dritten Tag muss ich bereits raus aus Tokio und kaufe mir eine Zugfahrkarte nach Kioto, der alten Kaiserstadt. Die Fahrt selbst ist schon ein Erlebnis. Mit dem japanischen Hochgeschwindigkeitszug, dem Shinkansen düse ich mit über 300 km/h durch die Hinterhöfe, Reisfelder und Gemüsegärten Japans vorbei an Sanyo, Suzuki, Subaru und anderen bekannten Firmen. Die einheimischen Reisenden nehmen das natürlich ganz locker und abgebrüht. Ich sitze aufgeregt am Fenster und sauge die Eindrücke gierig auf. Das erinnert mich an meine erste Fahrt mit dem Luftkissenpassagierboot über den Öresund von Dänemark nach Schweden, vor über 10 Jahren. Die Einheimischen sind damals auch mit der Zeitung ganz ungerührt in dem Gefährt gesessen, als ich, aufgeregt wie ein Volksschüler bei der ersten Seilbahnfahrt, mir an der Scheibe die Nase platt gedrückt habe. Der High-Tech-Zug legt die 550 Kilometer lange Strecke in 2¼ Stunden zurück und das inklusive vier Stopps. Alles läuft perfekt wie ein Uhrwerk, das wahrscheinlich auch so manchen Schweizer zum schwärmen brächte.

Was soll das jetzt wieder.

Im Ryokan in der Kaiserstadt

Der Zug hält auf die Minute genau an der Stelle, wo er halten soll. Am Bahnsteig sind Gitter und durchnummerierte Einlässe, die den Weg zum richtigen Waggon anzeigen. Nur so kommt man auf seinen reservierten Platz. Und als der Zug auf die Minute um 13:17 Uhr losfährt, sehe ich auf der Anschlagtafel, dass der nächste bereits in 16 Minuten hier starten wird. In der alten Kaiserstadt Kioto (war circa 1.000 Jahre lang Kaiserresidenz) nehme ich mir ein Zimmer in einem Ryokan. Dabei handelt es sich um die traditionelle japanische Form des Bed & Breakfast oder der heimischen Privatpension. Hier sind das fast ausnahmslos Familienbetriebe. In dem zweigeschossigen Haus sind mehrere kleine Fremdenzimmer. Beim Betreten des Hauses muss man auch hier sogleich die Schuhe ausziehen, es gibt Hausschuhe. In meinem Zimmer finde ich kein Bett sondern nur eine Reismatte am Boden. Dafür hängt ein frisch gebügelter Kimono am Kleiderständer, daneben steht ein kleines Tischchen mit einem Wasserkocher sowie Zubehör für die Teezubereitung. Das war es aber auch schon an Einrichtungsgegenständen. Erst später werde ich bemerken, dass das Bett am Abend für mich extra ausgerollt wird. Es gibt ein klares Regelwerk und einen Zapfenstreich. Nach 23 Uhr ist geschlossen und man kann nicht mehr hinein. Auch für das Wannenbad gibt es genaue Zeitfenster (in der Früh von 9:00 bis 11:00 Uhr und am Abend von 19:00 bis 21:30 Uhr). Ich lerne, dass das Wasser in der Badewanne für mehrere Gäste reichen muss. So entscheide ich mich für die Sitzdusche. Insgesamt fällt mir auf, dass die Japaner sehr schonend mit den Ressourcen umgehen, was mir persönlich sympathisch ist. Bei der Toilette finde ich z.B. eine grenzgeniale simple Wasserspareinrichtung. Es handelt sich um ein normales Sitzklosett mit Wasserspülkasten dahinter.

Soweit so bekannt. Auf dem Spülkasten befindet sich ein kleines integriertes Waschbecken mit einem Wasserhahn. Sobald man die Klosettspülung betätigt, wird ja (wie in allen Spülkästen) das Wasser wieder nachgefüllt. Dieses Wasser rinnt aber zuerst durch den Wasserhahn und danach erst in den Spülkasten. So kann man sich nach der Toilette die Hände waschen, mit jenem Wasser welches ohnehin für die nächste Spülung verwendet werden muss - genial. Am Abend gehe ich noch toll essen und schlafe gut in meinem japanischen Bettchen.

Johny Walker führt durch die geschichtsträchtigen Gassen

Die nächsten Tage, sehe ich mir die vielen Tempel an (nicht alle, es gibt über Tausend) und nehme an einer geführten Wanderung mit einem Profi teil. Johnny Walker, so sein selbst gewählter Künstlername, ist ein pensionierter, japanischer Reiseführer, der seine Pension durch diese geführten Spaziergänge aufbessert. Von ihm lerne ich, dass 80 Prozent der Japaner der Shintoreligion angehören. Wir besuchen auch ein paar von den 400 Shintotempel in Kioto. Shinto ist die ältere Religion, sehr tolerant, ganz nach dem Motto „genieße das Leben im Diesseits“ und wird von den Japanern für die erfreulichen Anlässe des Lebens verwendet (Heirat etc.). Die Tempel zeichnen sich dadurch aus, dass es keine Statuen und Bilder gibt, sie sind mehr oder weniger leer. Außerdem bekennen sich circa 70 Prozent der Japaner zum Buddhismus, es gibt auch sehr viele buddhistische Tempel in Kioto. Die buddhistischen Tempel werden für die ernsteren Angelegenheiten des Lebens in Anspruch genommen (Begräbnis etc.). Die Rechner unter den LeserInnen haben schon erkannt, 80 und 70 Prozent gibt jedenfalls mehr als 100. Das ist auch das japanische Erfolgsrezept. Im Asiatischen gibt es nicht so sehr wie bei uns das „entweder, oder“, sondern das „sowohl, als auch“. Und über die Religionskriege in Europa und anderen Teilen der Welt können die Japaner nur verständnislos den Kopf schütteln. Hier kaufe ich auch ein Schwert für meinen Sohn. Er wünscht sich so sehnlich eines. Ich hatte zwar vor, keine schweren oder klobigen Souvenirs zu schleppen, aber nachdem die Reise bald zu Ende geht, möchte ich ihm diesen Wunsch erfüllen.

Im Internetflirt kristallisieren sich von den anfänglich Angeschriebenen drei für mich interessante Frauen heraus: eine junge Architektin, eine Kulturmanagerin und Doris, die eine Werbeagentur hat.

Na ja irgendwie musste ich ihn beschäftigen.

Nach zwei Tagen habe ich genug Tempel gesehen und bin ziemlich reizüberflutet. So reise ich am dritten Tag wieder zurück nach Tokio und sehe vom Zug aus den Fujiyama. Für heute Abend in Tokio habe ich mich mit Masao Watanabe verabredet. Das ist jener Japaner, den ich im Flugzeug vor ein paar Wochen kennen gelernt hatte. Er geht mit mir in eine echte Insider-Sushibar, wo wir wirklich köstliche Fische essen. In Europa gibt es diese Qualität nur in wenigen Lokalen. Masao erzählt mir von seinem Leben, seiner Arbeit und ich bin einmal mehr beeindruckt, was die Asiaten für ein Arbeitspensum auf sich nehmen. Masao erwähnt auch, dass er so von Österreich begeistert ist – was mich freut. Nach dem 3. Whiskey verabschieden wir uns. Ich lade ihn ein, bei mir zu wohnen, wenn er wieder einmal nach Wien kommt und er verspricht sich zu melden.

Kräfte sammeln in Thailand

Jetzt, nach einer Woche in Japan, fliege ich wieder zurück nach Bangkok. Dort, oder genauer gesagt in Nakomprathom bei Thomas, kann ich mich wieder ein paar Tage erholen, von ihm verwöhnen und durchfüttern lassen, sowie in seinem Büro meine Emails machen und die ersten Textentwürfe für dieses Buch beginnen.

An einem Tag lädt mich Chang, sein koreanischer Geschäftspartner, zu einem Ausflug ein. Chang ist bekanntlich gebürtiger Koreaner und lebt seit 20 Jahren in Thailand. Damals mit circa 40 kam er mit Frau und drei kleinen Kindern ins Land. Er hatte sage und schreibe 290 US-Dollar dabei, um ein neues Leben zu beginnen. Heute ist er erfolgreicher Textilunternehmer und Geschäftspartner von Thomas. Auf mich wirkt er wie Anfang 50, braun gebrannt, ein fester Händedruck, ein klarer freundlicher Blick und ein erstaunlich bescheidenes Englisch. Meine Weltreise fasziniert ihn sehr und so muss ich viele Geschichten erzählen. Nachdem ich mir mit seinem Englisch sehr schwer tue, fällt mir das Erzählen leichter, wenn ich ihm dazu die Fotos auf seinem Computer zeigen kann. Am liebsten würde er mich für zwei Tage herumführen, sagt er, aber ich habe schon Pläne übermorgen nach Vietnam zu fliegen. Wir beschränken uns also auf einen eintägigen Ausflug und fahren frühmorgens in seinem neuen Volvo los. Auf das Auto ist er sehr stolz und Thomas verdreht die Augen gen Himmel, wenn ich ihn darauf anspreche - ein genauso luxuriöser Toyota würde hier nur die Hälfte kosten und das Firmenbudget weniger belasten.

Chang führt mich zum schwimmenden Markt. Das ist ein ehemaliger Lebensmittel- und Kunsthandwerksmarkt, der heutzutage hauptsächlich für Touristen betrieben wird. Wir lassen uns auf einem schmalen Kanu durch die Kanäle rudern, essen frisch gekochte Kleinigkeiten von anderen Kanus und sehen uns die feilgebotenen Waren an. Chang besteht darauf, dass ich alles probiere und auf keinen Fall irgendetwas selber bezahle.

So ein Pech aber auch.

Mit dem Auto geht es weiter Richtung Nordwesten und für einige Zeit entlang der Grenze in Sichtweite zu Myanmar (ehemals Burma). Die Landschaft ist wunderschön, wir kommen zu einer großen Gärtnerei, die sich als riesige Orchideenzucht herausstellt. Von Orchideen verstehe ich nichts, aber ich denke, was ich hier zu sehen bekomme, würde viele Orchideenfans die Augen aufreißen lassen. Chang will mir alle Sehenswürdigkeiten zeigen, die er in einem Tag unterbringen kann. So müssen wir unbedingt zu einer Tropfsteinhöhle, bevor wir uns dann die Brücke am Kwai ansehen. Zu guter Letzt und kurz vor Sonnenuntergang sehen wir uns noch einen Khmertempel an, der - wie sollte es anders sein - mich an die Tempel in Angkorwat erinnert. Spät nachts kommen wir müde und voller Eindrücke nach Hause. Ich schlafe wie ein Baby in Thomas Gästezimmer. Die Klimaanlage auf kühle 25 Grad gestellt – herrlich!

Mein Ruhejahr geht langsam zur Neige und ich ertappe mich immer öfter beim Zukunftspläne-Schmieden. Nicht nur bei meiner Flirterei mit Doris, die immer intensiver wird (wir sind schon beide sehr aufeinander gespannt), sondern auch was meine Arbeit und mein „normales Leben" anlangt.

Good morning Vietnam

Vor ein paar Stunden bin ich in Hanoi in Vietnam angekommen. Das ist die letzte „Reise" meines Ruhejahres und dabei habe ich schon ein bisschen ein komisches Gefühl. Das Visum für Vietnam habe ich mir über ein Hotel in Bangkok besorgt und bin einmal mehr überrascht, dass Kommunismus und schnelle Grenzabfertigung kein Widerspruch sein müssen. Meine Reisezeit geht zu Ende und da ich auch hier nicht durchhetzen, sondern die Reise genießen und bewusst wahrnehmen will, beschließe ich, mich auf den Norden zu beschränken und bleibe erst einmal zwei Tage in Hanoi. Die Stadt ist eine Mischung aus französischer Kolonialarchitektur, Ameisenhaufen, „Mopeds of Asia", Dampfbad und Marktrummel. Das Verkehrschaos ist fast unerträglich, speziell wenn man den disziplinierten Verkehr von Japan genossen hat. Vor 10 Jahren gab es hier angeblich hauptsächlich Fahrräder, aber jetzt sind es schon ziemlich viele Autos und noch viel, viel, viel, viel mehr Mopeds. Diese Verkehrsdichte kenne ich an sich schon von Bangkok, aber die Vietnamesen haben auch noch die Angewohnheit immer und ständig zu hupen. Das ist nicht böse gemeint, das Hupen hat unterschiedlichste Bedeutung. Es kann heißen „hallo, hier bin ich", „hallo, wie geht's", „Achtung, jetzt komm ich", „sieh mal, ich hab eine neue Hupe", „ich hab ein neues Moped, ätsch", „bei mir sitzt meine Freundin hinten drauf" etc. etc. Es gibt also tausend Gründe zu hupen.

Was unserem Sensibelchen natürlich ziemlich zusetzt.

Was mich vollends fertig macht ist der Umstand, dass ich am Abend beim Bummeln durch den Nachtmarkt nicht auf dem Gehsteig gehen kann. Der ist von geparkten Mopeds und Verkaufsständen restlos angefüllt. Sobald ich aber den Fuß auf die Straße setze um weiterzukommen, werde ich meist in derselben Sekunde von irgendeiner Seite angehupt und fast zu Tode gefahren. Die Zebrastreifen machen zumindest auf die Auto- und Mopedfahrer keinen Eindruck. Wenn ich hier den Fuß auf den Zebrastreifen setze, rast der Nächste voll auf mich zu und erraten – hupt mich an. Dabei werde ich so aggressiv, dass ich einem beinahe auf die Motorhaube gesprungen wäre, wie Rumpelstilzchen und dabei geflucht hätte, wie ein Bierkutscher.

Also Kutschen sieht man hier kaum.

Mein Hotel liegt in der Altstadt. Dort gibt es auch einen kleinen zentralen Teich oder kleinen See mit einem Tempel auf einer Insel in der Mitte. Um den Teich herum machen am Morgen viele Einheimische ihren Frühsport. Das ist mir wieder sehr sympathisch und erinnert mich an Peking. Als Vorbereitung für diesen Teil der Reise habe ich unter anderem das Buch „The Quiet American" von Graham Green gelesen. Es gibt angeblich eine sehr gute Verfilmung mit Michael Caine, die ich mir noch irgendwann ansehen möchte.

Dieses Land ist natürlich (nicht nur, aber auch) wegen seiner teils sehr kriegerischen Geschichte interessant. Die Vietnamesen sind aufgrund dieser Historie echte Überlebenskünstler. Obwohl die Amerikaner während der Krieges über 15 Millionen Tonnen (!!) Bomben hier im Norden des Landes abgeworfen haben (mehr als im ganzen zweiten Weltkrieg), bedeutet diese im Westen so bekannte Auseinandersetzung für die Vietnamesen nur ein vergleichsweise kurzes Ärgernis in ihrer langen wechselvollen Geschichte.

An dem kleinen See gibt es auch ein Café mit Terrasse zum Wasser. Hier bekommt man die Hektik nicht so brutal mit. Und hierher ziehe ich mich zum Lesen und Tagebuchschreiben zurück. Auf der Straße spricht mich eine junge Vietnamesin an. Wie sich herausstellt ist sie selbst hier nur auf Besuch, sie ist nämlich in Sydney aufgewachsen. Ich bin etwas überrascht, wie schlecht sie Englisch spricht, bedenkt man, dass sie in Australien wohnt. Sie erzählt mir, dass sie heute ihren 28. Geburtstag feiert und ich lade sie zum Geburtstag auf ein Essen ein. Irgendwie ist mir diese Frau nicht ganz geheuer und so mache ich mich nach dem Essen und nach einer freundlichen aber kurzen Verabschiedung rasch aus dem Staub.

Ja typisch Don Juan, wenn er nicht selber die Initiative ergreift, ist er überfordert damit.

Jetzt am dritten Tag wird die Hektik langsam unerträglich. Obendrein die Hitze, das ständige Gehupe und die schlechte Luft. Und wie ich so zurückgezogen auf der Parkbank beim Teich sitze und mit Ohrenstöpsel versuche den Verkehrslärm zu dämmen, setzt sich ein junger Vietnamese zu mir auf die Bank (hier würde nie jemand fragen, ob der Platz frei ist). Er grinst mich an, nimmt aus einer Papiertüte eine Banane und mampft diese zufrieden. Ich grinse zurück und nehme meine Ohrenstöpsel heraus. Er spricht ganz passabel Englisch und sagt: „Banane ist gut, das gibt einen großen Schwanz". Sein harmloses Grinsen signalisiert mir, dass es sich nicht um eine Provokation oder Anmache handelt, sondern rein um eine Feststellung, an die er fest zu glauben scheint. Ich ziehe die Augenbrauen nach oben und meine nur „aha". Daraufhin erzählt er mir, dass er Fremdenführer werden will. Er sagt, dass er Europäerinnen mag, ganz besonders liebt er es, wenn sie seinen Schwanz blasen. Dabei ist er so entwaffnend unbedarft und begeistert, dass er trotz dieser unglaublichen Meldungen überhaupt nicht machohaft wirkt. Ganz im Gegenteil, eher wie ein Kind, das von einem fantastischen neuen Spiel erzählt, von dessen Existenz es gerade erst erfahren hat. Ich spiele mit und bestätige seine Annahme mit einem Nicken. Er ist hocherfreut und gibt mir zum Abschluss noch Tipps, wie ich mit den Frauen hier ins Gespräch kommen kann. Ich bedanke mich freundlich und ziehe mich ins Hotel zurück.

Unglaublich wie tief das Niveau in diesem Buch so kurz vor dem Ende noch absinkt.

Das Dach Südostasiens

Nach diesem Intermezzo bin ich wieder etwas besser gelaunt und steige in den Nachtzug und fahre in einem Bett im 4er-Schlafwagen in die Berge. Um 5:30 Uhr am nächsten Morgen komme ich in Sapa an, das liegt auf circa 1.600 m und hier ist es schon bedeutend kühler und angenehmer als in Hanoi. Für zwei Tage quartiere ich mich im Royal Hotel ein (das ist nett, einfach und günstig) und mache Wanderungen in dieser wunderschönen Berglandschaft mit vielen Reistrassen und unterschiedlichsten Grünschattierungen. Kinder reiten auf zahmen Wasserbüffeln wie stolze Cowboys auf einem schmucken Pferd. Nach zwei Tagen bin ich wieder soweit entspannt, dass ich zurück in das hektische Hanoi kann. Ich bleibe aber eh nur einen Tag, dann mache ich noch einen Ausflug ans Meer. Diesmal treffe ich auch Emily wieder. Polos Freundin, die ich schon aus Sydney kenne. Bekanntlich ist sie für einen Job hierher gezogen. Sie hat sich schon gut eingelebt und geht mit mir in ein tolles, vietnamesisches Lokal. Wir plaudern über das Leben in Asien und ihre Herausforderungen hier. Im Hotel kann ich dank Klimaanlage ganz gut schlafen.

In einem Jazzclub (Jazz Café) verbringe ich den darauffolgenden Abend und höre eine recht gute lokale Band. Das Café ist nicht ganz voll und einige Tische sind noch frei. Dann sehe ich eine Frau mit ihrem circa 11-jährigen Sohn das Lokal betreten. Es ist schon spät am Abend und ich denke mir, dem armen Kind wird diese Art von Musik sicher ziemlich auf die Nerven gehen. Zu meinem Erstaunen zieht der Junge eine kleine Trompete aus einem winzigen Köfferchen und diskutiert mit seiner Mutter. Offensichtlich bettelt er bei ihr um etwas und sie stimmt nach Kurzem ein. Als nächstes geht der Junge auf die Bühne zu den ziemlich verdutzt dreinblickenden Musikern und beginnt gleich mit dem Saxophonisten – der offensichtlich der Bandleader ist – zu verhandeln. Dessen Überraschung im Gesicht verwandelt sich in ein breites Grinsen und er nickt bereitwillig. Der Kleine stellt sich hin und spielt einfach mit. Das klingt so, als hätten die schon wochenlang miteinander geprobt. Das Ganze wirkt völlig skurril und ich habe das Gefühl, hier einen neuen kleinen Mozart zu erleben. Später komme ich noch mit Mutter und Sohn ins Gespräch. Der Junge heißt Tyler Lindsay (jazzinteressierte sollten sich den Namen merken, aus dem Jungen wird möglicherweise ein Star), die beiden sind aus den USA und haben hier den Vater der Frau besucht. Opa lebt schon ein paar Jahre in Vietnam. Die Mama erzählt mir noch, dass in ihrer Familie alle Musiker sind und sie auch als Familie Konzerte geben. Hier deren Internetadresse für Interessierte: www.lindsay-jazz.com.

Verhängnisvoller Schwimmausflug

Tags darauf breche ich zu meiner organisierten Halongbay-Tour auf. In einer kleinen Gruppe fahren wir mit dem Minibus aus der verrückten Verkehrshölle über eine lange Brücke, die übrigens laut der vietnamesischen Überlieferung während des Vietnamkriegs fast täglich von den US-Bomben zerstört und von den Vietnamesen jede Nacht wieder repariert wurde. Im Bus sitzend wirkt das Verkehrschaos nicht so bedrohlich. Man sieht auch elegante Frauen auf Mopeds sitzen. Sie sind völlig vermummt, mit langen Seidenhandschuhen und schicken Stöckelschuhen (vielleicht eine Vorstandssekretärin auf dem Weg ins Büro?). Bei der nächsten Ampel sehe ich ein ganzes Rudel Mopedfahrer mit Tüchern vor dem Gesicht, alle fahren sie gleichzeitig auf uns zu. Mich erinnert das an Postkutschenüberfallsszenen aus alten Westernfilmen, in denen die Banditen auch immer ein Tuch vor dem Gesicht hatten. Außerdem sehe ich noch 7 lebende Schweine auf ein Moped gepackt, woanders mehrere riesige Reissäcke.

In Halong City angekommen, werden wir auf unser Ausflugsboot gelassen. Dabei handelt es sich um so eine Art Tschunke, die speziell für touristische Ausflugsfahrten gebaut wurde. Es befinden sich 8 bis 10 geräumige Doppelbettkajüten im Unterschiff sowie ein Restaurantsalon im oberen Teil des Schiffes. Das Dach dient zugleich als Sonnendeck. Ich teile die Kabine mit Nathan aus den USA. Er ist ein sympathischer junger Mann, der ein paar Jahre in Sydney gelebt hat und als Trickfilmanimateur bei Disney arbeitet. An unserem Tisch sitzen dann noch Zoey, eine nette junge Engländerin, Andrea, eine junge Kanadierin und Howe, ein in England lebender Vietnamese der zum ersten Mal in seinem Leben in Vietnam zu Besuch ist. Bald schon gleitet unser Schiff durch die malerische Halong-Bucht mit ihren Kalksteininselchen, die aussehen wie steile grüne Pilze im türkisfarbenen Wasser. Die Verpflegung und das Abendessen auf dem Boot sind ausgezeichnet und ich trinke fast eine Flasche weißen Bordeaux alleine aus.

Klar, wenn's nichts extra kostet.

In der Nacht ankern wir zwischen den Inseln wie viele andere Ausflugsboote auch. Noch lange nach Sonnenuntergang sitzen wir plaudernd auf dem Oberdeck. Am nächsten Morgen bin ich schon kurz vor Sonnenaufgang wach und mache meine Yogaübungen auf dem Dach. Es ist erst 6:00 Uhr und ich erinnere mich, dass wir um 7:00 Uhr frühstücken. Weil ich hier nicht joggen kann, beschließe ich als Ersatz heute eine Weile zu schwimmen und springe vom Dach ins Wasser. Es liegen so circa 10 bis 12 ähnliche Ausflugsschiffe vor Anker und ich visiere eines an, das etwas weiter entfernt liegt. Im Wasser kann ich Entfernungen nur schwer einschätzen, so zwischen einem halben und einem Kilometer denke ich ist dieses andere Boot entfernt. Als ich etwa 20 Minuten geschwommen bin und das andere Schiff fast erreiche, drehe ich mich um und merke, dass aus der Entfernung die anderen Boote alle ziemlich gleich aussehen. Okay, schwimme ich halt in die Richtung aus der ich gekommen bin und werde dann später erkennen welches der Boote das Meine ist, denke ich mir. Das Wasser ist warm und die Sonne mittlerweile aufgegangen. Je näher ich zu meinem Ausgangspunkt komme, desto mehr wird mir klar, dass mein Schiff gar nicht bzw. gar nicht mehr da ist. Der zuerst verdrängte Verdacht wird mehr und mehr zur schrecklichen Gewissheit: die haben mich vergessen und sind losgefahren! So, was mache ich jetzt? Verschiedene Krisenszenarien gehen mir durch den Kopf. Was kann ich tun? Ein anderes Schiff anhalten und darum bitten, mich mitzunehmen. Blöd nur, dass ich ausschließlich eine Badehose anhabe. Kein Geld, keinen Pass, rein gar nichts habe ich bei mir. Besonders blöd auch – ich habe nicht einmal eine Ahnung wo mein Boot heute hinfährt. Ich erinnere mich nur, dass wir auf einer größeren Insel in einem Nationalpark wandern gehen wollten und am Abend in irgendeinem Hotel übernachten sollten. In welchem weiß ich leider auch nicht. Inzwischen lichten bereits mehrere Schiffe den Anker und fahren weg. Mir wird klar, dass ich jetzt langsam handeln muss. Soviel ich weiß, sind diese ganzen kleinen Inselchen alle unbewohnt, wenn dann auch noch die letzten Boote weg sind, na prost Mahlzeit. Und wie mir der Ernst meiner Lage so langsam dämmert, sehe ich eines von den Schiffen umdrehen und ziemlich genau in meine Richtung fahren. Gott sei Dank haben sie den (Riesen-) Verlust doch noch bemerkt und nach mir gesucht. Der Tag ist gerettet. Die Wanderung durch den Nationalpark ist wunderschön und ich kann mich nicht erinnern, dass ich jemals in meinem Leben so geschwitzt hätte.

Zum Abschluss verbringe ich noch einen Abend in Hanoi, bevor ich endlich wieder zurück nach Bangkok fliege - in das ruhige Haus von Thomas - um meine endgültige Heimreise vorzubereiten. Je näher das Ende meiner Reise rückt, desto mehr spüre ich auch wieder Sehnsucht nach meiner alten Heimat, den Menschen, die ich schon 1 Jahr lang nicht mehr gesehen habe und nach einem normalen Lebensrhythmus mit einer Auswahl von verschiedenen Kleidern jeden Morgen und Schränke voll Bücher und CDs.

Also mit den Büchern und CDs gibt es da leider ein kleines Problemchen. Ähem, da war doch das Hochwasser und wie soll ich sagen…

Auf meinen Sohn bin ich schon sehr neugierig. Er wohnt jetzt mit seiner Freundin in einer eigenen Wohnung. Meine Eltern in Bregenz werde ich auch bald besuchen. Meine Freunde und Geschäftspartner werde ich wiedersehen. Viele Fotos und noch viel mehr Eindrücke habe ich im Gepäck. Ein paar kleine Geschenke sind auch darunter. Mit den zwei „Finalistinnen“ aus der Internet-Flirterei habe ich auch schon je ein Rendezvous vereinbart. Zum Wohnen habe ich mir für die ersten Tage daheim ein

Hotelzimmer in der Nähe unserer Firma in Wien gebucht. Das ist ein komisches Gefühl. Du kommst nach einer einjährigen Weltreise heim und gehst erst recht wieder in ein Hotel. Aber meine Wohnung habe ich längerfristig vermietet und das Auto verkauft. Also, es wartet ein ziemlicher Neubeginn auf mich. Meine Batterien sind jedenfalls voll geladen und ich bin schon sehr gespannt, wie das Leben „nach dem Ruhejahr" werden wird.

Im Kapselhotel in Tokio

In den Tempeln von Kyoto

Auf dem schwimmenden Markt

Chang mit seinem neuen Volvo

In den Bergen bei Sapa

Parteiwerbung in Vietnam

In den Strassen von Hanoi

Auf dem Schiff nach dem Schwimmausflug

In der Halongbay

EPILOG

Jetzt bin ich schon wieder mehr als ein halbes Jahr zurück in Wien und kann auch aus der relativen Distanz noch immer sagen: Es war eine wunderbare Reise und eine ganz besondere Zeit. Meine ursprünglichen Erwartungen wurden mehr als erfüllt. Obwohl ich nicht alle gesteckten Ziele erreicht habe (z.B. Cervantes im Original lesen und auf dem Akkordeon einen Tango spielen ;-)). Dafür habe ich ungeplante Entwicklungsschritte getan (z.B. mit dem Zigarrenrauchen aufgehört) und bin insgesamt noch etwas entspannter – auch unter Volllast bei der Arbeit, wie ich momentan zu meiner Freude feststelle.

Doris und ich haben uns übrigens auch im „wirklichen Leben" verliebt. Wir leben mittlerweile gemeinsam mit Ihrem Sohn Ruven und ihrem Hund in einer netten kleinen Scheibchenvilla (Lisa Fitz für „Reihenhaus") im Süden von Wien.

Denjenigen, die das „Erbsenzählerische" so schätzen wie ich, möchte ich nicht vorenthalten, dass ich für die Reise alles in allem 35.876.– Euro investiert habe. (36.000,– waren budgetiert ;-))

Ich bin überaus dankbar dafür, dass ich mir den Wunschtraum einer solchen Auszeit erfüllen konnte und bin mir auch bewusst, was für ein großes Privileg das ist. Daher widme ich dieses Buch in aller gebotenen Bescheidenheit all denjenigen, die eine solche Reise zwar gerne machen würden, aber aus irgendwelchen Gründen in ihrem (derzeitigen) Leben nicht verwirklichen können.

Über Ihre Rückmeldungen, Anregungen und Weiterempfehlungen freut sich

Ihr Heinz Feldmann
feldmann@ruhejahr.com

Danke...

... meinem Sohn Morris, der selbständig genug war und in dem Jahr ohne mich gut weitergekommen ist.

... an meine ArbeitskollegInnen, die es mir durch Ihren Einsatz ermöglicht haben, für ein Jahr aus der Firma auszusteigen. Allen voran gebührt dieser Dank meinen Geschäftspartnern Niklas Tripolt und Stefan Verra.

... Helmut Gansterer, der mir mit seinem Essay vor fast 15 Jahren den Floh dafür ins Ohr gesetzt hat.

… Peter Schütz, der mir gelernt hat wie man solche (und noch ganz andere) Sachen im Leben umsetzt.

… den vielen Menschen die mich währende der Reise unterstützten. Stellvertretend möchte ich folgende nennen: Polo Angel, Thomas Heym und Wolfgang Rüscher.

… "last not least" ganz besonders denjenigen, die bei der Realisierung dieses Buches mitgeholfen haben:

Katrin Groiss
Victoria Jenny
Jine Knapp
Gerhard Ludescher
Susanna Marjanovic
Peter Pokorny
und ganz speziell an: Doris Rittberger

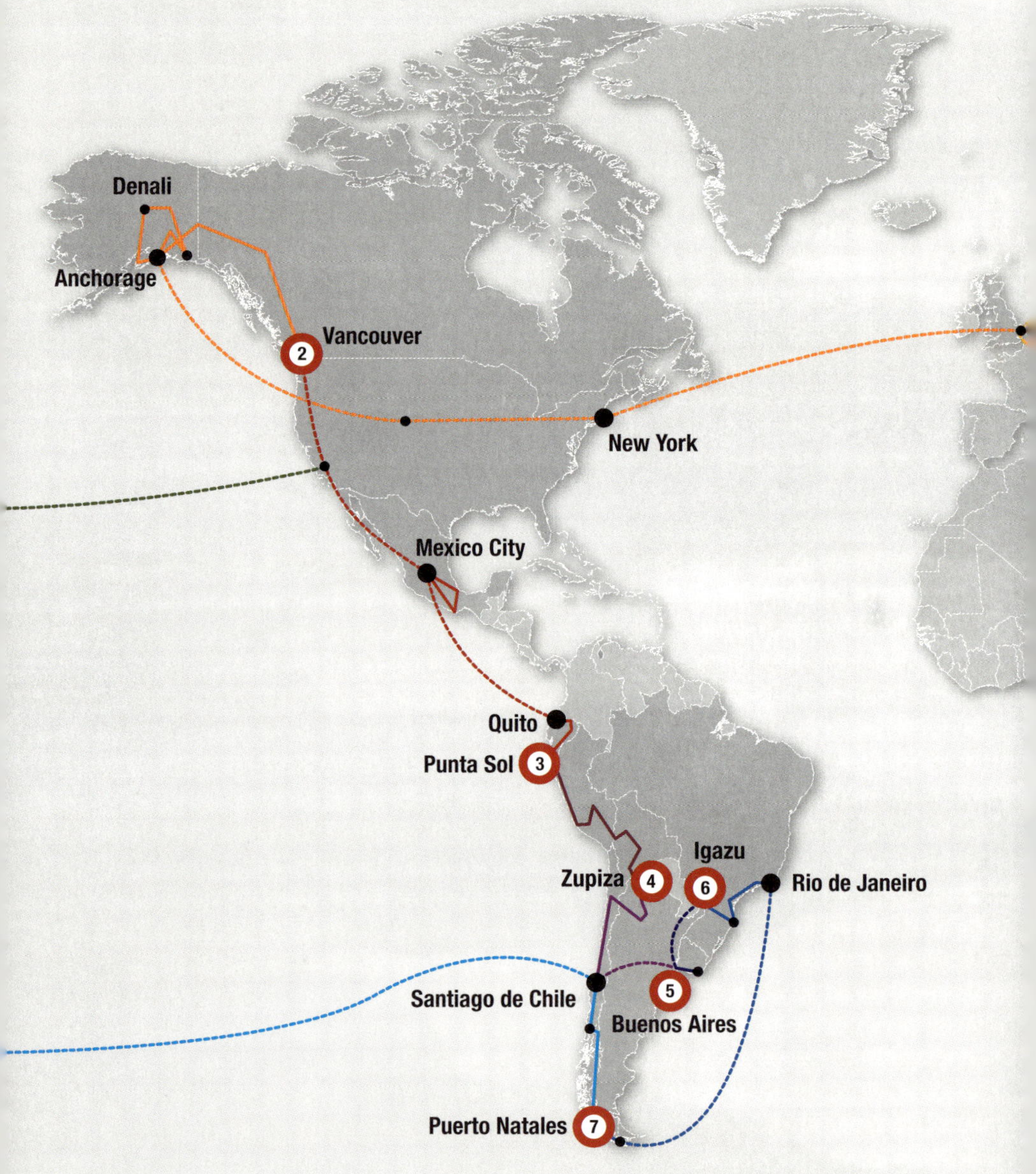

Denali
Anchorage
Vancouver
New York
Mexico City
Quito
Punta Sol
Igazu
Zupiza
Rio de Janeiro
Santiago de Chile
Buenos Aires
Puerto Natales
2
3
4
5
6
7

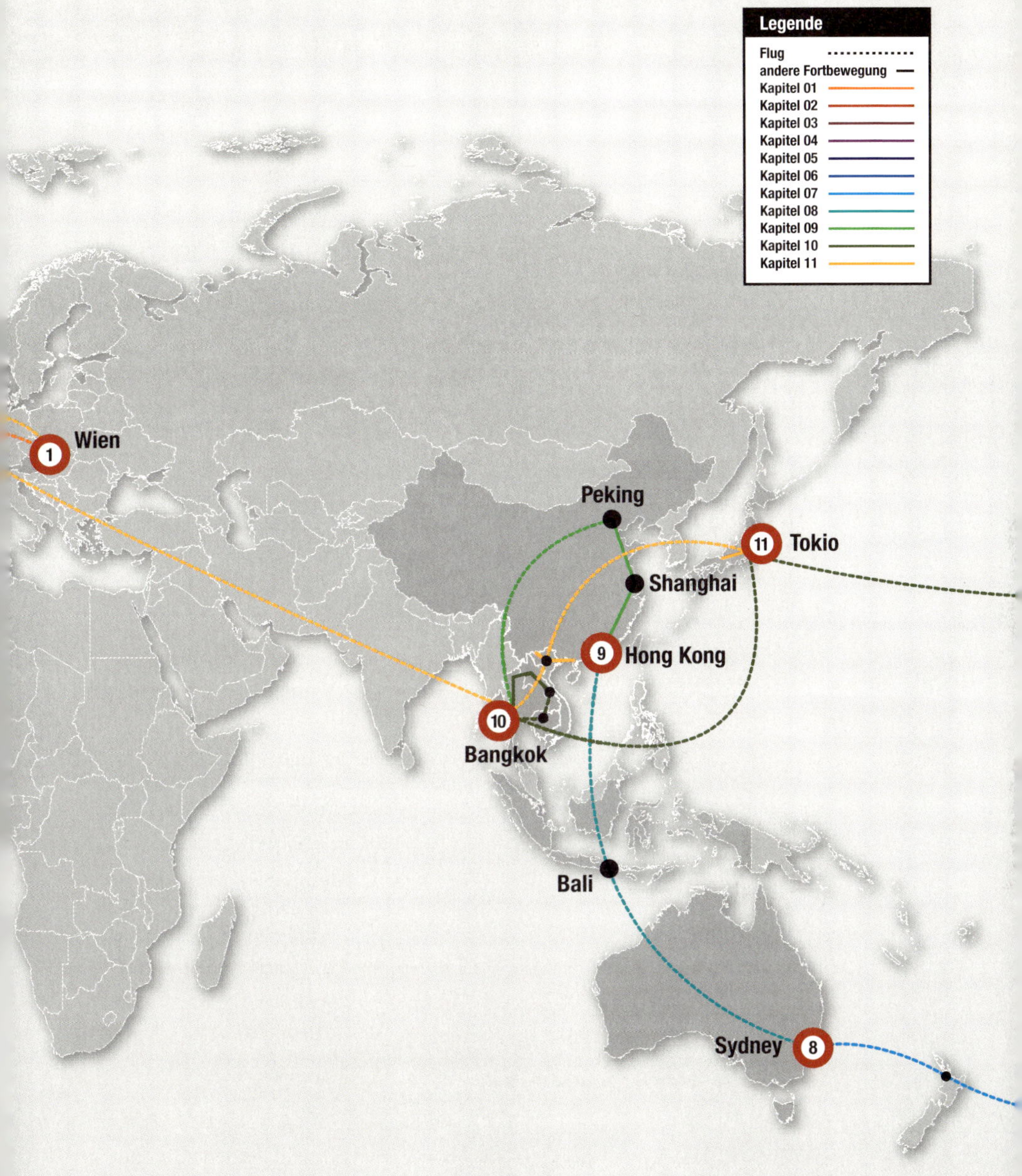

Legende
Flug
andere Fortbewegung
Kapitel 01
Kapitel 02
Kapitel 03
Kapitel 04
Kapitel 05
Kapitel 06
Kapitel 07
Kapitel 08
Kapitel 09
Kapitel 10
Kapitel 11
1 Wien
Peking
11 Tokio
Shanghai
9 Hong Kong
10 Bangkok
Bali
Sydney 8

LITERATURLISTE

Deutsche Bücher:
Drop City, von T. C. Boyle, bei Carl Hanser Verlag München-Wien
Denn am Sabbat sollst du ruhen, Batya Gur, Israel, Goldmann Verlag
Von den fortschreitenden Übertretungen des Major Aebi, Gianluigi Melega, Fischer Taschenbuchverlag
Stunde Null in Phnom Penh, Christopher G. Moore, Heavenly press

Den im Vorwort erwähnten Essay finden Sie auch in dem Buch: „Das Lernen. Der Geist. Die Siege", Helmut A. Gansterer, Edition Va Bene

English books:
Lonley Planet Guidebooks in general
The truth about Hillary, by Edward Klein, Penguin Books
Evita, First Lady: A Biography of Evita Peron, by John Barnes, Grove Press Books
Frida: A Biography of Frida Kahlo, by Hayden Herrera, Harper Collins Publishers
The Quiet American, by Graham Greene, Viking Critical Library
People's Guide to Mexico, by Carl Franz and Lorena Havens, Avalon Travel Publishing
Suspicion of Madness, by Barbara Parker, Penguin Puntam Inc.
I Have Seen the World Begin: Travels through China, Cambodia, and Vietnam by Carsten Jensen, Harcourt Inc.
One Billion Customers, by James McGregor, Wallstreet Journal Books
Vet on the Loose, by Gillian Hick, O'Brien Press Dublin
Of Love and Shadows, by Isabel Allende, Bantam Books
Higher Than Hope Nelson Mandela Authoriz, by Fatima Meer, Penguin Books

Libro en espanol:
El vendedor más grande del mundo, de Og Mandino

Weitere Infos:
Zur Reise, viele Fotos, Podcasts etc. finden Sie
zum Gratisdownload auf meiner Homepage unter:
www.ruhejahr.com